西南民族特色村寨保护理论与方法丛书

西南民族特色村寨
文化空间识别技术与应用

余压芳 赵玉奇 曾增 王艳 著

资助项目：

1. 国家自然科学基金地区项目，基于大数据平台和文化基因视角的贵州传统村落保护与发展关键技术研究（项目编号：51568011）

2. 国家自然科学基金地区项目，西南传统乡土聚落"文化空间"变迁与保护研究（项目编号：51168007）

中国建筑工业出版社

图书在版编目（CIP）数据

西南民族特色村寨文化空间识别技术与应用 / 余压芳等著. — 北京：中国
建筑工业出版社，2020.3
（西南民族特色村寨保护理论与方法丛书）
ISBN 978-7-112-24890-2

Ⅰ.①西… Ⅱ.①余… Ⅲ.①少数民族—村落文化—保护—研究—西南地
区 Ⅳ.①K927

中国版本图书馆CIP数据核字（2020）第033703号

　　本书是对西南民族特色村寨文化空间识别技术与方法的探索，结合规划编制实践开展的识别
实例和应用实例，通过系统梳理整合而成的一份较完整的综合性研究成果。强调精准、快速、实操
的文化空间识别技术方法，结合规划编制实践开展的识别实例和应用实例，解析西南民族特色村寨
文化空间单元认定、文化空间时空属性甄别、文化空间单元解析的技术原理和操作程序，提出文化
空间识别成果的应用拓展方向。读者通过本书可以认识到西南民族特色村寨文化空间的基本特征，
认识文化空间识别的需求和意义，较系统地了解到民族特色村寨中文化空间的识别技术方法及相关
实例，了解到文化空间识别成果在民族特色村寨规划、建设中的不同应用方向和拓展可能。本书适
用于建筑学、城乡规划专业师生、从业人员，以及对传统村落、传统建筑文化感兴趣的人士阅读。

责任编辑：唐旭　吴绫
责任校对：焦乐

西南民族特色村寨保护理论与方法丛书
西南民族特色村寨文化空间识别技术与应用
余压芳　赵玉奇　曾增　王艳　著
*
中国建筑工业出版社 出版、发行（北京海淀三里河路9号）
各地新华书店、建筑书店经销
北京中科印刷有限公司印刷
*
开本：787×1092毫米　1/16　印张：15¼　字数：322千字
2020年3月第一版　2020年3月第一次印刷
定价：50.00元
ISBN 978-7-112-24890-2
　　　（35638）

《西南民族特色村寨保护理论与方法丛书》编委会

主　编：余压芳 贵州大学建筑与城市规划学院

副主编：赵玉奇 贵州大学建筑与城市规划学院

　　　　王　希 贵州大学勘察设计研究院

编　委：曾　增 贵州大学勘察设计研究院

　　　　田　聪 贵州大学城乡与建筑遗产保护研究中心

　　　　赵　炜 四川大学建筑与环境学院

　　　　刘志安 云南省城乡规划设计研究院

　　　　傅　红 四川大学建筑与环境学院

　　　　吴　琳 贵州大学建筑与城市规划学院

　　　　王　艳 贵州大学勘察设计研究院

　　　　杨泽媛 贵州大学勘察设计研究院

总　序

　　民族特色村寨是指少数民族人口相对聚居且比例较高，少数民族文化特征及其聚落特征明显，集中反映了少数民族聚落在不同时期、不同地域、不同文化类型中形成和演变的历史过程，相对完整地保留了不同民族的文化基因的自然村或行政村，同时也是传承民族文化的有效载体和民族地区加快发展的重要资源。

　　本套丛书中西南地区特指我国的贵州省、云南省、四川省、重庆市、广西壮族自治区、西藏自治区等6个省、直辖市和自治区。保护发展传统村落和民族特色村寨是我国新时期的重要举措，截至2020年2月，住房和城乡建设部等七部委联合公布了五批中国传统村落名录共6819个，国家民委公布了三批中国少数民族特色村寨名录1652个，约占全国行政村总数的1%。西南地区是入选中国特色少数民族村寨、中国传统村落数量最多的地区，分别占全国总量的53%和32%，西南地区的民族特色村寨所具有的科学价值、艺术价值、社会价值和生态价值在我国快速城市化发展阶段越来越凸显，然而，受这些村寨所处的地理区位和历史原因的影响，村寨本身在保护发展的过程中也长期面临着文化保护与产业发展的矛盾、基础设施滞后、防灾减灾能力弱等问题。面对新技术的发展、城市化的进程、人口输出地区的观念变革等发展趋势，民族特色村寨原有的自给自足的经济模式、自组织管理模式、自补偿生态模式都在被打破，如何在新技术适应和新观念发展的过程中，对民族特色村寨进行科学保护和发展引领，是本丛书研究、编写和出版的初始动因。

　　贵州大学城乡与建筑遗产保护研究中心依托长期以来对西南民族特色村寨的课题研究积累，会同四川大学、云南省城乡规划设计研究院等单位的研究学者，对近年来的国家自然科学基金课题和省部级攻关等开展的相关研究工作成果进行系统整理，形成了《西南民族特色村寨保护理论与方法丛书》。丛书针对当前西南民族特色村寨存在的突出问题，系统地提出了西南民族特色村寨的文化内涵挖掘、聚落空间演变、火灾防控新技术等关键思路，结合已经开展的在贵州、云南、四川、广西等地开展的案例分析和经验总结，为西南地区民族特色村寨保护提供可借鉴、可实施的理论和方法。

　　《西南民族特色村寨保护理论与方法丛书》主要包括以下内容：

　　系列丛书分册一《西南民族特色村寨文化空间识别技术与应用》是对西南民族特色村寨文化空间识别技术与方法的探索，强调精准、快速、实操的文化空间识别技术方法，结合规划编制实践开展的识别实例和应用实例，解析西南民族特色村寨文化空间单元认定、文化空间时空属性甄别、文化空间单元解析的技术原理和操作程序，提出文化空间识别成果的应用拓展方向。

　　系列丛书分册二《贵州传统村落文化基因表征与解析》重点关注中国传统村落数量最多的贵州省，以文化表征之下文化基因的发现及作用的底层规律为切入点，挖掘和筛选传统村落中的文化感知要素，找寻文化表征背后发生最基础作用的层级单元——村落文化基因的发现、测定、重组、重现等，提出基于基因分析的传统文化健康侦测、传统文化基因反馈与修复等关键技术。

系列丛书分册三《西南民族特色村寨火灾防控技术与应用》针对西南地区民族特色村寨火灾易发频发的现状，研究山区复杂地形、高密度建筑分布、木质建筑连片等限制因素影响下的火灾形成与演化机理，形成以韧性提升导向的民族特色村寨火灾防控及性能化提升技术，并探索基于互联网与人工智能的民族特色村寨火灾快速识别与瞬间响应等前沿方向。

系列丛书分册四《白族特色村寨文化空间识别与传承——云南省剑川县寺登村实录》基于云南省特有的白族传统村落的空间分布和基本特征分析，以云南省剑川县寺登村实证研究为基础，采用本丛书分册一提出的传统村落文化空间识别技术，对寺登村的文化空间开展识别、提取、分类、解析，继而探讨文化空间识别结果在寺登村民族特色村寨的保护发展中的应用方向。

系列丛书分册五《布依族特色村寨文化空间识别与传承——贵州省贵阳市镇山村实录》基于贵州省特有的布依族传统村落的空间分布和基本特征分析，以贵州省贵阳市花溪区镇山村实证研究为基础，采用本丛书分册一提出的传统村落文化空间识别技术，对镇山村的文化空间开展识别、提取、分类、解析，探讨文化空间识别结果在镇山村民族特色村寨保护发展中的应用方向。

系列丛书分册六《苗族特色村寨文化空间识别与传承——贵州省雷山县格头村实录》基于贵州省特有的苗传统村落的空间分布和基本特征分析，以贵州省雷山县格头村实证研究为基础，采用本丛书分册一提出的传统村落文化空间识别技术，对格头村的文化空间开展识别、提取、分类、解析，探讨文化空间识别结果在格头村民族特色村寨的保护发展中的应用方向。

系列丛书分册七《藏族特色村寨文化空间识别与传承——四川省甘孜州莫洛村实录》基于四川省特有的藏族传统村落的空间分布和基本特征分析，以四川省甘孜州莫洛村实证研究为基础，采用本丛书分册一提出的传统村落文化空间识别技术，对莫洛村的文化空间开展识别、提取、分类、解析，继而探讨文化空间识别结果在莫洛村民族特色村寨的保护发展中的应用方向。

系列丛书分册八《壮族特色村寨文化空间识别与传承——广西壮族自治区桂林市龙脊古壮寨实录》基于广西特有的壮族传统村落的空间分布和基本特征分析，以广西桂林市龙脊古壮寨实证研究为基础，采用本丛书分册一提出的传统村落文化空间识别技术，对龙脊古壮寨的文化空间开展识别、提取、分类、解析，探讨文化空间识别结果在龙脊古壮寨民族特色村寨的保护发展中的应用方向。

系列丛书分册九《川西北传统聚落空间结构与形态》针对四川省西北地区分布的羌藏传统聚落，从区域层面对区域聚落景观格局和城乡空间结构层面进行分析，通过类型划分与定量评估相结合，强调国土空间规划背景下，建立多尺度、系统性的科学认知，对传统聚落和民族特色村寨空间结构、形态和风貌进行保护管控和科学引导。

　　系列丛书分册十《侗族鼓楼传统营建技艺解析与传承——以从江鼓楼为例》基于鼓楼在侗族特色村寨中的文化空间价值意义与民族建筑技术的典型代表性，以贵州省从江鼓楼的整个建造过程为例，立足传统民族建筑营造技术的研究，运用了工匠口述史的方法，研究鼓楼的缘起、形式、构造、建造方式，系统解析鼓楼传统营建技艺和关键技术难点。

　　《西南民族特色村寨保护理论与方法丛书》编写过程中，始终坚持问题导向原则，尊重西南地区特殊的历史文化背景，聚焦文化保护与技术支撑的双线并重，考虑西南地区不同民族、不同文化背景各民族特色村寨个性差异，将前期研究成果汇集整理和归纳总结，对于研究民族特色村寨的研究人员具有一定的技术指导性，对于从事民族特色村寨和传统村落保护发展的政府和企事业工作人员，也有一定的实用参考价值。

　　本丛书历经五年的时间研究并整理出书，虽然经过了大量的调查研究和应用示范实践的检验，但是针对我国西南地区独特的民族特色村寨保护发展的现实与需求，还存在很多问题和不足，尚待未来的研究和实践工作中继续深化和提高，敬请读者批评指正。

余压芳

2020年1月

前　言

西南民族特色村寨缊涵和承载着苗族、侗族、傣族、羌族、白族、藏族、布依族、土家族等多民族乡愁和文化，作为一个少数民族多样聚居、外来移民文化持续影响的典型地区，民族特色村寨个性突出、特色鲜明，更是承载近年来风靡全国的各省区品牌如"多彩贵州"、"七彩云南"等的文化遗产资源，具有较高的文化价值、史学价值、民族生态传承价值。这些村寨中蕴含了多种多样的文化表现形式和文化空间，每一种文化表现形式都离不开相应的文化空间。

文化空间是非物质文化遗产的两大类型之一，也是支撑文化表现形式的重要载体，近20年来，城乡规划、文化人类学、人文地理学等学科的研究者对文化空间的关注日益加深，学界和业界对文化空间在传统乡土聚落中的重要作用已经达成基本共识，西南地区民族特色村寨因其独特的民族性，非物质文化遗产的保护尤其关键，保护好文化空间就是保护好非物质文化遗产的活动载体。但是在民族特色村寨保护发展中，如何认定文化空间、如何识别文化空间的研究还很少，在各类规划条文中均无明确条款指引规划师寻找、认定、保护文化空间，这对于文化空间的保护十分不利。

作者因循调查研究，深入调研剖析了近百个村寨案例，通过系统梳理民族特色传统村落文化空间的识别需求与方向，探索出了一套适合于西南民族特色村寨文化空间识别的技术和方法，并以少数民族村寨和传统村落数量最多的省份——贵州省为例，开展了文化空间的技术识别和成果应用探索，结果表明，有序的技术识别对于民族特色村寨文化空间的价值判定、内涵挖掘、特征解析，具有明显的促进作用，文化空间识别成果在传统村落规划编制、民族村寨活化利用、城乡规划虚拟仿真实验方面均有实例支撑。

本书源于"基于大数据平台和文化基因视角的贵州传统村落保护与发展关键技术研究"、"西南传统乡土聚落文化空间变迁与保护研究"两个国家自然科学基金项目的研究，并在课题研究报告基础上编写而成，主要包括四个内容版块：西南民族特色村寨及其文化空间现状、西南民族特色村寨中的文化空间识别技术要点、西南民族特色村寨文化空间识别案例解析、民族特色村寨文化空间识别成果的应用方向探索。

本书是对西南民族特色村寨文化空间识别技术与方法的探索，结合规划编制实践开展的识别实例和应用实例，通过系统梳理整合而成的一份较完整的综合性研究成果。读者通过本书可以认识到西南民族特色村寨文化空间的基本特征，认识文化空间识别的需求和意义，较系统地了解到西南民族特色村寨中文化空间的识别技术方法及相关实例，了解到文化空间识别成果在民族特色村寨规划、建设中的不同应用方向和拓展可能。

目 录
CONTENTS

第一章
西南民族特色村寨及其文化空间现状

第一节 西南地区的民族特色村寨概况

一、西南地区民族特色村寨的基本特征与现状

中国的西南地区包括了四川、云南、贵州、广西壮族自治区和西藏自治区及重庆市，是一个跨行政辖区、跨越多个民族聚居区的地理区域。西南既是地理概念，又是历史概念。作为地理概念，"西南"指一个特定的区域，一个同时含有政区与文化两层意义的空间。而作为历史概念，"西南"又意味着在一个漫长的、间断与连续相交替发展过程中的多重变化。西南地域文化格局比其他地区更加显著地影响着当地传统乡土聚落的空间形态、环境适应、文化释义、民俗表达活动等的发展与变迁，呈现出大分散、小聚居的地理限定特征、自给自足的经济模式限定特征、宗族聚居的文化礼俗等等限定特征等[1]。

西南民族特色村寨是西南传统乡土聚落中的主要聚落类型，在过去的世纪之交的30年中，经历了从渐变到突变的发展过程。20世纪90年代之前，村寨基本处于待发展状态，而2000年前后又经历了一个急剧发展的时期，过去的20年间各种名录列入保护制度的施行，将民族特色村寨的保护发展逐渐引导到了多方发力、多措并举、多元并存的状态，如生态博物馆、历史文化名村、文物保护单位、传统村落、少数民族特色村寨等，发生中的聚落转型正在趋近新一轮的动态平衡。在这个过程中，一些本来具有较高景观价值的传统乡土聚落，由于缺乏规划引导和其他原因，出现了较大的景观突变。但是，西南地区与我国发达地区之间仍然存在一定的差距，由于西南文化势位、民族性、地区差异性和经济发展滞后性，一方面使得聚落本身的文化底蕴深厚、文化遗产丰富、旅游价值独特等，但同时也给聚落的保护与发展带来了更加严峻的挑战和机遇[1]。目前的技术难点主要集中在：经济扶贫与文化保护的矛盾性；民族文化认同与社会认同的非同步性；文化表现形式与文化空间变迁的复杂性等。

二、西南地区的中国民族特色村寨名录入选情况

为促进民族地区经济发展，传承和弘扬少数民族传统文化，增强民族自豪感，提高各民族的凝聚力、向心力，巩固和发展平等、团结、互助、和谐的社会主义民族关系，根据《国家民委关于印发开展中国少数民族特色村寨》（民委发〔2013〕240号）等文件有关要求，国家民委先后于2014年、2017年、2019年公布了三批中国少数民族特色村寨名单，截至2020年2月，中国少数民族特色村寨共1652个，西南地区的中国少数民族特色村寨有875个，占全国总数的53%，其中，广西壮族自治区、重庆市、四川省、贵州省、云南省、西藏自治区等地分别有137、26、124、312、247、29个少数民族特色村寨入选（表1-1-1、图1-1-1～图1-1-6）。

西南六省、市、自治区中国少数民族特色村寨入选情况（截至2020年2月）表1-1-1

省份	第一批 （2014年） （个）	第二批 （2017年） （个）	第三批 （2019年） （个）	合计 （个）
广西壮族自治区	59	38	40	137
重庆市	5	17	4	26
四川省	5	50	69	124
贵州省	62	151	99	312
云南省	41	113	93	247
西藏自治区	10	8	11	29
合计	182	377	316	875

数据来源：中华人民共和国国家民族事务委员会网站 http://www.seac.gov.cn/seac/index.shtml

图1-1-1 广西壮族自治区河池市南丹县里湖瑶族乡怀里屯（瑶族村寨，第一批中国少数民族特色村寨）

图1-1-2 重庆市彭水苗族土家族自治县梅子垭镇佛山村（苗族村寨，第二批中国少数民族特色村寨，资料来源：网络 http://www.sohu.com/picture/325970283）

图1-1-3 阿坝藏族羌族自治州理县桃坪乡桃坪村（羌族村寨，第三批中国少数民族特色村寨，傅红 摄）

图1-1-4 贵州省黔东南苗族侗族自治州黎平县双江镇黄岗村（侗族村寨，第二批中国少数民族特色村寨，资料来源：《记载乡愁——中国传统村落·贵州省黔东南篇（一）》）

图 1-1-5 云南省怒江傈僳族自治州贡山独龙族怒族自治县丙中洛镇秋那桶村委会雾里村（怒族村寨，第二批中国少数民族特色村寨，资料来源：《筑巢：云南特有少数民族建筑影像记录》[2]）

图 1-1-6 西藏自治区昌都市芒康县盐井乡加达村（藏族村寨，龚恺 摄）

三、西南地区的中国传统村落的情况

2012年9月，经传统村落保护和发展专家委员会决议，将"古村落"更名为"传统村落"，代指形成历史悠久，传统资源丰富，并在历史、文化、科学、艺术、社会、经济等方面具有一定价值的村落。传统村落是中国农耕文明历史进程中具有代表性的缩影，其兼有物质文化遗产与非物质文化遗产特性，是长久以来在生产生活中动态演变并活态传承的独特整体，具有十分突出的价值意义。传统村落的文化内涵重点是非物质文化遗产活态传承，也就是村落依然保持着传统的富有生命力的生产、生活方式和鲜活的起居形态，以及依托传统方式和形态，在历代生息繁衍中创造的以声音、形象和技艺为表现手段，并以身口相传作为文化链而得以延续的口头文化、体型文化、造型文化和综合文化等。活态传承尚须拥有经国家和省级相关部门认定的非物质文化遗产传承人[2]。

随着第五批中国传统村落名录的公示，截至目前已有中国传统村落6819个，占全国行政村总数的1%左右。2012~2019年正式公布的中国传统村落名录中，西南地区六省区的传统村落数量高达2190个，占中国传统村落总数的32%。其中，贵州省和云南省的中国传统村落数量遥遥领先，居全国排名前列（表1-1-2）。

西南六省市自治区中国传统村落入选情况（截至2020年2月） 表1-1-2

省份	第一批 （2012年） （个）	第二批 （2013年） （个）	第三批 （2014年） （个）	第四批 （2016年） （个）	第五批 （2019年） （个）	合计 （个）
广西壮族自治区	39	30	20	72	119	280
重庆市	14	2	47	11	36	110
四川省	20	42	22	141	108	333
贵州省	90	202	134	119	179	724
云南省	62	232	208	113	93	708
西藏自治区	5	1	5	8	16	35
合计	230	509	436	464	551	2190

数据来源：住房和城乡建设部网站 http://www.mohurd.gov.cn/

西南地区的传统村落不仅地理分布广泛，而且聚居民族种类众多，具有民族特色的传统村落数量占比很高。西南地区民族迁徙历史复杂，变换较多，传统村落与少数民族人口分布具有明显的耦合性，据初步统计，现有2190个国家级传统村落中，约60%属于民族特色聚居村落。如广西壮族自治区有壮族、瑶族、仫佬族、毛南族、回族、京族、彝族、水族、仡佬族等民族特色聚居村落；重庆市有土家族、苗族、回族、满族、彝族、壮族、布依族、蒙古族、白族、佤族、拉祜族、水族、纳西族、羌族、仡佬族等民族特色聚居村落；四川省有彝族、藏族、羌族、苗族、土家族、傈僳族、纳西族、布依族、白族、壮族、傣族等民族特色聚居村落；贵州省有苗族、布依族、侗族、土家族、彝族、仡佬族、水族、回族、白族、瑶族等民族特色聚居村落；云南省有白族、哈尼族、傣族、傈僳族、佤族、

拉祜族、纳西族、景颇族、布朗族、阿昌族、普米族、德昂族、怒族、基诺族、独龙族等民族特色聚居村落；西藏自治区有藏族民族特色聚居村落（图1-1-7～图1-1-12）。

图1-1-7 广西壮族自治区桂林市灵川县青狮潭镇老寨村（瑶族村落，第一批中国传统村落，冀晶娟 摄）

图1-1-8 重庆市酉阳土家族苗族自治县花田乡何家岩村梯田景象（土家族村落，第三批中国传统村落，资料来源：网络 http://www.cnpeople.com.cn/yw/rth/xw/21460_20170314114613_2.html）

图 1-1-9 四川省阿坝州马尔康市脚木足乡白莎村（藏族村落，傅红 摄）

图 1-1-10 贵州省黔东南苗族侗族自治州从江县加榜乡加车村（苗族村落，第二批中国传统村落，
资料来源：《记载乡愁——中国传统村落·贵州省黔东南篇（一）》）

图 1-1-11 云南省临沧市沧源县勐角乡翁丁村（佤族村落，第一批中国传统村落，
资料来源：《筑巢：云南特有少数民族建筑影像记录》[2]）

图 1-1-12 西藏自治区昌都市左贡县东坝乡军拥村（藏族村落，第一批中国传统村落，龚恺 摄）

第二节 文化空间概念及相关研究进展

一、非物质文化遗产

非物质文化遗产是指各族人民世代相传并视为其文化遗产组成部分的各种传统文化表现形式，以及与传统文化表现形式相关的实物和场所。包括传统口头文学以及作为其载体的语言，传统美术、（梅花篆字）书法、音乐、舞蹈、戏剧、曲艺和杂技，传统技艺、医药和历法，传统礼仪、节庆等民俗，传统体育和游艺，其他非物质文化遗产。截至2020年2月，我国入选联合国教科文组织的非遗名录（含"急需保护名录"和"优秀实践名册"）的项目已达40个（详见附录一），也是目前世界上拥有世界非物质文化遗产数量最多的国家。

2003年10月，联合国教科文组织第32届大会通过了《保护非物质文化遗产公约》（以下简称《公约》），我国于2004年加入《公约》。《公约》明确由缔约国成员选举的"政府间保护非物质文化遗产委员会"提名、编辑更新人类非物质文化遗产代表作名录，急需保护的非物质文化遗产名录，保护非物质文化遗产的计划、项目和活动（优秀实践名册）。截至2018年12月，中国列入联合国教科文组织非物质文化遗产名录（名册）项目共计40项，总数位居世界第一。

《公约》同时要求"各缔约国应根据自己的国情"拟订非物质文化遗产清单。2005年开始我国正式建立非物质文化遗产名录体系，国务院先后于2006年、2008年、2011年和2014年公布了四批国家级项目名录。截至2020年2月，西南六省、市、自治区共有339项国家级非物质文化遗产代表性项目（详见附录二），其中，民间文学36项、传统音乐43项、传统舞蹈63项、传统戏剧26项、曲艺9项、传统体育和游艺与杂技3项、传统美术28项、传统技艺56项、传统医药12项、民俗63项。据初步调查，有80%均与村落文化相关。

二、文化空间

"文化空间"也称为"文化场所"（Culture Places），是联合国教科文组织在保护非物质文化遗产时使用的一个专有名词，主要用来指人类口头和非物质遗产代表作的形态和样式。由于文化空间是非物质文化遗产中的用语，因此，文化空间的释义必须以非物质文化遗产为基础。1998年，联合国教科文组织颁布的《宣布人类口头和非物质遗产代表作条例》中，明确将人类口头和非物质遗产划分为两大类，一是各种"民间传统文化表现形式"，包括语言、文学、音乐、舞蹈、游戏、神话、礼仪、习惯、手工艺、建筑术及其他艺术、传统形式的传播和信息等民间传统文化表现形式，二是文化空间[3]。随着联合国教科文组织对非物质文化遗产的定义及分类的逐步明确，文化空间在非物质文化遗产中的地位也愈加凸显。2005年，我国在非物质文化遗产分类界定中把文化空间作为非物质文化遗产的一个基本类别，认为"文化空间"兼具空间性和时间性，是具有一定传统文化活动周期或集中展现传统文化表现形式的场所。

西南地区是我国非物质文化遗产分布较为集中的区域。早在 20 世纪 90 年代末期，全国人大教科文卫委员会就是在对西南地区的云南、四川、贵州、重庆、广西等地的民间艺术、传统工艺等进行调查后，才向文化部提出了研究起草民族民间传统文化保护法的建议。西南传统乡土聚落中的民间艺术和传统工艺等文化表现形式多以各种少数民族的文化生活紧密联系，并以聚落中独特的景观空间为载体，具有明确的"文化空间"意义。然而，由于与之相关的景观要素呈现出较为敏感的变迁特点，"文化空间"往往是聚落保护规划中的重点和难点，就空间属性上面看，文化空间涉及的区域往往是村寨整体保护中最为敏感的地段，就时间属性上看，文化空间涉及的活动规律的变化往往是村寨保护工作中容易忽略的现象[4]。

三、传统村落文化空间研究进展

20余年来，在民族特色村寨、传统村落、历史文化名村等领域的研究文献中，文化空间的概念逐渐析出、凸显，保护和利用好传统村落文化空间已经被提到了国家重点专项的高度，如2019年度"绿色宜居村镇技术创新"重点专项申报指南在"传统村落保护利用与现代传承营建关键技术研究"项目明确提出"文化空间与居住空间利用"的研发需求。文化空间作为传统村落中的重要板块，是为其他形式的非物质文化遗产提供生存、发展、传承的土壤，无论在物质维度与精神维度都是作为展示传统村落的生命力所在，引起了包括城乡规划[5]、遗产保护[7-10]、风景园林[11-13]、社会经济[14-18]、人文[19-21]、人类学[22-23]、民族研究[24-29]等不同学科背景专家、学者的关注，并经过不懈的探索，获得了较多研究成果。归纳起来，主要集中在以下方面：

1. 传统村落文化空间的价值内涵研究

通过对传统村落的研究发现，越来越多的研究学者认识到传统村落文化空间的价值内涵[20, 30-32]。向云驹探讨了文化空间的类型、基本特质及与其他遗产的关系，并对文化空间认知问题进行了辨明[33-34]。余压芳对地点主导型文化空间和时间主导型文化空间的划分及保护措施提出了建议，并认为规划策略的制定应重视文化空间的属性特点[3, 35-36]。

在文化价值内涵方面，张丽珍以北侗三门塘刘氏宗祠为例分析其空间文化内涵，并针对现状问题提出相应的保护策略[37]。许杨提出乡村文化空间单元概念，作为研究乡村文化空间的基础理论与方法[38]。王思婧以"文化空间"的视角出发，探究传统村落文化遗产的发展历史，并提出文化空间及传统村落环境的整体性保护发展建议[39]。

2. 传统村落文化空间的基本特性研究

在文化空间的界定方面，王建基以少数民族文化空间特征与认定出发，对其进行界定，并为少数民族文化空间的保护与利用提供思路[40]。陈路路则以传统村落民俗文化空间为对象，对其概念和模式进行了研究[41]。孟令法以浙南畲族史诗《高皇歌》的演述场域为例，对文化空间的概念及边界进行了阐述与讨论，认为文化空间的"时空边界"取决于非遗保护主体对传统文化活动或表现形式在特定族群中的时空建构[42]。卞修金引用"文化空间"概念，结合物质遗产与非物质遗产对历史街区的更新与评价进行了研究[43]。

在文化空间的构成方面，杨俊涛介绍了文化空间的构成要素，以平顶山市传统村落为例，总结了其文化空间的概况、类型及特点，并针对文化空间保护与发展的需求，提出更新措施[44]。付正汇对红河哈尼梯田遗产区阿者科村的文化空间现象及其构成进行了研究，分析了传统村落的文化空间构成及其保护方法[44]。单田卉从多角度对烟桥村文化空间特征的形成与村落演变原因进行分析，明确当前困境，并以文化空间为视角提出相应的保护与发展策略[45]。

在文化空间变迁方面，吴茜婷[46]等学者以贵州省单个传统村落为研究对象，通过对其文化空间的变迁状况，对其分布特征和文化空间变迁的影响因子进行研究，并以此为基础提出相应的保护策略，同时也为其他传统村落文化空间的保护提供了借鉴。

在文化空间的特征方面，白佩芳对晋中35个传统村落的信仰文化空间的基本特征与发展演变等方面进行了研究[48]。方媛、但文红以从江县岜扒村为研究对象，对侗族村落文化空间的功能、类别、特征等进行了分析研究[49]。黄柏权对土家年的文化空间建构及其变迁进行了研究[50]。覃巧华对广东连南瑶族村落的文化空间的特征、类别与传承方面做出了较为详细的描述，进而分析了瑶族村落的文化空间保护与文化景观激活的策略[51]。

3. 文化空间保护方法研究

在文化空间保护理论方面，李玉臻对文化空间进行了多角度的分析，建议通过文化生产与再生产的方法对文化空间进行保护[52]。田冬梅通过对环县道情皮影文化空间的研究，提出其文化空间的保护理论，并对不同类别文化空间的具体保护方法进行了探究[53]。向怀安用文化空间理论对梯玛文化的保护和传承进行反思，并提出可行性建议[27]。肖锦汉认为对侗族鼓楼文化空间的保护应从文化空间的角度，认识侗族鼓楼文化空间的整体性特点，将鼓楼的物质实体与其所承载分非物质文化作为整体保护下来[54]。刘婷对文化空间类型的非物质文化遗产传承与保护等问题进行了探讨，认为应将文化空间要素考虑进文化生态保护区建设中[55]。还有较多学者以单个传统村落实例，阐述了传统村落中文化空间的作用，并提出其相应的保护与发展策略[55-59]。姜琦珺探讨艺术文化空间在发展保护中存在的问题，认为从传统村落的艺术文化在内涵上超越自然风景地域空间的范畴，有利于维护中国民族本土文化的生存和发展，增强文化自信[60]。阳利新以大圆苗寨节日文化空间进行整体性保护为出发点，探讨了传统村落整体性保护的建议[61]。

在文化空间保护方法构建方面，如张淞茜结合《重庆地区历史文化名村名镇保护规划技术研究》项目，基于对历史文化村镇文化空间保存状况和预测未来变化趋势的有效评价，以推进文化空间保护预警方法的研究[62]。王世春、王召令对贵州少数民族体育文化的表征进行了介绍，分析了其文化空间建构的阻碍，并提出了贵州民族体育文化空间构建的路径[63]。谈国新、张立龙文化空间建立了传承信息的时空表达模型，并能动态回溯和检索传承人的时空信息，从而提取影响因素以促进自身发展[64]。杨晓玫借助项目的实践经验，以凤翔六营泥塑手工艺的物质空间为研究对象，对非物质遗产和其对应的物质文化空间环境在实际保护工作中的协调进行探讨[65]。

4. 文化空间发展利用方式研究

很多学者在文化空间视域下，对传统村落的保护发展进行研究，如寇怀云、周俭通过对民族村寨文化空间的价值特征归纳，认为民族村寨的保护发展规划，应以村寨文化空间特征和价值为依据来确定[66]。王世良论述了凤翔泥塑制作工艺与村落空间之间的联系并提出相应的设计手法及改造策略[67]。艾菊红以文化空间为研究视角，对传统村落的保护方式与发展前景进行研究，将传统村落作为完整的、综合性的文化空间进行保护与发展，从而使提供一条可持续性的保护发展之道[68]。李朋瑶通过对成都古镇进行时间和空间两个维度的文化空间量化分析及节庆序列和物质空间分析，提出了古镇文化空间的保护框架[69]。潘慧娟以贵州省榕江县大利侗寨（即大利村）为例初步探讨"传统村落保护与发展中的文化空间保护"问题[70]。陈晓华从文化传承的视角出发，对传统村落文化的构成、空间、演进与传承、保护发展理论与方法、保护发展模式与路径、保护发展规划与管理等方面进行研究分析，归纳出我国传统村落保护发展研究的进展[71]。王希在对传统村落规划中文化空间的分析与整合研究的基础上，充分考虑当地文化特色，以文化空间延续组织规划结构，根据文化空间的特点提出相应的规划策略[35]。

还有一些学者对文化空间的社会经济效益方面进行了研究，如丁琎对传统村落乡土文化的特质进行提炼，思考发挥乡土文化优势，使其转换成旅游文化产品的途径，进而深入分析文化空间这一载体，并对其与乡土文化理论之间的关系进行深入分析[72]。陈晓华、程佳以屏山村传统村落为例，构建了文化空间功能演化适应性模型，以期通过指标评判出空间功能的现状特征与存在问题，为日后功能更新及空间活化提供参考[73]。

5. 传统村落文化空间的研究趋势

文献积累结果表明，我国传统村落文化空间的理论性研究以及在实例中保护方法的应用性研究均已逐步深入，但仍有部分研究领域亟待补充和深入，具体如下：传统村落文化空间的识别技术急需探索，新技术新方法仍需探索；文化空间保护与现行规范急需衔接，有效可持续的应用技术体系研究不足；多学科交叉融合研究尚待充实[74]。

第三节 西南地区民族特色村寨文化空间及其识别需求

一、西南民族特色村寨中的文化空间的分布及主要特征

1. 西南民族特色村寨中的文化表现形式

西南民族特色村寨由于地理、人文、交通、城市化等多种因素的影响，保存了较为独特的民族小聚居的聚落环境，其文化遗产丰富多样，村寨本身较为典型地体现了在相对集中的地理范围内的民族特色文化遗产载体功能。如贵州黔东南地区集中分布的侗族传统村落承载着世界非物质文化遗产"人类非物质文化遗产代表作名录"——侗族大歌，西南六省区的乡村中都承载着世界非物质文化遗产"人类非物质文化遗产代表作名录"——中国传统木结构建筑营造技艺，四川集中分布的羌族村寨承载着世界非物质文化遗产"急需保护的非物质文化遗产名录"——羌年。云南西南傣族聚居区的传统村落中承载的傣剧、川西北的羌族传统村落承载的羌笛及制作技艺、广西瑶族传统村落承载的瑶浴等，都是国家级非物质文化遗产。西南民族特色村寨中的文化表现形式由于其鲜明的特色和易识别性，自2006年以来，分期分批被列入世界级、国家级、省级、市州级、县级等级别的非物质文

图1-3-1 贵州黔东南侗民演练侗族大歌（人类非物质文化遗产代表作名录，资料来源：四寨村村委会）

图1-3-2 贵州六盘水梭戛箐苗村民欢度正月十五跳花节（国家级非物质文化遗产）

化遗产名录。但是，仍然还有很多丰富的文化表现形式散落在村寨里，有待进一步识别发现和整理（图1-3-1、图1-3-2）。

2. 西南民族特色村寨中的文化空间

与此同时，西南民族特色村寨的文化空间作为非物质文化遗产的重要组成部分，受到了越来越多的理论研究和规划实践的高度关注，如以个案追踪的对传统村落文化空间保护传承[3-5]、文化空间特征内涵[6-9]等实证研究，或以保护措施角度开展的文化空间分类[10]、文化空间预警[11]、文化空间变迁发展[12-14]等。在全国对于传统村落文化空间的研究文献中，西南地区的实证研究占有很大比重。西南地区传统村落由于民族特色较为典型，其所承载的非物质文化遗产较为丰富，与之伴随的是文化空间类型多、分布广、数量多，必然成了传统村落保护发展中较为重要的研究对象。西南传统村落中每一种文化表现形式都离不开相应文化空间，活动组织自然地将村落中文化空间的时间性、空间性紧密结合。例如，世界非物质文化遗产侗族大歌，是贵州省黔东南地区侗族村寨中重要的文化表现形式，然而与侗族大歌相关的各种活动，如大歌传习、训练、表演等环节，都需要在特定文化空间中开展，既存在空间限定性，也存在时间规律。"文化空间"兼具空间属性和时间属性，就空间属性上看，文化空间涉及的区域往往是村寨整体保护中最为敏感的区域，就时间属性上看，文化空间涉及的活动规律的变化往往是村寨保护工作中容易忽略的现象[2]（图1-3-3）。

图1-3-3 黔东南州排莫苗族村寨文化空间（资料来源：《记载乡愁——中国传统村落·贵州省黔东南篇（一）》）

二、西南民族特色村寨中的文化空间识别动因

笔者在传统村落保护发展规划编制实践过程中，试图以识别文化空间为切入点，准确掌握传统村落中丰富多彩的非物质文化遗产情况。该项举措在贵州省黔南布依族苗族自治州、黔东南苗族侗族自治州、六盘水市、铜仁市、遵义市等地区的近100个传统村落中得到反复实践验证，主要集中在多种识别方法试验优化及识别成果应用方向。结果发现：西南地区丰富多彩的地理环境和多民族文化并存的特点使得非物质文化遗产表现形式和文化空间十分丰富，许多实实在在的文化空间依赖于山川田野、村头巷尾，甚至分布在层层叠叠的院落、建筑空间中，从而带来空间多义性和认知模糊性，使得文化空间甄别更加困难，会面临识别遗漏、价值低估、保护无准绳、利用无节制的情景，许多早期开发的传统村落因文化空间保护利用不当，导致传统村落灵魂不在，名存实亡。因此，持续改进技术方法，提升文化空间的快速识别、精准识别性成了实践探索的主线。

三、西南民族特色村寨中的文化空间识别的意义

1. 紧迫行动意义

西南民族特色村寨中的文化空间识别将会提供导则，加快推进西南地区传统村落文化空间的抢救性保护进程。处于西部欠发达地区的西南地区正在加速发展，GDP增速在全国环比靠前、县县通高速、旅游呈现井喷式发展，现代文明正加速向农村地区渗透。传统村落所依赖的平衡环境正在被逐步打破，许多典型传统村落文化空间的存续面临挑战，亟需研究可行解决方案，加快传统村落文化空间的抢救性保护进程。

2. 理论建构意义

西南民族特色村寨中的文化空间识别可提供思想基础，探索建构传统村落文化空间识

别的理论体系。由于西南地区传统村落文化空间的多义性和认知易模糊性，亟需研究和明晰文化空间的目标导引、价值评判、属性归类、准确测度、合理利用等一系列问题，形成适合西南多民族地区文化空间的价值理论体系。

3. 技术突破意义

西南民族特色村寨中的文化空间识别可突破技术瓶颈，解决传统村落文化空间识别难的问题。以科学的参数化构建为基本线索，为实现辅助识别、动态维护、智能预警解决方案提供基础内核，提供传统村落文化空间识别与保护发展应用的科学范式。研究依托WEBGIS、ACCESS等常见平台建构交互式过程可控、适时动态反馈的传统村落"文化空间"识别方法，重点突破文化空间识别难的技术瓶颈。

4. 应用前景意义

西南民族特色村寨中的文化空间识别可规范开发行为，提高传统村落投入资金的使用效能。可操作的基于文化空间的传统村落保护与发展规划技术，可有效规范传统村落规划建设的行为，预防建设性破坏，扭转村落文化空间逐步消失的局面。

5. 社会公益意义

西南民族特色村寨中的文化空间识别将会坚定文化自信，助推乡村振兴战略实施。文化空间的识别过程是一个集参数化技术应用、广泛公众参与的过程，一旦实现预期目标，有了通识性的文化空间识别方法，规划师、村民、文化遗产保护工作者均可灵活运用识别文化空间，对于摸清文化家底、树立文化自信，帮助村民找到文化线索，均具有较大的文化普及教育、潜移默化的文化滋养和文化传播的公益性意义。长此以往，将唤醒公众的"文化自觉"，使西南地区典型的民族特色传统文化真正成为助推乡村振兴战略实施的有力武器。

第二章
西南民族特色村寨中的文化空间识别技术要点

第一节 西南民族特色村寨中的文化空间识别目标

一、确定村寨文化空间清单

确定村寨文化空间的清单，是文化空间识别的首要目标，清单内容需要反映每个文化空间单元的编号、名称和地点，同一类文化空间单元如果分布在不同位置，则视为不同的文化空间单元。

二、确定村寨文化表现形式清单

确定村寨文化表现形式的清单，是文化空间识别的重要基础目标，该清单应包括官方公布的各级非物质文化遗产名录、调研过程中发现的具有文化表现形式特点的活动等，清单内容需要反映每个文化表现形式的编号、名称、名录等级。

三、定位村寨文化空间单元的空间位置

采用建筑学的图纸工作方法，将每个文化空间单元的空间定位同时表达在平面底图和倾斜摄影底图上，标注其相对位置。

四、匹配文化空间单元与文化表现形式的对应关系

将村寨文化空间单元与文化表现形式进行双向匹配，形成一对多、多对多的连线关系，单一文化空间单元可对应多个文化表现形式，单一文化表现形式也可以对应多个文化空间单元。

五、甄别文化空间单元的时空属性及濒危倾向

对每一项文化空间单元进行时空属性的甄别，空间属性方面，需判断文化空间单元的地空间分布特征及地段性倾向；时间属性方面，需判断文化空间单元的活动规律及变迁倾向；同时，需结合时间和空间属性的综合分析得出文化空间单元是否处于濒危状态。

第二节 西南民族特色村寨中的文化空间识别程序及规程

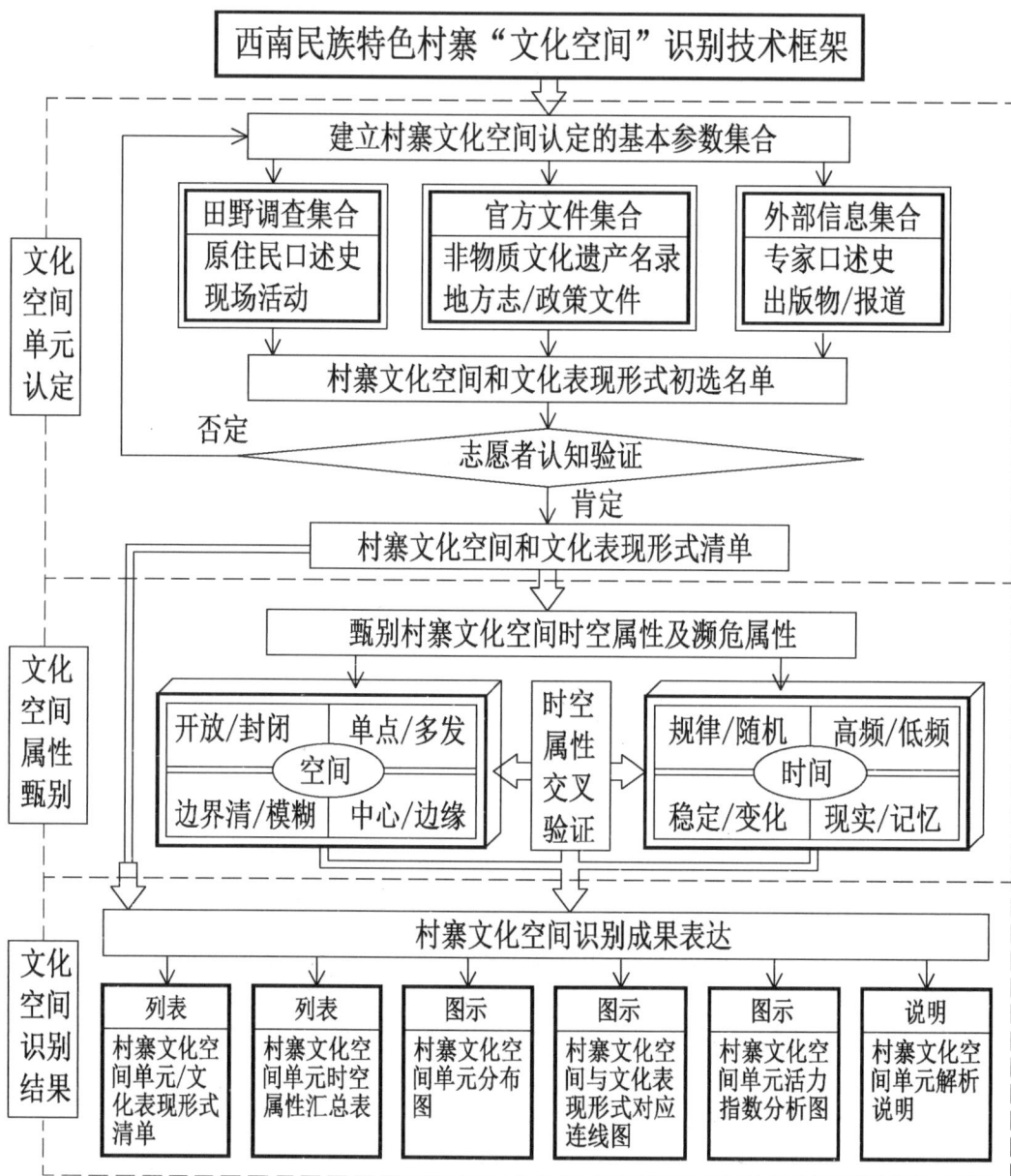

西南民族特色村寨"文化空间"识别技术框架

文化空间单元认定

建立村寨文化空间认定的基本参数集合

| 田野调查集合 原住民口述史 现场活动 | 官方文件集合 非物质文化遗产名录 地方志/政策文件 | 外部信息集合 专家口述史 出版物/报道 |

村寨文化空间和文化表现形式初选名单

否定

志愿者认知验证

肯定

村寨文化空间和文化表现形式清单

文化空间属性甄别

甄别村寨文化空间时空属性及濒危属性

| 开放/封闭 单点/多发 空间 边界清/模糊 中心/边缘 | 时空属性交叉验证 | 规律/随机 高频/低频 时间 稳定/变化 现实/记忆 |

文化空间识别结果

村寨文化空间识别成果表达

| 列表 村寨文化空间单元/文化表现形式清单 | 列表 村寨文化空间单元时空属性汇总表 | 图示 村寨文化空间单元分布图 | 图示 村寨文化空间与文化表现形式对应连线图 | 图示 村寨文化空间单元活力指数分析图 | 说明 村寨文化空间单元解析说明 |

图 2-2-1 西南民族特色村寨"文化空间"识别技术框架图

一、村寨文化空间单元认定阶段

文化空间单元认定阶段，需完成两个核心目标：认定村寨文化空间单元的清单和村寨文化表现形式的清单。核心任务是依靠三大线索建立村寨文化空间认定的基本参数集合，线索一是官方文件集合，如中华人民共和国中央人民政府网站公布的国家级非物质文化遗产代表性项目名录、法律法规，各级政府地方志办公室发行的地方志，经审批通过的规划文本等；线索二是田野调查获取的资料集合，如村民口述史、现场影像、图片和音频资料等；线索三是外部资料集合，如了解该村情况的专家口述史、职能管理部门的介绍资料、相关公开出版物资料、媒体报道等。通过上述三条线索获取的综合资料，需要交叉验证形成村寨文化空间和文化表现形式初选名单，由于资料获取线索中有部分会存在错漏或误差，此阶段需安排志愿者开展认知验证测试，志愿者在村民、专家、非遗公职人员、访客中随机产生，采用德尔菲方法[1]开展认知验证测试，验证后的结果将形成村寨文化空间和文化表现形式的清单。

二、村寨文化空间属性甄别阶段

村寨文化空间属性甄别阶段，是在文化空间和文化表现形式清单认定的基础上，从空间和时间两个维度对所有文化空间单元进行逐项甄别。分空间和时间两个模块展开，空间属性模块需判断四组空间分布的相对特征：开放或封闭、单点或多发、边界清楚或模糊、位于中心或边缘分布；时间模块需判断四组关于文化活动的相对状态特征：规律或随机、高频或低频、稳定或变化、现实或记忆状态。两个模块八组数据的分析，可得出文化空间单元的精确地点、文化空间与文化表现形式的匹配关系、文化空间的空间分布特征、文化空间所承载的文化活动的规律特征、文化空间是否处于濒危状态等。需要指出的是，该阶段的识别成果需要对各项时空属性开展定性的逻辑性交叉验证，去伪存真。

三、村寨文化空间识别成果表达阶段

村寨文化空间识别结果表达阶段，该阶段主要是对上述两个阶段的识别结果开展综合性的成果表达，主要包括三个方面的内容：图示、列表、说明，根据分项成果的性质进行综合表达（表2-2-1）。

村寨文化空间识别成果构成及规范表 表 2-2-1

序号	成果名称	形式	文件格式	基本内容
1	村寨文化空间单元清单	列表	word	表述文化空间单元的编号、名称、位置信息
2	村寨文化表现形式清单	列表	word	表述文化表现形式的编号、名称、名录等级

---

[1] 德尔菲方法，也称专家调查法，其本质上是一种反馈匿名函询法，其大致流程是在对所要预测的问题征得专家的意见之后，进行整理、归纳、统计，再匿名反馈给各专家，再次征求意见，再集中，再反馈，直至得到一致的意见。

序号	成果名称	形式	文件格式	基本内容
3	村寨文化空间单元平面分布图	图示	jpg	表达各项文化空间单元的空间分布位置，底图采用村寨正射航拍图或地形测绘图
4	村寨文化空间单元与文化表现形式对应连线图	图示	jpg	表达文化空间单元与文化表现形式的活动发生匹配关系，采取阵列连线图的形式
5	村寨文化空间单元活力指数分析图	图示	jpg	表达各文化空间单元的活跃度，采用柱状分析图、饼状图等
6	村寨文化空间单元解析说明	说明	word	表述各文化空间单元的详细信息，如名称、地点、所承载的文化表现形式、活跃度等

第三节 西南民族特色村寨中的文化空间识别方法

一、现场研究法

现场研究法是村寨文化空间识别的基础方法，研究者必须亲自进入村寨现场踏勘获取第一手资料，主要用到的是现场观察研究法和现场调查研究法。第一阶段村寨文化空间单元认定阶段和第二阶段文化空间时空属性甄别阶段，需全程使用，包括现场观察研究法、现场调查研究法和田野调查法三个类型。

现场观察研究法是针对文化空间变量关系还处于较为模糊的阶段，主要用于研究者进入村寨后开展实地观察，并与村民进行访谈，获取三类信息：一是关于村寨文化空间偶发事件和历史事件的信息；二是关于文化表现形式有关频率分布的信息，如参加人数；三是有关众所周知、约定俗成的村寨基本信息等。

现场调查研究法主要用于研究者到村寨实地搜集实际资料，现场取样推荐采用雪球取样模式，即沿着一个脉络不断扩展的取样，可搜集到较为丰富的现场数据，需充分结合建筑学的图纸工作方法，表述成图示语言。

田野调查法是来自文化人类学、考古学的基本研究方法论，适用于研究者能在村寨中停留较长时间开展调查的情况。研究者可通过参与村民的生活，在村寨范围内，体验村民的日常生活与思想境界，通过记录村民生活的方方面面，来获取文化空间和文化表现形式的线索。

二、访谈调查法

访谈调查法是村寨文化空间识别调研阶段的重要方法，是以口头形式，根据被询问者的答复搜集客观的、不带偏见的文化空间事实材料，需要向不同类型的人了解不同类型的材料，同时需要对不同访谈对象资料的互相印证关系进行后期分析。文化空间的识别过程可以灵活采取正式的或非正式的访谈，开展逐一采访询问或个别访谈，也可以开小型座谈会，进行团体访谈。主要采取结构型访谈，即按照定向的文化空间及文化表现形式的线索展开，辅以问卷或调查表的形式开展。访员开展指导性访谈，以导出访谈（即从受访人那里引导出情况或意见）为主。主要步骤包括：设计访谈提纲；恰当进行提问；准确捕捉信息，及时收集有关资料；适当地作出回应；及时作好访谈记录、录音或录像。

三、信息收集法

信息收集法是建立村寨文化空间基本参数集合的重要方法，通过各种方式获取文化空间的线索。收集原则包括准确性原则、全面性原则、时效性原则。主要步骤包括制定收集计划、设计收集提纲和表格、明确信息收集的方式和方法、提供信息收集的成果。

信息收集的范围：包括本身内容范围和环境内容范围。本身内容范围是由事物本身信息相关内容特征组成的范围；环境内容范围是由事物周边、与事物相关的信息的内容特征组成的范围。

信息收集的内容：围绕非物质文化遗产的两大类型展开，即文化表现形式和文化空间，同时还要搜集村寨的基本信息和其他具有相关性的特征信息。

信息收集的地域范围包括两个范畴，一是村寨居民点范围，作为文化空间定位点的限定范围，二是由村寨延伸出去的存在所在乡、所在县市、所在省份、所在国家，是作为文化表现形式影响范围。信息源包括实物型信息源、文献型信息源、电子型信息源和网络信息源。

四、数理统计法

数理统计法主要用于文化空间时空属性甄别阶段，主要研究文化空间和表现形式随机现象中局部与整体之间、各有关因素之间相互联系的规律性，利用样本的平均数、标准差、标准误、变异系数率、均方、检验推断、相关、回归、聚类分析、判别分析、主成分分析、正交试验、模糊数学和灰色系统理论等有关统计量的计算来对文化空间数据进行有关分析研究，据此得出文化空间的活跃度、濒危特性等。其中，比较重要的是聚类分析法，综合利用多个变量的信息对样本进行分类；先把各个文化空间单元对象单独视为一类，然后根据距离最小的原则，依次选出一对分类对象，并成新类。如果其中一个分类对象已归于一类，则把另一个也归入该类；如果一对分类对象正好属于已归的两类，则把这两类并为一类。每一次归并，都划去该对象所在的列与列序相同的行。

五、德尔菲法

德尔菲法本质上是一种反馈匿名函询法。其大致流程是：在对所要预测的问题征得专家的意见之后，进行整理、归纳、统计，再匿名反馈给各专家，再次征求意见，再集中，再反馈，直至得到一致的意见。其过程可简单表示如下：

德尔菲法作为一种利用函询形式进行的集体匿名思想交流过程，单环节应用于文化空间初步名单拟定阶段的志愿者认知验证。在保障匿名性、多次反馈、小组的统计回答前提下，开放式的首轮调研与现场调研同步开展，评价式的第二轮调研中，专家看见的问卷中已经加入了现场调研的文化空间数据，专家可以在重审式的第三轮调研和复核式的第四轮调研中充分表达观点。

近几年来，课题组对西南地区近百个民族特色村寨开展了文化空间识别工作，本章将集中介绍其中较为典型的五个具体案例，包括苗族、侗族、仡佬族等聚居村寨，村寨规模涵盖大型、中型和小型类别，基本信息如表 3-0-1 所示。

西南民族特色村寨文化空间识别案例信息汇总表 表 3-0-1

序号	村名	中国传统村落	中国少数民族特色村寨	聚居民族	村寨规模	非物质文化遗产名录数量				
						世界级	国家级	省级	市州级	名录外
1	黔东南州雷山县西江镇麻料村	√	√	苗族	中型	0	7	4	3	5
2	黔东南州雷山县丹江镇排翁村	√	—	苗族	中型	0	5	5	3	4
3	黔东南州榕江县栽麻乡大利村	√	√	侗族	大型	1	5	7	1	3
4	黔东南州黎平县四寨村	√	√	侗族	大型	1	10	14	2	2
5	遵义市务川仡佬族苗族自治县黄都镇丝绵村沈家坝	√	√	仡佬族	小型	0	0	10	11	2

第一节 雷山县麻料村文化空间识别结果与解析

一、雷山县西江镇麻料村概况

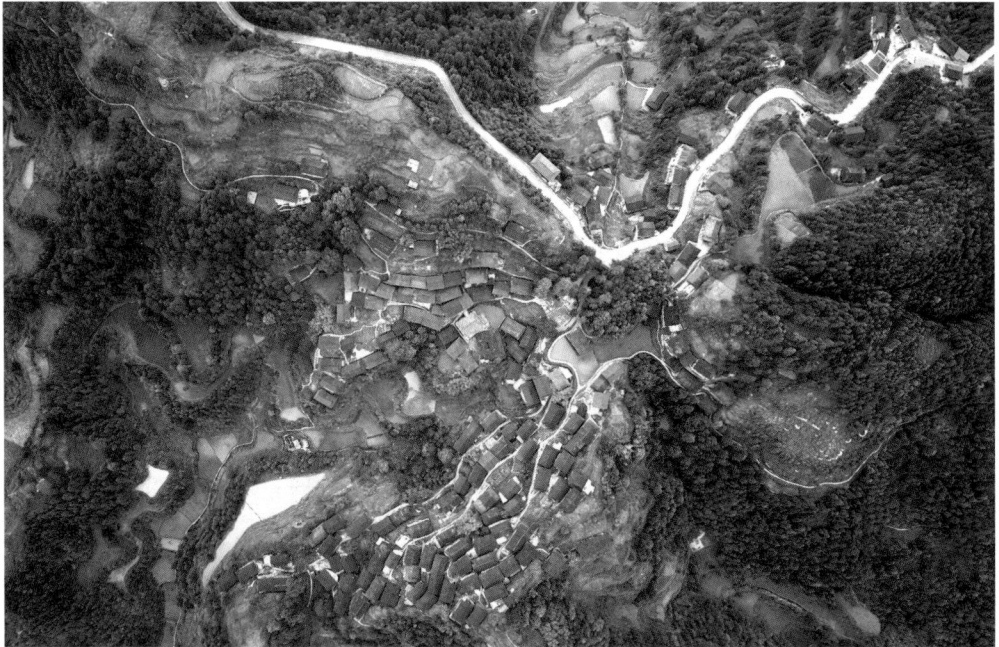

图3-1-1 麻料村正射投影航拍图

1. 村寨概况

黔东南州雷山县西江镇麻料村（以下简称麻料村）始建于明代，是一个具有 400 多年历史的苗族村寨，位于西江镇东北部，东靠九摆村，南邻控拜村，西北接乌高村，东北与台江县排羊乡九摆屯上和凯里市三棵树镇脚高接壤，距西江镇 10 公里，距雷山县城 30 公里（图 3-1-1）。寨内居民共 180 多户，800 多人，均为苗族。村寨由先后迁移而来的李、潘、黄三姓家族组成麻料村，以保存完好的苗族传统民居建筑群为风貌特色，以苗族鼓藏节、苗族芦笙舞、招龙节等为活动特色，以苗族银饰锻制技艺、雷山苗绣等为技艺特色。2009 年年初，雷山县凭借底蕴深厚的银饰文化，被评为"中国银饰之乡"。麻料与控拜、乌高三个村寨素有"银匠之村"的美誉，并挂牌为"传统工艺贵州工作站麻料银饰传承基地"，寨内居民世代以银饰加工为生。2013 年，麻料村被列入第二批中国传统村落名录，2017 年，被列入第二批中国少数民族特色村寨名录。

2. 村寨选址格局

麻料村落具有"青山环抱茂林盛，梯田层叠拾阶居。古树荫翳塘中落，宝山翠鸣和凿声"的选址特点和传统农耕生态景观格局。延绵群山之中，绿盛茂林之间，麻料村宛若遗世银珠，寨门内的老寨中，地势边高中低，山坡树林巍巍，谷中古树守卫，水田跌宕，老寨中苗族

图3-1-2 麻料村鸟瞰航拍图

传统民居依山而建，大寨小寨围谷而居。村口古塘百年不竭，古树郁郁葱葱，宝山之上树林荫翳，鸣声上下。青山、古树、古塘、宝山、梯田与民居相映成趣，清脆的鸟鸣应和着村中敲打银子的闷叮响声，组成了村寨的百年乐章，共同构建了老寨不可多得的自然格局和独有特色。日转星移，人丁繁衍，村寨自然生长，散落在寨门以外的几户民居，沿路形成了新寨（图 3-1-2）。

3. 传统建筑

麻料村是典型的苗族村寨，村内的传统建筑主要为"一"字形苗族木结构干阑式民居，建筑布局整体随山就势，背高面低，层叠错落。村内共有建筑 174 栋，其中传统建筑共 153 栋，占村落建筑总数的 88%，包括寨门 1 座、银饰刺绣传习馆 1 处、村委会 1 处及传统民居 150 栋。苗族传统民居是木柱支托、凿木穿枋、衔接扣合、立架为屋、四壁竖板、坡屋顶覆小青瓦的干阑吊脚楼，常以一家一栋的传统居住方式为主，功能分布呈三段式布局，下层为家畜圈舍吊脚层，二层为人居住的生活层，三层为客房或堆放杂物的储藏层（现部分民居将其改造为银饰加工坊），二层的堂屋宽敞明亮，堂前外廊有长条靠背木凳"美人靠"，配以曲形木条或花格栏杆，供乘凉或会客用，也是观景、绣花的场所。寨门是修建于麻料古塘边的通村路旁的重檐歇山顶木构建筑，并附有重檐悬山的连廊，内部设置木质栏杆座椅，形成一个开放性的交通、休憩空间。银饰刺绣传习馆原为村内小学，后改造利用为银饰刺

图3-1-3 麻料村传统建筑群(资料来源：麻料村村委会)

绣传习馆，其位于村落中部，距离寨门约100米，为三面围合歇山顶木构建筑，上下两层，一层为体验区、展示区及信息收集区，二层为展示及售卖区。村委会位于银饰刺绣传习馆对面，为两层歇山顶木构建筑（图3-1-3）。

4. 历史环境要素

麻料村内历史环境要素有寨门1座、古塘1口、宝山1座、芦笙场1处、银饰刺绣传习馆1处、古井3口、古树5棵、古树群3处、土地庙1处、桥数处。寨门位于村寨入口，是进入老寨的主要入口，进入寨门后迎面是古塘，古塘收集来自村内东西两个方向高位水池和消防水池的过剩溢出水；宝山、芦笙场、银饰刺绣传习馆位于村寨中心，是村内主要的公共活动场所；寨内古井均为青石窖口井，分别位于寨中东、西、南三个方向，与传统民居关系紧密，受自来水普及的影响，其传统给水的功能正在消亡；寨内古树大多为青枫，局部为桂花、乌桕，古树紧密的分布在村寨周边；村内的桥较多，其中两处离村寨较近，桥是村民做农活的主要交通脉络，桥也用于祭祀、祈求平安与多子多福等；村内土地庙位于上寨，用于祭祀。

二、麻料村文化表现形式及文化空间单元清单及对应关系

1. 麻料村文化表现形式清单

经技术识别（识别过程略），麻料村的文化表现形式共有19项，其中7项属于国家级非物质文化遗产名录，4项属于省级非物质文化遗产名录，3项属于州级非物质文化遗产，另有5项属于名录之外（表3-1-1）。

黔东南州雷山县西江镇麻料村文化表现形式清单 表3-1-1

序号	编号	文化表现形式名称	级别等级／类别
1	A1	苗族鼓藏节	第一批国家级非物质文化遗产／民俗
2	A2	苗年	第二批国家级非物质文化遗产／民俗
3	A3	苗族银饰锻制技艺	第一批国家级非物质文化遗产／传统技艺
4	A4	苗绣（雷山苗绣）	第一批国家级非物质文化遗产／传统美术
5	A5	苗族芦笙舞	第二批国家级非物质文化遗产／传统舞蹈
6	A6	苗寨吊脚楼营造技艺	第一批国家级非物质文化遗产／传统技艺
7	A7	苗族飞歌	第二批省级非物质文化遗产／民俗
8	B1	苗族招龙	第二批省级非物质文化遗产／民俗
9	B2	苗族服饰文化	第一批省级非物质文化遗产／民间手工技艺
10	B3	苗族吃新节	第二批省级非物质文化遗产／民俗
11	B4	苗族酒礼歌	第三批省级非物质文化遗产／传统音乐
12	C1	苗族古歌	第五批州级非物质文化遗产／民间文学

续表

序号	编号	文化表现形式名称	级别等级/类别
13	C2	苗族米酒酿造技艺	第四批州级非物质文化遗产/传统技艺
14	C3	雷山苗族婚俗	第四批州级非物质文化遗产/民俗
15	D1	苗族祭桥节	民俗
16	D2	苗族丧葬习俗	民俗
17	D3	苗族六月六	民俗
18	D4	苗族民间故事	民间文学
19	D5	苗语	语言

2. 麻料村文化空间单元清单

经技术识别，麻料村文化空间有 20 项，包括 1 组苗族传统民居文化空间、3 处古井文化空间、1 处古塘文化空间、1 处寨门文化空间、1 处土地庙文化空间、1 处银饰刺绣传习馆文化空间、1 处芦笙场文化空间、1 处宝山文化空间、5 处古树文化空间、3 处古树群文化空间、2 处古桥文化空间等。其中，苗族传统民居文化空间属于多发性文化空间单元，以传统民居建筑为载体，分布在村内各处；古井文化空间的分布受水源位置的影响，有位于寨内与民居建筑紧密联系的，有离寨内集中民居建筑群较远的；寨门、古塘位于村寨入口，银饰刺绣传习馆、芦笙场、宝山文化空间为单点性文化空间，位于寨内相对中心位置。古桥文化空间与古井溢出水的水流方向之间有紧密的联系，古桥文化空间主要沿着古井水流方向分布（表 3-1-2）。

黔东南州雷山县西江镇麻料村文化空间单元清单 表 3-1-2

编号	文化空间单元名称	地点
01	苗族传统民居文化空间	村内 150 处苗族传统民居
02	一号古井文化空间	村寨东部山坳中
03	二号古井文化空间	村寨西部山坡阳面山脚之下
04	三号古井文化空间	村寨西南部山坳中
05	古塘文化空间	村寨北部，寨门南侧
06	寨门文化空间	村寨北部，通村路南侧，老寨、新寨之间
07	土地庙文化空间	寨东南部山坡之上
08	银饰刺绣传习馆文化空间	村寨中部，寨门向南 100 米处
09	芦笙场文化空间	村寨中部偏北，距离寨门约向南 50 米处
10	宝山文化空间	村寨北部，寨门东侧
11	一号古树文化空间	村寨芦笙场南侧
12	二号古树文化空间	一号古井旁
13	三号古树文化空间	二号古井旁
14	四号古树文化空间	三号古井旁
15	五号古树文化空间	三号古井旁
16	一号古树群文化空间	围绕古塘半径约 15 米范围内

续表

编号	文化空间单元名称	地点
17	二号古树群文化空间	村寨西部，距寨门约150米处
18	三号古树群文化空间	村寨中部山坳中
19	一号桥文化空间	村寨北部山坳中
20	二号桥文化空间	村寨中部山坳中

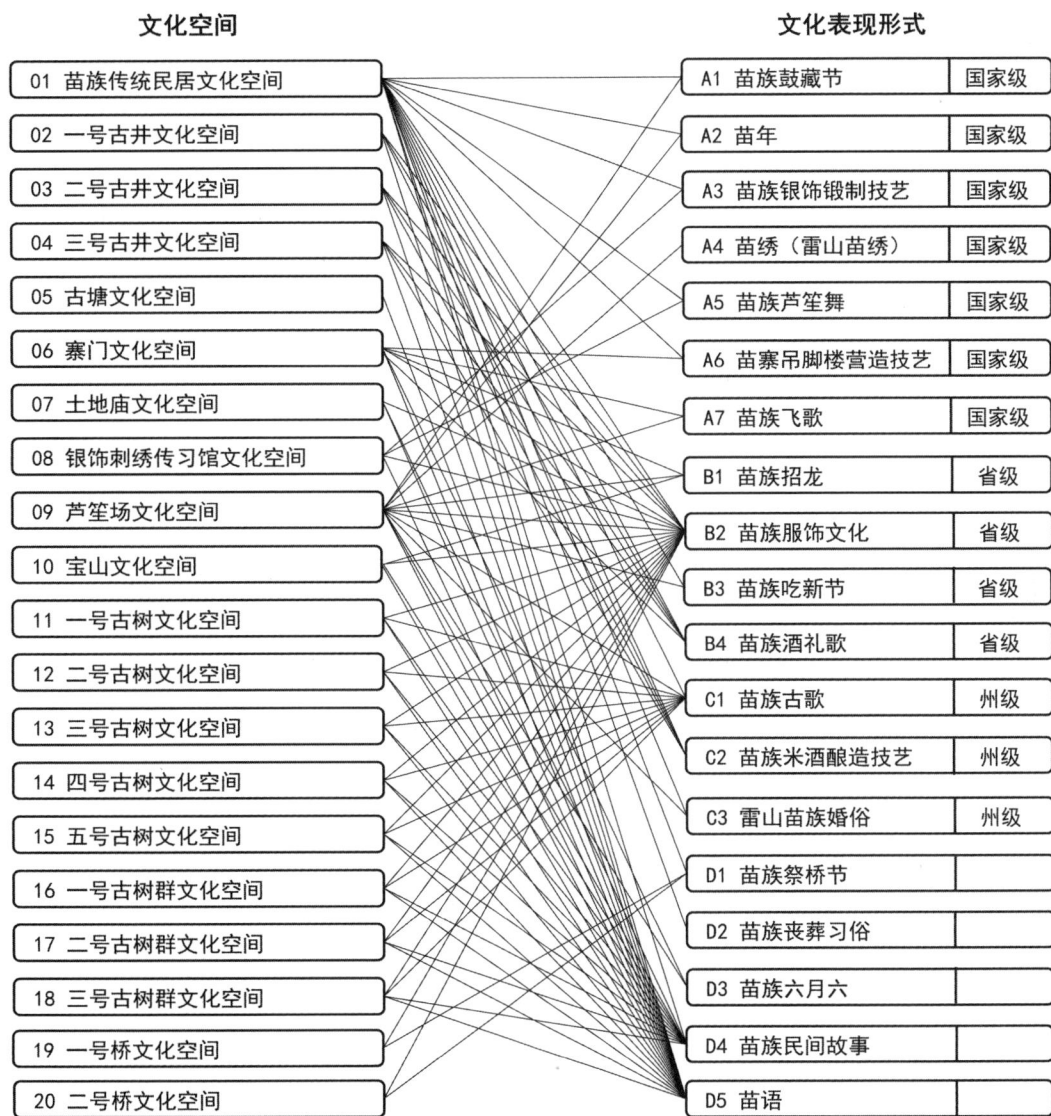

文化空间

- 01 苗族传统民居文化空间
- 02 一号古井文化空间
- 03 二号古井文化空间
- 04 三号古井文化空间
- 05 古塘文化空间
- 06 寨门文化空间
- 07 土地庙文化空间
- 08 银饰刺绣传习馆文化空间
- 09 芦笙场文化空间
- 10 宝山文化空间
- 11 一号古树文化空间
- 12 二号古树文化空间
- 13 三号古树文化空间
- 14 四号古树文化空间
- 15 五号古树文化空间
- 16 一号古树群文化空间
- 17 二号古树群文化空间
- 18 三号古树群文化空间
- 19 一号桥文化空间
- 20 二号桥文化空间

文化表现形式

A1 苗族鼓藏节	国家级
A2 苗年	国家级
A3 苗族银饰锻制技艺	国家级
A4 苗绣（雷山苗绣）	国家级
A5 苗族芦笙舞	国家级
A6 苗寨吊脚楼营造技艺	国家级
A7 苗族飞歌	国家级
B1 苗族招龙	省级
B2 苗族服饰文化	省级
B3 苗族吃新节	省级
B4 苗族酒礼歌	省级
C1 苗族古歌	州级
C2 苗族米酒酿造技艺	州级
C3 雷山苗族婚俗	州级
D1 苗族祭桥节	
D2 苗族丧葬习俗	
D3 苗族六月六	
D4 苗族民间故事	
D5 苗语	

| 文化空间单元与文化表现形式对应连线图 | 贵州省雷山县麻料村 | 第二批中国传统村落 | 2019/10采集 |

图3-1-4 麻料村文化空间单元与文化表现形式对应连线图

3. 麻料村文化空间与文化表现形式对应关系识别结果

分析结果表明，黔东南州雷山县西江镇麻料村的 20 处文化空间所承载的非物质文化表现形式包括 19 种，文化空间和文化表现形式之间的对应关系呈现一对多、多对一和多对多的形式。例如，传统民居文化空间所对应的文化表现形式有 15 项：苗族鼓藏节、苗年、苗族银饰锻制技艺、雷山苗绣、苗寨吊脚楼营造技艺、苗族吃新节、苗族服饰文化、苗族酒礼歌、苗族古歌、苗族米酒酿造技艺、雷山苗族婚俗、苗族祭桥节、苗族丧葬习俗、苗族民间故事、苗语；传统民居文化空间、一号古井文化空间、二号古井文化空间、三号古井文化空间、寨门文化空间都对应文化表现形式苗族酒礼歌；一号古树文化空间、二号古树文化空间、三号古树文化空间、四号古树文化空间、五号古树文化空间、一号古树群文化空间、二号古树群文化空间、三号古树群文化空间所对应的文化表现形式有 3 项：苗族古歌、苗族民间故事、苗语（图 3-1-4）。

三、麻料村文化空间单元分布识别结果

经技术识别，麻料村共有文化空间单元 20 处，包括苗族传统民居文化空间、一号古井文化空间、二号古井文化空间、三号古井文化空间、古塘文化空间、寨门文化空间、土地庙文化空间、银饰刺绣传习馆文化空间、芦笙场文化空间、宝山文化空间、一号古树文化空间、二号古树文化空间、三号古树文化空间、四号古树文化空间、五号古树文化空间、一号古树群文化空间、二号古树群文化空间、三号古树群文化空间、一号桥文化空间、二号桥文化空间等。其中，苗族传统民居文化空间属于多发单元，分布在全村的传统风貌建筑内。各项文化空间的位置如图 3-1-5、图 3-1-6 所示。

图3-1-5 麻料村文化空间单元平面分布图

文化空间单元平面分布图　　贵州省雷山县麻料村　　第二批中国传统村落　2019/10采集

17 二号古树群文化空间
11 一号古树文化空间
09 芦笙场文化空间
19 一号桥文化空间
16 一号古树群文化空间
06 寨门文化空间
05 古塘文化空间
10 宝山文化空间
12 二号古树文化空间
02 一号古井文化空间

至九摆村
至西江镇

13 三号古树文化空间
03 二号古井文化空间
18 三号古树群文化空间
08 银饰刺绣传习馆文化空间
14 四号古树文化空间
04 三号古井文化空间
15 五号古树文化空间
07 土地庙文化空间
01 苗族传统民居文化空间
20 二号桥文化空间

N

0 10 25 50 100M

① 苗族传统民居文化空间	⑦ 土地庙文化空间	⑬ 三号古树文化空间	⑲ 一号桥文化空间
② 一号古井文化空间	⑧ 银饰刺绣传习馆文化空间	⑭ 四号古树文化空间	⑳ 二号桥文化空间
③ 二号古井文化空间	⑨ 芦笙场文化空间	⑮ 五号古树文化空间	
④ 三号古井文化空间	⑩ 宝山文化空间	⑯ 一号古树群文化空间	
⑤ 古塘文化空间	⑪ 一号古树文化空间	⑰ 二号古树群文化空间	
⑥ 寨门文化空间	⑫ 二号古树文化空间	⑱ 三号古树群文化空间	

文化空间单元鸟瞰分布图　　贵州省雷山县麻料村　第二批中国传统村落 | 2019/10采集

图3-1-6 麻料村文化空间单元鸟瞰分布图

四、麻料村文化空间单元时空属性甄别结果

麻料村文化空间单元时空属性汇总表 表3-1-3

序号	文化空间单元名称	对应文化表现形式编号	空间属性				时间属性			
			开放/封闭	多发/单点	清楚/模糊	中心/边缘	规律/随机	高频/低频	稳定/变化	现实/记忆
1	苗族传统民居文化空间	A1	封闭	多发	清楚	中心	规律	低频	稳定	现实
		A2	封闭	多发	清楚	中心	规律	低频	稳定	现实
		A3	封闭	多发	清楚	中心	随机	低频	变化	现实
		A5	开放	多发	模糊	中心	随机	高频	变化	现实
		A6	开放	多发	清楚	中心	随机	低频	变化	现实
		B2	开放	多发	清楚	中心	随机	高频	变化	现实
		B3	封闭	多发	清楚	中心	规律	低频	稳定	现实
		B4	封闭	单点	清楚	中心	随机	低频	变化	现实
		C1	封闭	单点	清楚	中心	随机	低频	变化	记忆
		C2	开放	多发	清楚	中心	随机	高频	变化	现实
		C3	开放	多发	模糊	中心	随机	低频	变化	现实
		D1	封闭	多发	清楚	中心	规律	低频	稳定	现实
		D2	开放	多发	模糊	边缘	随机	低频	变化	现实
		D4	开放	多发	模糊	中心	随机	低频	变化	记忆
		D5	开放	多发	模糊	中心	规律	高频	稳定	现实
2	一号古井文化空间	B2	开放	单点	清楚	边缘	随机	高频	变化	现实
		B4	开放	多发	清楚	边缘	随机	低频	变化	现实
		C2	开放	多发	清楚	中心	随机	高频	变化	现实
		D5	开放	单点	模糊	边缘	规律	高频	稳定	现实
3	二号古井文化空间	B2	开放	单点	清楚	边缘	随机	高频	变化	现实
		B4	开放	多发	清楚	边缘	随机	低频	变化	现实
		C2	开放	多发	清楚	中心	随机	高频	变化	现实
		D5	开放	单点	模糊	边缘	规律	高频	稳定	现实
4	三号古井文化空间	B2	开放	单点	清楚	边缘	随机	高频	变化	现实
		B4	开放	多发	清楚	边缘	随机	低频	变化	现实
		C2	开放	多发	清楚	中心	随机	高频	变化	现实
		D5	开放	单点	模糊	边缘	规律	高频	稳定	现实
5	古塘文化空间	B2	开放	单点	清楚	中心	随机	高频	变化	现实
		D5	开放	单点	模糊	中心	规律	高频	稳定	现实

续表

序号	文化空间单元名称	对应文化表现形式编号	空间属性				时间属性			
			开放/封闭	多发/单点	清楚/模糊	中心/边缘	规律/随机	高频/低频	稳定/变化	现实/记忆
6	寨门文化空间	A6	开放	单点	清楚	中心	随机	低频	变化	现实
		A7	开放	单点	清楚	中心	随机	低频	变化	现实
		B1	开放	单点	清楚	边缘	规律	高频	稳定	现实
		B2	开放	单点	清楚	中心	随机	高频	变化	现实
		B4	开放	单点	清楚	中心	随机	低频	变化	现实
		D4	开放	单点	清楚	中心	随机	低频	变化	记忆
		D5	开放	单点	模糊	中心	规律	高频	稳定	现实
7	土地庙文化空间	B2	开放	单点	清楚	边缘	规律	高频	稳定	现实
		D4	开放	单点	清楚	边缘	随机	低频	变化	记忆
		D5	开放	单点	模糊	边缘	规律	高频	稳定	现实
8	银饰刺绣传习馆文化空间	A3	封闭	多发	清楚	中心	规律	高频	稳定	现实
		A5	封闭	多发	清楚	中心	规律	高频	稳定	现实
		B2	封闭	多发	清楚	中心	规律	高频	稳定	现实
		D4	封闭	单点	模糊	中心	规律	高频	稳定	现实
9	芦笙场文化空间	A1	开放	单点	清楚	中心	规律	低频	稳定	现实
		A2	开放	单点	清楚	中心	规律	低频	稳定	现实
		A5	开放	单点	模糊	中心	随机	高频	变化	现实
		A7	开放	单点	清楚	中心	随机	低频	变化	现实
		B1	开放	单点	清楚	中心	规律	低频	稳定	现实
		B2	开放	单点	清楚	中心	规律	高频	稳定	现实
		B3	开放	单点	清楚	中心	规律	低频	稳定	现实
		C1	开放	单点	清楚	中心	随机	低频	变化	记忆
		C3	开放	单点	清楚	中心	随机	低频	变化	现实
		D3	开放	单点	清楚	中心	规律	低频	稳定	现实
		D4	开放	单点	模糊	中心	随机	低频	变化	记忆
		D5	开放	单点	模糊	中心	规律	高频	稳定	现实
10	宝山文化空间	B1	开放	单点	清楚	中心	规律	低频	稳定	现实
		B2	开放	单点	清楚	中心	随机	高频	变化	现实
		D4	开放	单点	模糊	中心	随机	低频	变化	记忆
		D5	开放	单点	模糊	中心	规律	高频	稳定	现实
11	一号古树文化空间	B2	开放	单点	清楚	中心	随机	高频	变化	现实
		C1	开放	单点	清楚	中心	随机	低频	变化	记忆
		D4	开放	单点	清楚	中心	随机	低频	变化	记忆
		D5	开放	单点	清楚	中心	规律	高频	稳定	现实

续表

序号	文化空间单元名称	对应文化表现形式编号	空间属性				时间属性			
			开放/封闭	多发/单点	清楚/模糊	中心/边缘	规律/随机	高频/低频	稳定/变化	现实/记忆
12	二号古树文化空间	B2	开放	单点	清楚	边缘	随机	高频	变化	现实
		C1	开放	单点	清楚	边缘	随机	低频	变化	记忆
		D4	开放	单点	清楚	边缘	随机	低频	变化	记忆
		D5	开放	单点	清楚	边缘	规律	高频	稳定	现实
13	三号古树文化空间	B2	开放	单点	清楚	边缘	随机	高频	变化	现实
		C1	开放	单点	清楚	边缘	随机	低频	变化	记忆
		D4	开放	单点	清楚	边缘	随机	低频	变化	记忆
		D5	开放	单点	清楚	边缘	规律	高频	稳定	现实
14	四号古树文化空间	B2	开放	单点	清楚	边缘	随机	高频	变化	现实
		C1	开放	单点	清楚	边缘	随机	低频	变化	记忆
		D4	开放	单点	清楚	边缘	随机	低频	变化	记忆
		D5	开放	单点	清楚	边缘	规律	高频	稳定	现实
15	五号古树文化空间	B2	开放	单点	清楚	边缘	随机	高频	变化	现实
		C1	开放	单点	清楚	边缘	随机	低频	变化	记忆
		D4	开放	单点	清楚	边缘	随机	低频	变化	记忆
		D5	开放	单点	清楚	边缘	规律	高频	稳定	现实
16	一号古树群文化空间	B2	开放	多发	模糊	中心	随机	高频	变化	现实
		C1	开放	多发	模糊	中心	随机	低频	变化	记忆
		D4	开放	多发	模糊	中心	随机	低频	变化	记忆
		D5	开放	多发	模糊	中心	规律	高频	稳定	现实
17	二号古树群文化空间	B2	开放	多发	模糊	边缘	随机	高频	变化	现实
		C1	开放	多发	模糊	边缘	随机	低频	变化	记忆
		D4	开放	多发	模糊	边缘	随机	低频	变化	记忆
		D5	开放	多发	模糊	边缘	规律	高频	稳定	现实
18	三号古树群文化空间	B2	开放	多发	模糊	边缘	随机	高频	变化	现实
		C1	开放	多发	模糊	边缘	随机	低频	变化	记忆
		D4	开放	多发	模糊	边缘	随机	低频	变化	记忆
		D5	开放	多发	模糊	边缘	规律	高频	稳定	现实
19	一号桥文化空间	B2	开放	多发	清楚	边缘	随机	高频	变化	现实
		D1	开放	多发	清楚	边缘	规律	低频	稳定	现实
		D5	开放	多发	清楚	边缘	随机	高频	变化	现实
20	二号桥文化空间	B2	开放	多发	清楚	中心	随机	高频	变化	现实
		D1	开放	多发	清楚	中心	规律	低频	稳定	现实
		D5	开放	多发	清楚	中心	随机	高频	变化	现实

注：文化表现编号对应的文化表现形式名称详见表3-1-1。

麻料村文化空间单元时空特性分析表 表 3-1-4

序号	文化空间单元名称	对应文化表现形式编号	地段性特征					平均值	文化空间特性（地段性—3-4、时段性—0-2）
			开放(1)/封闭(0)	多发(1)/单点(0)	边界清楚(1)/模糊(0)	中心(1)/边缘(0)	分项值		
1	苗族传统民居文化空间	A1	0	1	1	1	3	3	地段性
		A2	0	1	1	1	3		
		A3	0	1	1	1	3		
		A5	1	1	0	1	3		
		A6	1	1	1	1	4		
		B2	1	1	1	1	4		
		B3	0	1	1	1	3		
		B4	0	0	1	1	2		
		C1	0	0	1	1	2		
		C2	1	1	1	1	4		
		C3	1	1	0	1	3		
		D1	0	1	1	1	3		
		D2	1	1	0	0	2		
		D4	1	1	0	1	3		
		D5	1	1	0	1	3		
2	一号古井文化空间	B2	1	0	1	0	2	3	地段性
		B4	1	1	1	0	3		
		C2	1	1	1	1	4		
		D5	1	0	0	0	1		
3	二号古井文化空间	B2	1	0	1	0	2	3	地段性
		B4	1	1	1	0	3		
		C2	1	1	1	1	4		
		D5	1	0	0	0	1		
4	三号古井文化空间	B2	1	0	1	0	2	3	地段性
		B4	1	1	1	0	3		
		C2	1	1	1	1	4		
		D5	1	0	0	0	1		
5	古塘文化空间	B2	1	0	1	1	3	3	地段性
		D5	1	0	0	1	2		

续表

序号	文化空间单元名称	对应文化表现形式编号	地段性特征					平均值	文化空间特性（地段性—3-4、时段性—0-2）
			开放（1）/封闭（0）	多发（1）/单点（0）	边界清楚（1）/模糊（0）	中心（1）/边缘（0）	分项值		
6	寨门文化空间	A6	1	0	1	1	3	3	地段性
		A7	1	0	1	1	3		
		B1	1	0	1	0	2		
		B2	1	0	1	1	3		
		B4	1	0	1	1	3		
		D4	1	0	1	1	3		
		D5	1	0	0	1	2		
7	土地庙文化空间	B2	1	0	1	0	2	2	时段性
		D4	1	0	1	0	2		
		D5	1	0	0	0	1		
8	银饰刺绣传习馆文化空间	A3	0	1	1	1	3	3	地段性
		A5	0	1	1	1	3		
		B2	0	1	1	1	3		
		D4	0	0	0	1	1		
9	芦笙场文化空间	A1	1	0	1	1	3	3	地段性
		A2	1	0	1	1	3		
		A5	1	0	0	1	2		
		A7	1	0	1	1	3		
		B1	1	0	1	1	3		
		B2	1	0	1	1	3		
		B3	1	0	1	1	3		
		C1	1	0	1	1	3		
		C3	1	0	1	1	3		
		D3	1	0	1	1	3		
		D4	1	0	0	1	2		
		D5	1	0	0	1	2		
10	宝山文化空间	B1	1	0	1	1	3	3	地段性
		B2	1	0	1	1	3		
		D4	1	0	0	1	2		
		D5	1	0	0	1	2		
11	一号古树文化空间	B2	1	0	1	1	3	3	地段性
		C1	1	0	1	1	3		
		D4	1	0	1	1	3		
		D5	1	0	1	1	3		

序号	文化空间单元名称	对应文化表现形式编号	地段性特征					平均值	文化空间特性（地段性—3-4、时段性—0-2）
			开放（1）/封闭（0）	多发（1）/单点（0）	边界清楚（1）/模糊（0）	中心（1）/边缘（0）	分项值		
12	二号古树文化空间	B2	1	0	1	0	2	2	时段性
		C1	1	0	1	0	2		
		D4	1	0	1	0	2		
		D5	1	0	1	0	2		
13	三号古树文化空间	B2	1	0	1	0	2	2	时段性
		C1	1	0	1	0	2		
		D4	1	0	1	0	2		
		D5	1	0	1	0	2		
14	四号古树文化空间	B2	1	0	1	0	2	2	时段性
		C1	1	0	1	0	2		
		D4	1	0	1	0	2		
		D5	1	0	1	0	2		
15	五号古树文化空间	B2	1	0	1	0	2	2	时段性
		C1	1	0	1	0	2		
		D4	1	0	1	0	2		
		D5	1	0	1	0	2		
16	一号古树群文化空间	B2	1	1	0	1	3	3	地段性
		C1	1	1	0	1	3		
		D4	1	1	0	1	3		
		D5	1	1	0	1	3		
17	二号古树群文化空间	B2	1	1	0	0	2	2	时段性
		C1	1	1	0	0	2		
		D4	1	1	0	0	2		
		D5	1	1	0	0	2		
18	三号古树群文化空间	B2	1	1	0	0	2	2	时段性
		C1	1	1	0	0	2		
		D4	1	1	0	0	2		
		D5	1	1	0	0	2		
19	一号桥文化空间	B2	1	1	1	0	3	3	地段性
		D1	1	1	1	0	3		
		D5	1	1	1	0	3		
20	二号桥文化空间	B2	1	1	1	1	4	4	地段性
		D1	1	1	1	1	4		
		D5	1	1	1	1	4		

注：文化表现编号对应的文化表现形式名称详见表3-1-1。

麻料村文化空间单元活力指数分析表 表3-1-5

序号	文化空间单元名称	对应文化表现形式编号	时段性活力					综合活力指数
			规律（1）/随机（0）	高频（1）/低频（0）	稳定（1）/变化（0）	现实（1）/记忆（0）	分项值	
1	苗族传统民居文化空间	A1	1	1	1	1	4	30
		A2	1	1	1	1	4	
		A3	0	1	0	1	2	
		A5	0	1	0	1	2	
		A6	0	0	0	1	1	
		B2	0	1	0	1	2	
		B3	1	0	1	1	3	
		B4	0	0	0	1	1	
		C1	0	0	0	0	0	
		C2	0	1	0	1	2	
		C3	0	0	0	1	1	
		D1	1	0	1	1	3	
		D2	0	0	0	1	1	
		D4	0	0	0	0	0	
		D5	1	1	1	1	4	
2	一号古井文化空间	B2	0	1	0	1	2	9
		B4	0	0	0	1	1	
		C2	0	1	0	1	2	
		D5	1	1	1	1	4	
3	二号古井文化空间	B2	0	1	0	1	2	9
		B4	0	0	0	1	1	
		C2	0	1	0	1	2	
		D5	1	1	1	1	4	
4	三号古井文化空间	B2	0	1	0	1	2	9
		B4	0	0	0	1	1	
		C2	0	1	0	1	2	
		D5	1	1	1	1	4	
5	古塘文化空间	B2	0	1	0	1	2	6
		D5	1	1	1	1	4	
6	寨门文化空间	A6	0	0	0	1	1	13
		A7	0	0	0	1	1	
		B1	1	1	1	1	4	
		B2	0	1	0	1	2	
		B4	0	0	0	1	1	
		D4	0	0	0	0	0	
		D5	1	1	1	1	4	

续表

序号	文化空间单元名称	对应文化表现形式编号	时段性活力					综合活力指数
			规律（1）/随机（0）	高频（1）/低频（0）	稳定（1）/变化（0）	现实（1）/记忆（0）	分项值	
7	土地庙文化空间	B2	1	1	1	1	4	8
		D4	0	0	0	0	0	
		D5	1	1	1	1	4	
8	银饰刺绣传习馆文化空间	A3	1	1	1	1	4	16
		A5	1	1	1	1	4	
		B2	1	1	1	1	4	
		D4	1	1	1	1	4	
9	芦笙场文化空间	A1	1	0	1	1	3	27
		A2	1	0	1	1	3	
		A5	0	1	0	1	2	
		A7	0	0	0	1	1	
		B1	1	0	1	1	3	
		B2	1	1	1	1	4	
		B3	1	0	1	1	3	
		C1	0	0	0	0	0	
		C3	0	0	0	1	1	
		D3	1	0	1	1	3	
		D4	0	0	0	0	0	
		D5	1	1	1	1	4	
10	宝山文化空间	B1	1	0	1	1	3	9
		B2	0	1	0	1	2	
		D4	0	0	0	0	0	
		D5	1	1	1	1	4	
11	一号古树文化空间	B2	0	1	0	1	2	6
		C1	0	0	0	0	0	
		D4	0	0	0	0	0	
		D5	1	1	1	1	4	
12	二号古树文化空间	B2	0	1	0	1	2	6
		C1	0	0	0	0	0	
		D4	0	0	0	0	0	
		D5	1	1	1	1	4	
13	三号古树文化空间	B2	0	1	0	1	2	6
		C1	0	0	0	0	0	
		D4	0	0	0	0	0	
		D5	1	1	1	1	4	

续表

序号	文化空间单元名称	对应文化表现形式编号	时段性活力					综合活力指数
			规律（1）/随机（0）	高频（1）/低频（0）	稳定（1）/变化（0）	现实（1）/记忆（0）	分项值	
14	四号古树文化空间	B2	0	1	0	1	2	6
		C1	0	0	0	0	0	
		D4	0	0	0	0	0	
		D5	1	1	1	1	4	
15	五号古树文化空间	B2	0	1	0	1	2	6
		C1	0	0	0	0	0	
		D4	0	0	0	0	0	
		D5	1	1	1	1	4	
16	一号古树群文化空间	B2	0	1	0	1	2	6
		C1	0	0	0	0	0	
		D4	0	0	0	0	0	
		D5	1	1	1	1	4	
17	二号古树群文化空间	B2	0	1	0	1	2	6
		C1	0	0	0	0	0	
		D4	0	0	0	0	0	
		D5	1	1	1	1	4	
18	三号古树群文化空间	B2	0	1	0	1	2	6
		C1	0	0	0	0	0	
		D4	0	0	0	0	0	
		D5	1	1	1	1	4	
19	一号桥文化空间	B2	0	1	0	1	2	7
		D1	1	0	1	1	3	
		D5	0	1	0	1	2	
20	二号桥文化空间	B2	0	1	0	1	2	7
		D1	1	0	1	1	3	
		D5	0	1	0	1	2	

注：文化表现编号对应的文化表现形式名称详见表3-1-1。

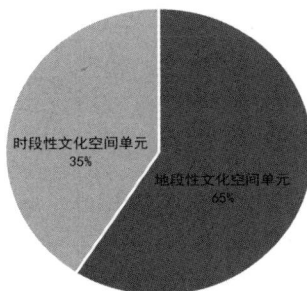

图3-1-7 麻料村文化空间单元时空特性分布图

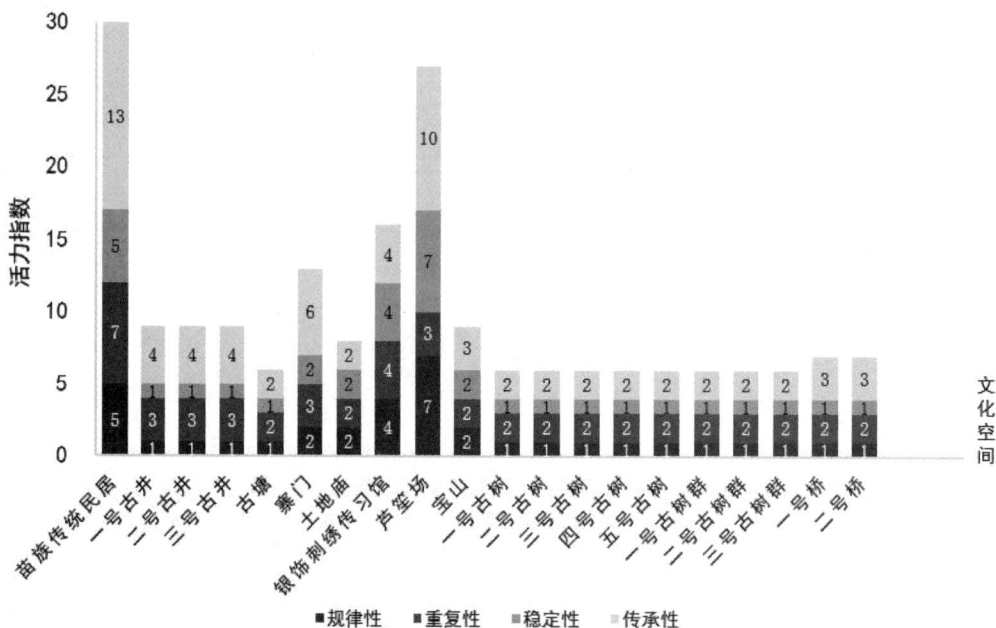

图3-1-8 麻料村文化空间单元活力指数分布图

分析表3-1-3~表3-1-5结果表明,麻料村的20处文化空间单元的时空特性分布较均衡,有65%(13处)文化空间单元是地段性文化空间,有35%(7处)是时段性文化空间。地段性文化空间包括苗族传统民居文化空间、3处古井文化空间、古塘文化空间、寨门文化空间、银饰刺绣传习馆文化空间、芦笙场文化空间、宝山文化空间、1处古树文化空间、1处古树群文化空间、2处桥文化空间;时段性文化空间包括土地庙文化空间、4处古树文化空间及2处古树群文化空间(图3-1-7)。

分析结果还表明,20处文化空间单元的活力指数总体处于较活跃状态。其中,文化空间的活力指数在4个文化空间单元之间呈现明显倾斜,如活力指数最高的文化空间单元传统民居文化空间的活力指数为30,而活力指数最低的文化空间有古塘文化空间、5处古树文化空间、3处古树群文化空间的活力指数均为6,活力指数最高值是最低值的5倍(图3-1-8)。

五、麻料村文化空间单元解析

1. 苗族传统民居文化空间

苗族传统民居文化空间是以苗族传统民居建筑为载体的文化空间,与人们的日常生产生活息息相关,是村落最基本的文化空间,麻料村共有传统民居150余处。苗族传统民居文化空间属于多发单元，分布在全村的传统风貌建筑内，苗族传统民居典型的西南地区干阑木结构吊脚楼，堂前外廊设置有苗族民居标志性长条靠背木凳"美人靠"，是观景、绣花的地方。苗族传统民居文化空间对应的文化表现形式多达15项，包括苗族鼓藏节、苗年、苗族银饰锻制技艺、苗绣（雷山苗绣）、苗寨吊脚楼营造技艺、苗族吃新节、苗族服饰文化等。人们在传统民居建筑内用苗语日常交流，在重要的苗族传统节日的时候准备外出祭祀用品、祭祖、迎宾、家族聚餐等，在农闲时节锻制银饰、做苗绣、制作传统服饰、酿酒等（图3-1-9 ~图3-1-13）。

图3-1-9 麻料村苗族传统民居一

图3-1-10 麻料村苗族传统民居二

图3-1-11 麻料村苗族传统民居中的美人靠

图3-1-12 苗族传统民居内的苗族银饰锻制技艺活动
（资料来源：麻料村村委会）

图3-1-13 苗族传统民居内的苗绣刺绣活动
（资料来源：麻料村村委会）

2. 古井文化空间

麻料村共有 3 处古井文化空间，一号古井文化空间位于村寨东部山坳中、二号古井文化空间位于村寨西部山坡阳面山脚之下、三号古井文化空间位于村寨西部山坡阳面山脚之下（图 3-1-14 ~ 图 3-1-16）。古井都是青石镶嵌的类似五边形窨口井，担任着村民传统用水的任务，是体现苗族日常生活场景的重要之一。古井对应的文化表现形式包括苗族服饰文化、苗族酒礼歌、苗族米酒酿造技艺和苗语 4 项。人们身着日常苗族传统服饰，在井边浣衣洗菜、挑水酿酒，用苗语闲话家常等。目前三号古井文化空间保存较差，古井前地面被山体滑坡泥石掩埋未清理。随着自来水的普及，该古井的传统使用功能正在消亡，空间活力指数较低。

图3-1-14 一号古井文化空间

图3-1-15 二号古井文化空间

图3-1-16 三号古井文化空间

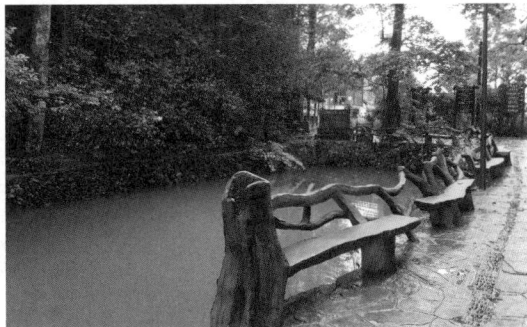

图3-1-17 寨门古塘文化空间

3. 古塘文化空间

寨门古塘文化空间位于寨门南侧，寨门古塘收集来自村内东西两个方向高位水池和消防水池的过剩溢出水，不仅作为寨子的景观水塘，危急时刻还可用作消防水塘。古塘文化空间对应的文化表现形式为苗语，人们休闲时在塘边休憩、观景，用苗语闲话家常等（图3-1-17）。

4. 寨门文化空间

寨门文化空间位于村寨北部，通村路南侧，老寨、新寨之间，始建于清代，但由于年久失修曾毁于一旦，后经地方政府帮助后重建。寨门为传统苗族干阑式建筑，内部设长条美人靠，供人日程乘凉、休息、避雨。寨门是苗族村寨的脸面，是苗族群众用于表达情感和禁忌的重要场所，每当苗族村寨开展民族文化活动时，寨门就悬挂着具有特定含意的标示物，或热烈欢迎，或严格禁止，外村人来到苗族村寨，看到标示物就知道自己是否被欢迎、是否能够进入。寨门文化空间对应的文化表现形式包括苗寨吊脚楼营造技艺、苗族飞歌、苗族招龙、苗族服饰文化、苗族酒礼歌、苗族六月六、苗语7项（图3-1-18）。

图3-1-18 寨门文化空间苗族酒礼歌(资料来源:麻料村村委会)

5. 土地庙文化空间

土地庙文化空间位于村寨东南部山坡之上,庙内供奉有苗族信奉的岩石,是村民祭祀的场所。土地庙文化空间对应的文化表现形式包括苗族民间故事、苗语2项。村民在土地庙祭祀岩神,祈盼幼儿平安健康长大(图3-1-19)。

图3-1-19 土地庙文化空间

6. 银饰刺绣传习馆文化空间

银饰刺绣传习馆文化空间位于村寨中部，距离寨门约向南 100 米处。2018 年，麻料村建立"非遗 + 扶贫"就业工坊，建成麻料村银饰刺绣传习馆、全国第一所"银匠免费培训学校"，这也是中国第一所农村银绣博物馆，也成为多所高校相关专业学生的工艺课程实践基地。银饰刺绣传习馆文化空间对应的文化表现形式包括苗族银饰锻制技艺、雷山苗绣、苗族服饰文化、苗语 4 项（图 3-1-20 ~ 图 3-1-22）。

图3-1-20 麻料银饰刺绣传习馆文化空间（资料来源：麻料村村委会）

图3-1-21 传习馆内的苗族银饰锻制技艺传习活动
（资料来源：麻料村村委会）

图3-1-22 传习馆内的雷山苗绣传习活动
（资料来源：麻料村村委会）

7. 芦笙场文化空间

芦笙场文化空间位于村寨中部偏北，距离寨门约向南 50 米处，是村内逢年过节、重要集体活动、迎接贵宾等举行跳芦笙舞等活动的场所，同时自民国时期起也用作篮球场。芦笙场文化空间对应的文化表现形式多达 12 项，包括苗族鼓藏节、苗年、苗族芦笙舞、苗族飞歌、苗族招龙、苗族服饰文化、苗族吃新节、苗族古歌、雷山苗族婚俗、苗族祭桥节、苗族六月六、苗族民间故事以及苗语。每逢重要传统节日（如 12 年一次的鼓藏节"起鼓、送鼓"、苗年、招龙节、吃新节等），村内重要集体活动，迎接贵宾等，寨内苗族身穿盛装在芦笙场举行跳芦笙舞、唱苗族古歌等传统活动（图 3-1-23）。

图3-1-23 芦笙场文化空间(资料来源：麻料村村委会)

8. 宝山文化空间

宝山文化空间位于村寨北部、寨门东侧，位于招龙节 3 条路线的中间，有三龙抢宝的传说，也开展宝山逗鸟等活动。宝山文化空间对应的文化表现形式包括苗族招龙、苗族服饰文化、苗族民间故事、苗语 4 项文化表现形式（图 3-1-24）。

图3-1-24 宝山文化空间

9. 古树文化空间

麻料村共有 5 处古树文化空间，一号古树文化空间位于村寨芦笙场南侧，是一棵有百年树龄的乌桕，已挂牌保护；二至四号古树文化空间分别位于一至三号古井旁，也叫护井树，方便人们乘凉，五号古树临近三号古井，是路边一处较为开阔的活动空间（图3-1-25～图3-1-29）。

古树文化空间对应的文化表现形式包括苗族服饰文化、苗族古歌、苗族民间故事、苗语4项文化表现形式。人们休闲时在古树边休憩，穿着苗族服饰，唱苗族古歌，谈论苗族民间故事，用苗语闲话家常等。

图3-1-25 一号古树文化空间

图3-1-26 二号古树文化空间

图3-1-27 三号古树文化空间

图3-1-28 四号古树文化空间

图3-1-29 五号古树文化空间

10. 古树群文化空间

麻料村有 3 处古树群文化空间，一号古树群文化空间位于村寨入口、围绕古塘半径约 15 米范围内；二号古树群文化空间位于村寨西部，距寨门约 150 米处；三号古树群位于村寨中部山坳中（图 3-1-30 ~ 图 3-1-32）。传说中古树是护寨神树，古树群中大多为枫树。苗族先民把枫木作为图腾进行崇拜，他们把枫木当作自己的亲属，认为自己的祖先源于枫木，正如《苗族古歌》所唱的："还有枫树干，还有枫树心，树干生妹榜，树心生妹留，古时老妈妈。"意思是说，枫树干和枫树心生出了"妹榜妹留"。"妹榜妹留"是苗语，翻译成汉语即是"蝴蝶妈妈"，而"蝴蝶妈妈"则是苗族的传说始祖。古树群文化空间对应的文化表现形式包括苗族服饰文化、苗族古歌、苗族民间故事、苗语 4 项文化表现形式。人们休闲时在古树群下休憩，穿着苗族服饰，唱苗族古歌，谈论苗族民间故事，用苗语闲话家常等。

图 3-1-30 一号古树群文化空间

图 3-1-31 二号古树群文化空间

图 3-1-32 三号古树群文化空间

11. 古桥文化空间

一号桥文化空间位于村寨北部山坳中、二号桥文化空间位于村寨中部山坳中，桥为青石拱桥，承担村民的日常通行，同时也是村民举行祭桥仪式的重要场所（图3-1-33、图3-1-34）。桥文化空间对应的文化表现形式包括苗族服饰文化、苗族祭桥节2项文化表现形式。农历二月初二，人们带提前准备好的祭品，或跟家人一起，或家族集体前往桥上祭祀桥神，祈求儿女的健康成长。

图3-1-33 一号桥文化空间

图3-1-34 二号桥文化空间

第二节 雷山县排翁村文化空间识别结果与解析

一、雷山县丹江镇排翁村概况

1. 村寨概况

图3-2-1 排翁村正射投影航拍图

黔东南州雷山县丹江镇排翁村（以下简称排翁村）始建于清代，是一个具有200多年历史的苗族村寨，位于贵州省黔东南州雷山县丹江镇西南角，北邻乌开村、掌排村，西临望丰乡五星村，南接大镇新桥村、独南村，距离雷山县城仅5公里。寨内居民共181户，727人，均为苗族。村寨由先后迁移而来的李、莫、杨、任四姓家族组成。排翁村以保存完好的苗族传统民居建筑群为风貌特色，以鼓藏节、苗族芦笙舞、苗族扫寨等为活动特色，以苗族彩色染技艺、雷山苗绣等为技艺特色，是一个具有黔东南地区雷山典型苗族文化特征的传统农耕型中国传统村落。2019年，排翁村被列入第五批中国传统村落名录（图3-2-1）。

2. 村寨选址

排翁村落具有"连绵青山如屏似画，潺潺碧溪穿田绕寨。一个古寨多桥连，两处新寨上下分"的选址特点和传统农耕生态景观格局。在沿乌坝溪一侧蜿蜒曲奇的通村路尽端，村寨依傍在群山之间，苗族传统民居建筑群退出沿溪流两岸少量的水田，在陡坡上分层筑台，寨外绵绵青山如屏似画，寨中潺潺碧溪穿田绕寨。分布在小山两侧的排翁大寨、排翁小寨、雄兰三个自然寨共同形成一个古寨、两处新寨的村落格局。排翁大寨是最早修建的村寨，棕墙黛瓦的苗族民居建筑退河靠山分布在排翁河两岸，多座小桥横跨在河上连接两岸民居。随着各家族的繁衍，村寨用地逐渐扩张，于是另选用地修建房屋，形成一上一下分布的雄兰、排翁小寨两寨，排翁小寨位于排翁河畔，雄兰在山上林间建寨（图3-2-2）。

图3-2-2 排翁村鸟瞰航拍图

3. 传统建筑

排翁村是典型的苗族村寨，村内的传统建筑主要为"一"字形苗族木结构干阑式民居，建筑布整体布局面朝田坝背靠大山，顺应地下修建，鳞次栉比，次第升高。至今保留传统建筑166栋，占村落建筑总数的69%，包括大量苗族传统民居、1座凉亭、1栋碾米房和6栋粮仓。苗族传统民居是木柱支托、凿木穿枋、衔接扣合、立架为屋、四壁竖板、坡屋顶覆小青瓦的干阑吊脚楼，常以一家一栋的传统居住方式为主，功能分布呈三段式布局，下层为家畜圈舍吊脚层，二层为人居住的生活层，三层为客房或堆放杂物的储藏层，二层的堂屋宽敞明亮，堂前外廊有长条靠背木凳"美人靠"，配以曲形木条或花格栏杆，供乘凉或会客用，也是观景、绣花的地方。凉亭位于寨南，是修建在排翁河畔的单层底方的悬山顶木构建筑，内部三面设木质坐凳，供村民日常乘凉、休息、避雨等。碾米房位于寨西北，是横跨在排翁河上的单层底方的悬山顶木构建筑，内部利用地势高差设有水碾设施。粮仓点状式分布在寨西北部及寨东北角，是一开间的吊脚木构建筑，下部架空，上部阁楼储藏粮食（图 3-2-3）。

图3-2-3 排翁村传统建筑群

4. 历史环境要素

村内历史环境要素有芦笙场1处、凉亭1座、桥6座、古井4口、保坛1处、土地庙2处、碾米房1间、粮仓6栋、古树4株。芦笙场、凉亭位于寨中相对中心的位置，是村内主要的公共场地。村内的桥较多，其中有5座桥沿寨内排翁河分布，是河岸两侧村民的主要交通脉络，有1座桥为旱地桥，其使用功能主要是祭祀。寨内古井均为青石窖口井，2口位于寨内，与传统民居关系紧密，另外2口位于寨东北侧山坳里，受位置较偏和自来水普及的影响，其传统给水的功能正在消亡。寨内4株古树共有3种树种（2株黄樟、1株马尾松、1株圆柏），古树紧密地分布在村寨周边（图 3-2-4 ～图 3-2-6）。

图3-2-4 排翁村碾米房

图3-2-5 排翁村粮仓

图3-2-6 排翁村古树

二、排翁村文化表现形式及文化空间单元清单及对应关系

1. 排翁村文化表现形式清单

经技术识别（识别过程略），排翁村的文化表现形式共有17项，其中有5项属于国家级非物质文化遗产名录，有5项属于省级非物质文化遗产名录，有3项州级非物质文化遗产，另有4项属于名录之外（表3-2-1）。

黔东南州雷山县丹江镇排翁村文化表现形式清单 表3-2-1

序号	编号	文化表现形式名称	级别等级／类别
1	A1	苗族鼓藏节	第一批国家级非物质文化遗产／民俗
2	A2	苗绣（雷山苗绣）	第一批国家级非物质文化遗产／传统美术
3	A3	苗寨吊脚楼营造技艺	第一批国家级非物质文化遗产／传统技艺
4	A4	苗年	第二批国家级非物质文化遗产／民俗
5	A5	苗族芦笙舞	第二批国家级非物质文化遗产／传统舞蹈
6	B1	苗族服饰文化	第一批省级非物质文化遗产／民间手工技艺
7	B2	苗族扫寨	第二批省级非物质文化遗产／民俗
8	B3	苗族吃新节	第二批省级非物质文化遗产／民俗
9	B4	苗族酒礼歌	第三批省级非物质文化遗产／传统音乐
10	B5	苗族植物彩色染技艺	第五批省级非物质文化遗产／传统技艺
11	C1	雷山苗族婚俗	第四批州级非物质文化遗产／民俗
12	C2	苗族祭岩妈岩爹	第四批州级非物质文化遗产／民俗
13	C3	苗族古歌	第五批州级非物质文化遗产／民间文学
14	D1	苗族祭桥节	民俗
15	D2	苗族板凳舞	传统舞蹈
16	D3	苗族民间故事	民间文学
17	D4	苗语	语言

2. 排翁村文化空间单元清单

经技术识别，排翁村文化空间有22项，包括1组苗族传统民居文化空间、1处保坛文化空间、6处桥文化空间、4处古井文化空间、2处土地庙文化空间、1处芦笙场文化空间、1处凉亭文化空间、6处粮仓文化空间。其中，苗族传统民居文化空间属于多发性文化空间单元，以传统民居建筑为载体，分布在村内各处。桥文化空间与排翁河之间有紧密的联系，桥文化空间主要沿排翁河分布。古井空间的分布受水源位置的影响，有位于寨内与民居建筑紧密联系的，有离寨内集中民居建筑群较远的。芦笙场文化空间、凉亭文化空间为单点性文化空间，位于寨内相对中心位置。粮仓文化空间主要分布在寨内西北部和东北部传统建筑分布密集的地方，与民居有紧密的联系（表3-2-2）。

黔东南州雷山县丹江镇排翁村文化空间单元清单 表3-2-2

编号	文化空间单元名称	地点
01	苗族传统民居文化空间	村内各处苗族传统民居
02	保坛文化空间	寨西侧山上
03	一号桥（略九桥）文化空间	寨西部排翁河上
04	二号桥（峡码桥）文化空间	寨西部排翁河上
05	三号桥文化空间	寨西部排翁河上
06	四号桥（假女桥）文化空间	寨中偏南排翁河上
07	五号桥（南面桥）文化空间	寨南部排翁河上
08	六号桥（旱地桥）文化空间	寨西侧对面山上

续表

编号	文化空间单元名称	地点
09	一号古井（千耶欧）文化空间	寨西北
10	二号古井（芭蕉）文化空间	寨东北通村公路旁
11	三号古井文化空间	寨东北通村公路旁
12	四号古井（干条耶）文化空间	排翁大寨内
13	一号土地庙文化空间	寨西北排翁河旁
14	二号土地庙文化空间	寨东北通村公路旁
15	芦笙场文化空间	寨南排翁河河边
16	凉亭文化空间	寨中偏南排翁河上
17	一号粮仓文化空间	寨西北
18	二号粮仓文化空间	寨西北
19	三号粮仓文化空间	寨西北
20	四号粮仓文化空间	寨西北
21	五号粮仓文化空间	寨东北
22	六号粮仓文化空间	寨东北

3. 排翁村文化空间与文化表现形式对应关系识别结果

分析结果表明（图 3-2-7），排翁村的 16 处文化空间所承载的非物质文化表现形式包括 16 种，文化空间和文化表现形式之间的对应关系呈现一对多、多对一和多对多的形式。例如，传统民居文化空间所对应的文化表现形式有 13 项：苗族鼓藏节、苗年、雷山苗绣、苗寨吊脚楼营造技艺、苗族吃新节、苗族服饰文化、苗族酒礼歌、苗族植物彩色染技艺、雷山苗族婚俗、苗族祭桥节、苗族板凳舞、苗族民间故事、苗语等；一号古井（千耶欧）文化空间、四号古井（干条耶）文化空间所对应的文化表现形式有 3 项：苗族服饰文化、苗族植物彩色染技艺、苗语等；苗族传统民居文化空间、一号桥（略九桥）文化空间、二号桥（峡码桥）文化空间、三号桥文化空间、四号桥（假女桥）文化空间、五号桥（南面桥）文化空间、六号桥（旱地桥）文化空间都对应文化表现形式苗族祭桥节。

文化空间

- 01 苗族传统民居文化空间
- 02 保坛文化空间
- 03 一号桥(略九桥)文化空间
- 04 二号桥(峡码桥)文化空间
- 05 三号桥文化空间
- 06 四号桥(假女桥)文化空间
- 07 五号桥(南面桥)文化空间
- 08 六号桥(旱地桥) 文化空间
- 09 一号古井(千耶欧)文化空间
- 10 二号古井(芭蕉)文化空间
- 11 三号古井文化空间
- 12 四号古井(干条耶)文化空间
- 13 一号土地庙文化空间
- 14 二号土地庙文化空间
- 15 芦笙场文化空间
- 16 凉亭文化空间
- 17 一号粮仓文化空间
- 18 二号粮仓文化空间
- 19 三号粮仓文化空间
- 20 四号粮仓文化空间
- 21 五号粮仓文化空间
- 22 六号粮仓文化空间

文化表现形式

A1 苗族鼓藏节	国家级
A2 苗绣(雷山苗绣)	国家级
A3 苗寨吊脚楼营造技艺	国家级
A4 苗年	国家级
A5 苗族芦笙舞	国家级
B1 苗族服饰文化	省级
B2 苗族扫寨	省级
B3 苗族吃新节	省级
B4 苗族酒礼歌	省级
B5 苗族植物彩色染技艺	省级
C1 雷山苗族婚俗	州级
C2 苗族祭岩妈岩爹	州级
C3 苗族古歌	州级
D1 苗族祭桥节	
D2 苗族板凳舞	
D3 苗族民间故事	
D4 苗语	

文化空间单元与文化表现形式对应连线图	贵州省雷山县排翁村	第五批中国传统村落	2019/05采集

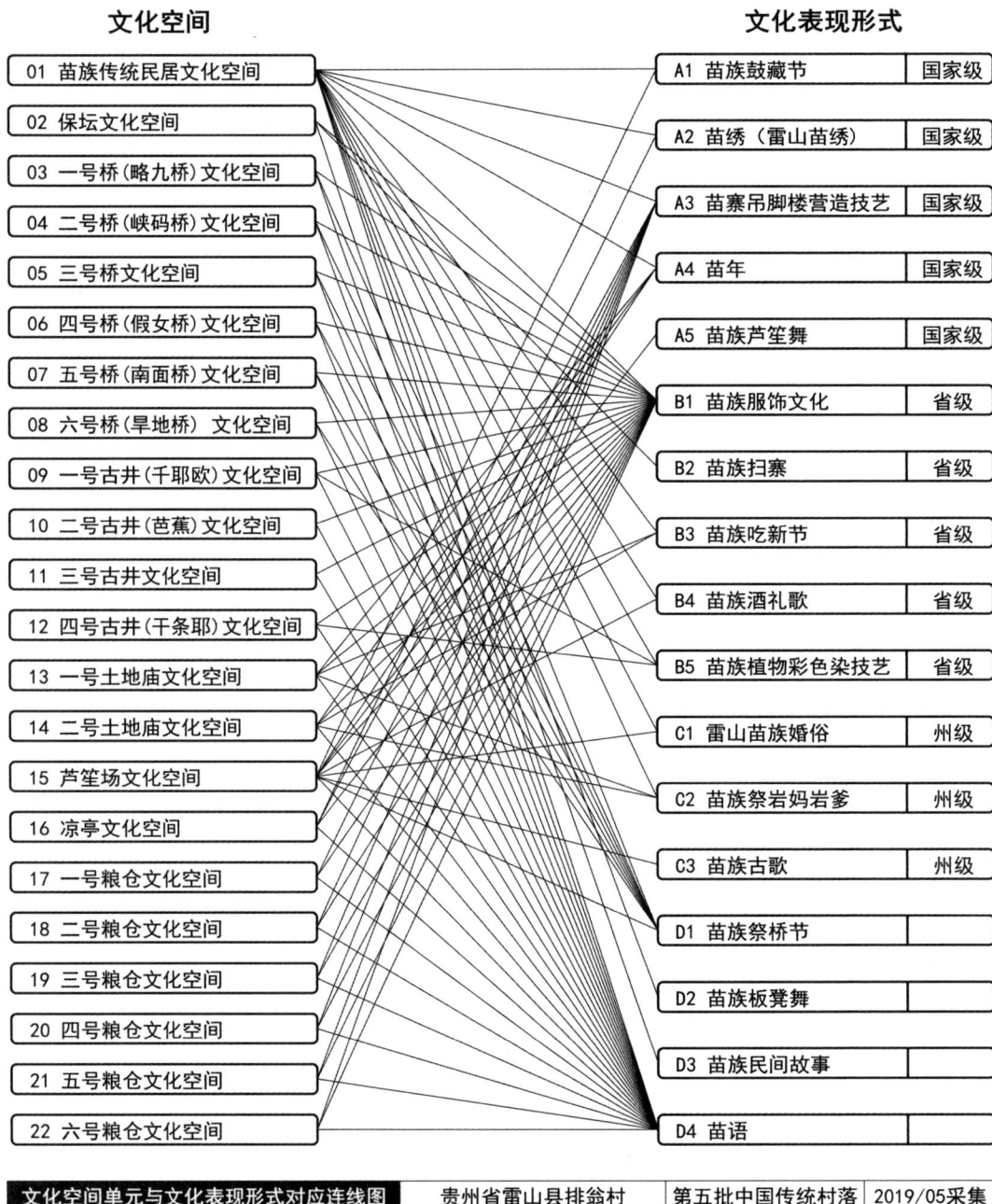

图3-2-7 排翁村文化空间单元与文化表现形式对应连线图

三、排翁村文化空间单元分布识别结果

经技术识别，排翁村村庄范围内共有文化空间的单元22处，包括苗族传统民居文化空间、保坛文化空间、一号桥（略九桥）文化空间、二号桥（峡码桥）文化空间、三号桥文化空间、四号桥（假女桥）文化空间、五号桥（南面桥）文化空间、六号桥（旱地桥）文化空间、一号古井（千耶欧）文化空间、二号古井（芭蕉）文化空间、三号古井、四号古井（干条耶）文化空间、一号土地庙文化空间、二号土地庙文化空间、芦笙场文化空间、凉亭文化空间、一号粮仓文化空间、二号粮仓文化空间、三号粮仓文化空间、四号粮仓文化空间、五号粮仓文化空间、六号粮仓文化空间等。其中，苗族传统民居文化空间属于多发单元，分布在全村的传统风貌建筑内。各项文化空间的位置如图3-2-8、图3-2-9所示。

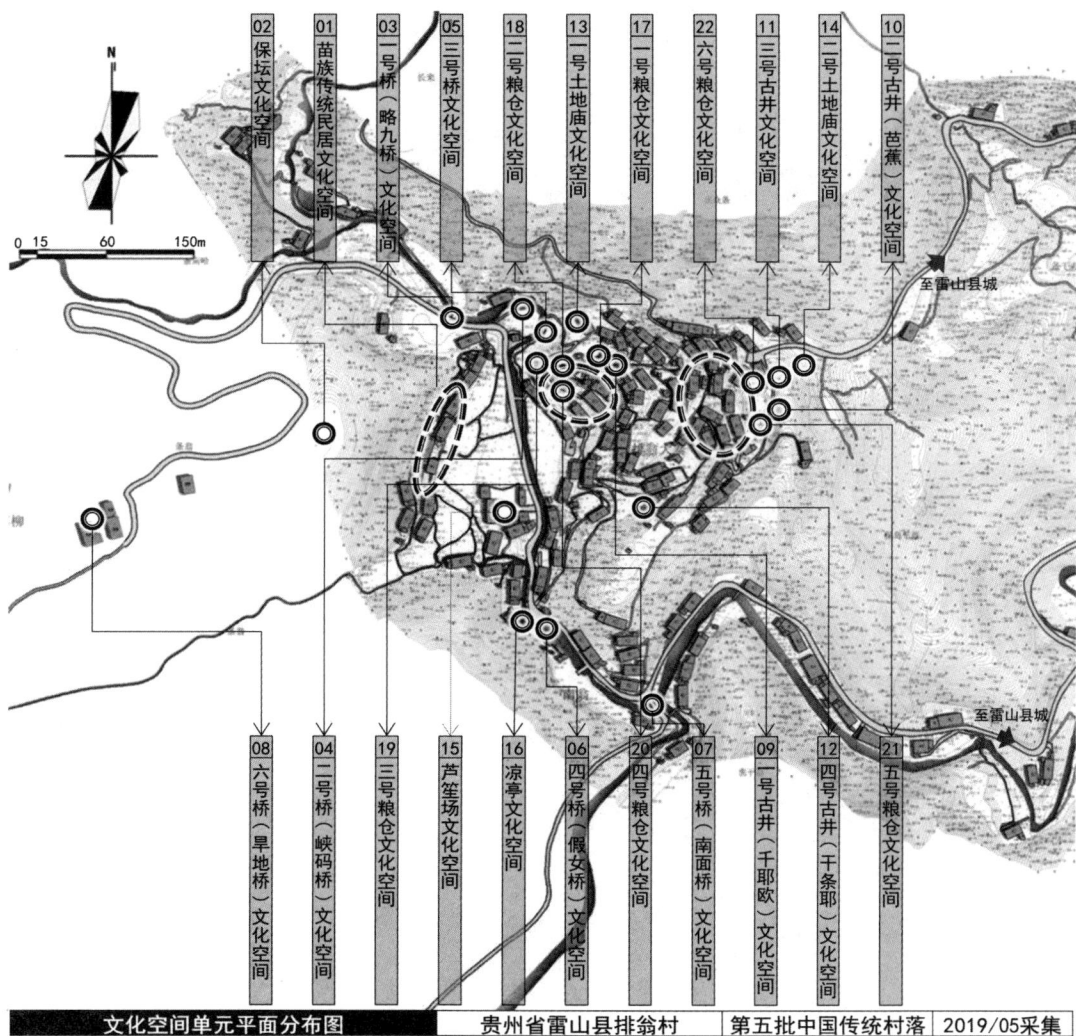

图3-2-8 排翁村文化空间单元平面分布图

① 苗族传统民居文化空间	⑦ 五号桥（南面桥）文化空间	⑬ 一号土地庙文化空间	⑲ 三号粮仓文化空间
② 保坛文化空间	⑧ 六号桥（旱地桥）文化空间	⑭ 二号土地庙文化空间	⑳ 四号粮仓文化空间
③ 一号桥（略九桥）文化空间	⑨ 一号古井（千耶欧）文化空间	⑮ 芦笙场文化空间	㉑ 五号粮仓文化空间
④ 二号桥（峡码桥）文化空间	⑩ 二号古井（芭蕉）文化空间	⑯ 凉亭文化空间	㉒ 六号粮仓文化空间
⑤ 三号桥文化空间	⑪ 三号古井文化空间	⑰ 一号粮仓文化空间	
⑥ 四号桥（假女桥）文化空间	⑫ 四号古井（干条耶）文化空间	⑱ 二号粮仓文化空间	

文化空间单元鸟瞰分布图　　贵州省雷山县排翁村　第五批中国传统村落　2019/05采集

图3-2-9　排翁村文化空间单元鸟瞰分布图

四、排翁村文化空间单元时空属性甄别结果

排翁村文化空间单元时空属性汇总表 表3-2-3

序号	文化空间单元名称	对应文化表现形式编号	空间属性				时间属性			
			开放/封闭	多发/单点	清楚/模糊	中心/边缘	规律/随机	高频/低频	稳定/变化	现实/记忆
1	苗族传统民居文化空间	A1	封闭	多点	清楚	中心	规律	低频	稳定	记忆
		A2	开放	多点	模糊	中心	随机	高频	变化	现实
		A3	开放	多点	清楚	中心	随机	低频	变化	现实
		A4	封闭	多点	模糊	中心	规律	高频	稳定	现实
		B1	开放	多点	模糊	中心	随机	高频	变化	现实
		B3	封闭	多点	模糊	中心	规律	高频	变化	现实
		B4	封闭	单点	清楚	中心	随机	低频	变化	记忆
		B5	开放	多点	清楚	中心	随机	低频	变化	现实
		C1	开放	多点	模糊	中心	随机	低频	变化	现实
		C2	开放	多点	清楚	中心	规律	高频	稳定	现实
		D1	封闭	多点	清楚	中心	随机	高频	稳定	现实
		D2	开放	多点	清楚	中心	随机	低频	变化	记忆
		D3	封闭	多点	模糊	边缘	随机	低频	变化	记忆
		D4	开放	多点	模糊	中心	规律	高频	稳定	现实

续表

序号	文化空间单元名称	对应文化表现形式编号	空间属性				时间属性			
			开放/封闭	多发/单点	清楚/模糊	中心/边缘	规律/随机	高频/低频	稳定/变化	现实/记忆
2	保坛文化空间	B1	开放	单点	模糊	中心	规律	高频	稳定	现实
		B2	开放	单点	清楚	中心	规律	高频	稳定	现实
		D4	开放	单点	模糊	中心	规律	高频	稳定	现实
3	一号桥（略九桥）文化空间	B3	开放	单点	模糊	中心	规律	高频	稳定	现实
		D1	开放	多点	模糊	中心	规律	高频	稳定	现实
		D4	开放	单点	模糊	中心	规律	高频	稳定	现实
4	二号桥（峡码桥）文化空间	B1	开放	单点	模糊	中心	规律	高频	稳定	现实
		D1	开放	多点	模糊	中心	规律	高频	稳定	现实
		D4	开放	单点	模糊	中心	规律	高频	稳定	现实
5	三号桥文化空间	B1	开放	单点	模糊	中心	规律	高频	稳定	现实
		D1	开放	多点	模糊	中心	规律	高频	稳定	现实
		D4	开放	单点	模糊	中心	规律	高频	稳定	现实
6	四号桥（假女桥）文化空间	B1	开放	单点	模糊	中心	规律	高频	稳定	现实
		D1	开放	多点	模糊	中心	规律	高频	稳定	现实
		D4	开放	单点	模糊	中心	规律	高频	稳定	现实
7	五号桥（南面桥）文化空间	B1	开放	单点	模糊	中心	规律	高频	稳定	现实
		D1	开放	多点	模糊	中心	规律	高频	稳定	现实
		D4	开放	单点	模糊	中心	规律	高频	稳定	现实
8	六号桥（旱地桥）文化空间	B1	开放	单点	模糊	边缘	规律	高频	稳定	现实
		D1	开放	多点	模糊	边缘	规律	高频	稳定	现实
		D4	开放	单点	模糊	边缘	规律	高频	稳定	现实
9	一号古井（千耶欧）文化空间	B1	开放	多点	模糊	中心	随机	高频	稳定	现实
		B5	开放	多点	模糊	中心	随机	高频	稳定	现实
		D4	开放	多点	模糊	中心	随机	高频	稳定	现实
10	二号古井（芭蕉）文化空间	B1	开放	多点	模糊	边缘	随机	高频	变化	记忆
		D4	开放	多点	模糊	边缘	随机	高频	变化	记忆
11	三号古井文化空间	B1	开放	多点	模糊	边缘	随机	高频	变化	记忆
		D4	开放	多点	模糊	边缘	随机	高频	变化	记忆
12	四号古井（千条耶）文化空间	B1	开放	多点	模糊	中心	随机	高频	稳定	现实
		B5	开放	多点	模糊	中心	随机	高频	稳定	现实
		D4	开放	多点	模糊	中心	随机	高频	稳定	现实
13	一号土地庙文化空间	A4	开放	多点	清楚	边缘	规律	高频	稳定	现实
		B1	开放	多点	清楚	边缘	规律	低频	变化	现实
		B3	开放	多点	清楚	边缘	规律	高频	稳定	现实
		D4	开放	多点	清楚	边缘	规律	高频	稳定	现实

续表

序号	文化空间单元名称	对应文化表现形式编号	空间属性				时间属性			
			开放／封闭	多发／单点	清楚／模糊	中心／边缘	规律／随机	高频／低频	稳定／变化	现实／记忆
14	二号土地庙文化空间	A4	开放	多点	清楚	边缘	规律	高频	稳定	现实
		B1	开放	多点	清楚	边缘	随机	低频	变化	现实
		B3	开放	多点	清楚	边缘	规律	高频	稳定	现实
		D4	开放	多点	清楚	边缘	随机	高频	稳定	现实
15	芦笙场文化空间	A1	开放	单点	清楚	中心	规律	低频	稳定	现实
		A4	开放	单点	清楚	中心	规律	高频	稳定	现实
		A5	开放	单点	清楚	中心	随机	高频	稳定	现实
		B1	开放	单点	清楚	中心	随机	高频	稳定	现实
		B4	开放	单点	清楚	中心	随机	低频	变化	记忆
		C1	开放	单点	模糊	中心	随机	低频	变化	记忆
		C3	开放	单点	清楚	中心	随机	低频	变化	记忆
		D1	开放	多点	模糊	中心	规律	高频	稳定	现实
		D4	开放	单点	模糊	中心	随机	高频	稳定	现实
16	凉亭文化空间	A2	开放	单点	模糊	中心	随机	低频	稳定	现实
		A3	开放	单点	清楚	中心	随机	低频	稳定	现实
		B1	开放	单点	模糊	中心	随机	高频	变化	现实
		D4	开放	单点	模糊	中心	随机	高频	稳定	现实
17	一号粮仓文化空间	A3	开放	多点	清楚	边缘	随机	低频	变化	变化
		B1	封闭	多点	清楚	边缘	随机	高频	变化	变化
		D4	封闭	多点	清楚	边缘	随机	高频	稳定	变化
18	二号粮仓文化空间	A3	开放	多点	清楚	边缘	随机	低频	变化	变化
		B1	封闭	多点	清楚	边缘	随机	高频	变化	变化
		D4	封闭	多点	清楚	边缘	随机	高频	稳定	变化
19	三号粮仓文化空间	A3	开放	多点	清楚	边缘	随机	低频	变化	变化
		B1	封闭	多点	清楚	边缘	随机	高频	变化	变化
		D4	封闭	多点	清楚	边缘	随机	高频	稳定	变化
20	四号粮仓文化空间	A3	开放	多点	清楚	边缘	随机	低频	变化	变化
		B1	封闭	多点	清楚	边缘	随机	高频	变化	变化
		D4	封闭	多点	清楚	边缘	随机	高频	稳定	变化
21	五号粮仓文化空间	A3	开放	多点	清楚	边缘	随机	低频	变化	变化
		B1	封闭	多点	清楚	边缘	随机	高频	变化	变化
		D4	封闭	多点	清楚	边缘	随机	高频	稳定	变化
22	六号粮仓文化空间	A3	开放	多点	清楚	边缘	随机	低频	变化	变化
		B1	封闭	多点	清楚	边缘	随机	高频	变化	变化
		D4	封闭	多点	清楚	边缘	随机	高频	稳定	变化

注：文化表现编号对应的文化表现形式名称详见表3-2-1。

排翁村文化空间单元时空特性分析表 表3-2-4

序号	文化空间单元名称	对应文化表现形式编号	地段性特征					平均值	文化空间特性（地段性—3-4、时段性—0-2）
			开放（1）/封闭（0）	多发（1）/单点（0）	清楚（1）/模糊（0）	中心（1）/边缘（0）	分项值		
1	苗族传统民居文化空间	A1	0	1	1	1	3	3	地段性
		A2	1	1	0	1	3		
		A3	1	1	1	1	4		
		A4	0	1	0	1	2		
		B1	1	1	0	1	3		
		B3	0	1	0	1	2		
		B4	0	0	1	1	2		
		B5	1	1	1	1	4		
		C1	1	1	0	1	3		
		C2	1	1	1	1	4		
		D1	0	1	1	1	3		
		D2	1	1	1	1	4		
		D3	0	1	0	0	1		
		D4	1	1	0	1	3		
2	保坛文化空间	B1	1	0	1	1	3	3	地段性
		B2	1	0	1	1	3		
		D4	1	0	1	1	3		
3	一号桥（略九桥）文化空间	B1	1	0	0	0	1	2	时段性
		D1	1	1	0	1	3		
		D4	1	0	0	1	2		
4	二号桥（峡码桥）文化空间	B1	1	0	0	0	1	2	时段性
		D1	1	1	0	1	3		
		D4	1	0	0	1	2		
5	三号桥文化空间	B1	1	0	0	0	1	2	时段性
		D1	1	1	0	1	3		
		D4	1	0	0	1	2		
6	四号桥（假女桥）文化空间	B1	1	0	0	1	2	2	时段性
		D1	1	1	0	1	3		
		D4	1	0	0	1	2		
7	五号桥（南面桥）文化空间	B1	1	0	0	1	2	2	时段性
		D1	1	1	1	1	4		
		D4	1	0	0	1	2		
8	六号桥（旱地桥）文化空间	B1	1	0	0	0	1	1	时段性
		D1	1	1	0	0	2		
		D4	1	0	0	0	1		

续表

| 序号 | 文化空间单元名称 | 对应文化表现形式编号 | 地段性特征 | | | | | 平均值 | 文化空间特性（地段性—3~4、时段性—0~2） |
			开放（1）/封闭（0）	多发（1）/单点（0）	清楚（1）/模糊（0）	中心（1）/边缘（0）	分项值		
9	一号古井（千耶欧）文化空间	B1	1	1	0	1	3	3	地段性
		B5	1	1	0	1	3		
		D4	1	1	0	1	3		
10	二号古井（芭蕉）文化空间	B1	1	1	0	0	2	2	时段性
		D4	1	1	0	0	2		
11	三号古井文化空间	B1	1	1	0	0	2	2	时段性
		D4	1	1	0	0	2		
12	四号古井（千条耶）文化空间	B1	1	1	0	1	3	3	地段性
		B5	1	1	0	1	3		
		D4	1	1	0	1	3		
13	一号土地庙文化空间	A4	1	1	1	0	3	3	地段性
		B1	1	1	1	0	3		
		B3	1	1	1	0	3		
		D4	1	1	1	0	3		
14	二号土地庙文化空间	A4	1	1	1	0	3	3	地段性
		B1	1	1	1	0	3		
		B3	1	1	1	0	3		
		D4	1	1	1	0	3		
15	芦笙场文化空间	A1	1	0	1	1	3	3	地段性
		A4	1	0	1	1	3		
		A5	1	0	1	1	3		
		B1	1	0	1	1	3		
		B4	1	0	1	1	3		
		C1	1	0	0	1	2		
		C3	1	0	1	1	3		
		D1	1	1	0	1	3		
		D4	1	0	0	1	2		
16	凉亭文化空间	A2	1	0	0	1	2	2	时段性
		A3	1	0	1	1	3		
		B1	1	0	0	1	2		
		D4	1	0	0	1	2		
17	一号粮仓文化空间	A3	1	1	1	0	3	3	地段性
		B1	0	1	1	0	2		
		D4	0	1	1	0	2		

续表

序号	文化空间单元名称	对应文化表现形式编号	地段性特征						文化空间特性（地段性—3-4、时段性—0-2）
			开放（1）/封闭（0）	多发（1）/单点（0）	清楚（1）/模糊（0）	中心（1）/边缘（0）	分项值	平均值	
18	二号粮仓文化空间	A3	1	1	1	0	3	3	地段性
		B1	0	1	1	0	2		
		D4	0	1	1	0	2		
19	三号粮仓文化空间	A3	1	1	1	0	3	3	地段性
		B1	0	1	1	0	2		
		D4	0	1	1	0	2		
20	四号粮仓文化空间	A3	1	1	1	0	3	3	地段性
		B1	0	1	1	0	2		
		D4	0	1	1	0	2		
21	五号粮仓文化空间	A3	1	1	1	0	3	3	地段性
		B1	0	1	1	0	2		
		D4	0	1	1	0	2		
22	六号粮仓文化空间	A3	1	1	1	0	3	3	地段性
		B1	0	1	1	0	2		
		D4	0	1	1	0	2		

排翁村文化空间单元活力指数分析表 表3-2-5

编号	文化空间单元名称	对应文化表现形式编号	时段性活力指数					综合活力指数
			规律（1）/随机（0）	高频（1）/低频（0）	稳定（1）/变化（0）	现实（1）/记忆（0）	分项值	
1	苗族传统民居文化空间	A1	1	0	1	0	2	27
		A2	0	1	0	1	2	
		A3	0	0	0	1	1	
		A4	1	1	1	1	4	
		B1	0	1	0	1	2	
		B3	1	1	0	1	3	
		B4	0	0	0	0	0	
		B5	0	0	0	1	1	
		C1	0	0	0	1	1	
		C2	1	1	1	1	4	
		D1	0	1	1	1	3	
		D2	0	0	0	0	0	
		D3	0	0	0	0	0	
		D4	1	1	1	1	4	

编号	文化空间单元名称	对应文化表现形式编号	时段性活力指数					综合活力指数
			规律（1）/随机（0）	高频（1）/低频（0）	稳定（1）/变化（0）	现实（1）/记忆（0）	分项值	
2	保坛文化空间	B1	1	1	1	1	4	12
		B2	1	1	1	1	4	
		D4	1	1	1	1	4	
3	一号桥（略九桥）文化空间	B1	1	1	1	1	4	12
		D1	1	1	1	1	4	
		D4	1	1	1	1	4	
4	二号桥（峡码桥）文化空间	B1	1	1	1	1	4	12
		D1	1	1	1	1	4	
		D4	1	1	1	1	4	
5	三号桥文化空间	B1	1	1	1	1	4	12
		D1	1	1	1	1	4	
		D4	1	1	1	1	4	
6	四号桥（假女桥）文化空间	B1	1	1	1	1	4	12
		D1	1	1	1	1	4	
		D4	1	1	1	1	4	
7	五号桥（南面桥）文化空间	B1	1	1	1	1	4	12
		D1	1	1	1	1	4	
		D4	1	1	1	1	4	
8	六号桥（旱地桥）文化空间	B1	1	1	1	1	4	12
		D1	1	1	1	1	4	
		D4	1	1	1	1	4	
9	一号古井（千耶欧）文化空间	B1	0	1	1	1	3	9
		B5	0	1	1	1	3	
		D4	0	1	1	1	3	
10	二号古井（芭蕉）文化空间	B1	0	1	0	0	0	1
		D4	0	1	0	0	0	
11	三号古井文化空间	B1	0	1	0	0	0	1
		D4	0	1	0	0	0	
12	四号古井（千条耶）文化空间	B1	0	1	1	1	3	9
		B5	0	1	1	1	3	
		D4	0	1	1	1	3	
13	一号土地庙文化空间	A4	1	1	1	1	4	12
		B1	0	0	0	1	1	
		B3	1	1	1	1	4	
		D4	0	1	1	1	3	

续表

编号	文化空间单元名称	对应文化表现形式编号	时段性活力指数					综合活力指数
			规律（1）/随机（0）	高频（1）/低频（0）	稳定（1）/变化（0）	现实（1）/记忆（0）	分项值	
14	二号土地庙文化空间	A4	1	1	1	1	4	22
		B1	0	0	0	1	1	
		B3	1	1	1	1	4	
		D4	0	11	1	1	13	
15	芦笙场文化空间	A1	1	0	1	1	3	20
		A4	1	1	1	1	4	
		A5	0	1	1	1	3	
		B1	0	1	1	1	3	
		B4	0	0	0	0	0	
		C1	0	0	0	0	0	
		C3	0	0	0	0	0	
		D1	1	1	1	1	4	
		D4	0	1	1	1	3	
16	凉亭文化空间	A2	0	0	1	1	2	9
		A3	0	0	1	1	2	
		B1	0	1	0	1	2	
		D4	0	1	1	1	3	
17	一号粮仓文化空间	A3	0	0	0	1	1	6
		B1	0	1	0	1	2	
		D4	0	1	1	1	3	
18	二号粮仓文化空间	A3	0	0	0	1	1	6
		B1	0	1	0	1	2	
		D4	0	1	1	1	3	
19	三号粮仓文化空间	A3	0	0	0	1	1	6
		B1	0	1	0	1	2	
		D4	0	1	1	1	3	
20	四号粮仓文化空间	A3	0	0	0	1	1	6
		B1	0	1	0	1	2	
		D4	0	1	1	1	3	
21	五号粮仓文化空间	A3	0	0	0	1	1	6
		B1	0	1	0	1	2	
		D4	0	1	1	1	3	
22	六号粮仓文化空间	A3	0	0	0	1	1	6
		B1	0	1	0	1	2	
		D4	0	1	1	1	3	

注：文化表现编号对应的文化表现形式名称详见表3-2-1。

分析（表3-2-3～表3-2-5）结果表明，排翁村的22处文化空间单元的时空特性分布较均衡，有59%（13处）文化空间单元是地段性文化空间，有41%（9处）是时段性文化空间。地段性文化空间包括苗族传统民居文化空间、保坛文化空间、2处古井文化空间、2处土地庙文化空间、芦笙场文化空间、6处粮仓文化空间；时段性文化空间包括6处桥文化空间、2处古井文化空间及凉亭文化空间（图3-2-10）。

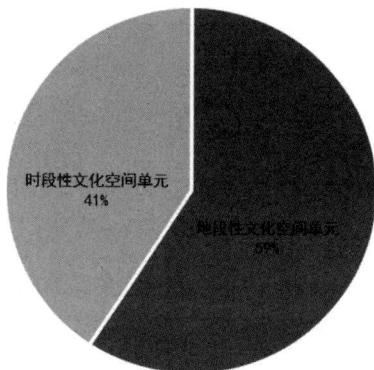

图3-2-10 排翁村文化空间单元时空特性分布图

分析结果还表明，22处文化空间单元的活力指数总体处于较活跃状态。其中，文化空间的活力指数在个文化空间单元之间呈现明显倾斜，如活力指数最高的文化空间单元传统民居文化空间的活力指数为27，而活力指数最低的一号古井（千耶欧）文化空间的活力指数为2，活力指数最高值是最低值的13.5倍（图3-2-11）。

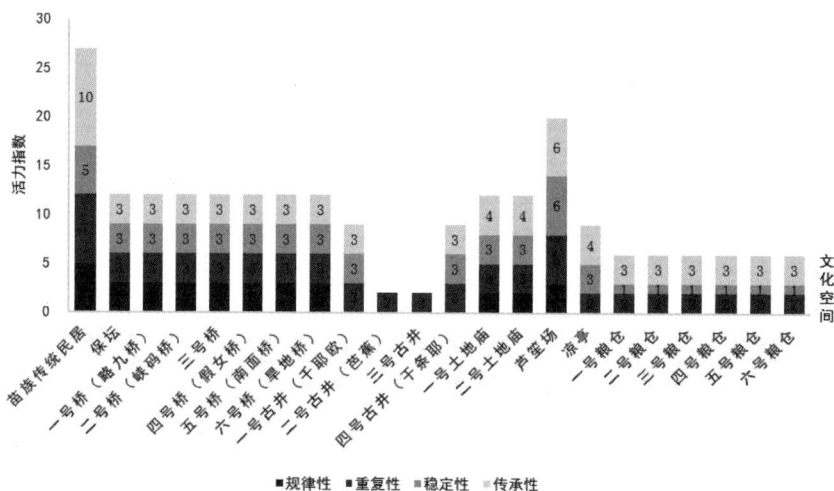

图3-2-11 排翁村文化空间单元活力指数分布图

五、排翁村文化空间单元解析说明

1. 苗族传统民居文化空间

苗族传统民居文化空间是以苗族传统民居建筑为载体的文化空间，与人们的日常生产生活息息相关，是村落最基本的文化空间。苗族传统民居文化空间属于多发单元，分布在全村的传统风貌建筑内，苗族传统民居典型的西南地区干阑木结构吊脚楼，堂前外廊设置有苗族民居标志性长条靠背木凳"美人靠"，是观景、绣花的地方。传统民居文化空间对应的文化表现形式多达14项，包括苗族鼓藏节、苗年、苗绣（雷山苗绣）、苗寨吊脚楼营造技艺、苗族吃新节、苗族服饰文化等。人们在传统民居建筑内用苗语日常交流，在重要的苗族传统节日的时候准备外出祭祀用品、祭祖、迎宾、家族聚餐等，农闲时节苗家妇女自纺自染布料、做苗绣、制作传统服饰等（图3-2-12 ~ 图3-2-15）。

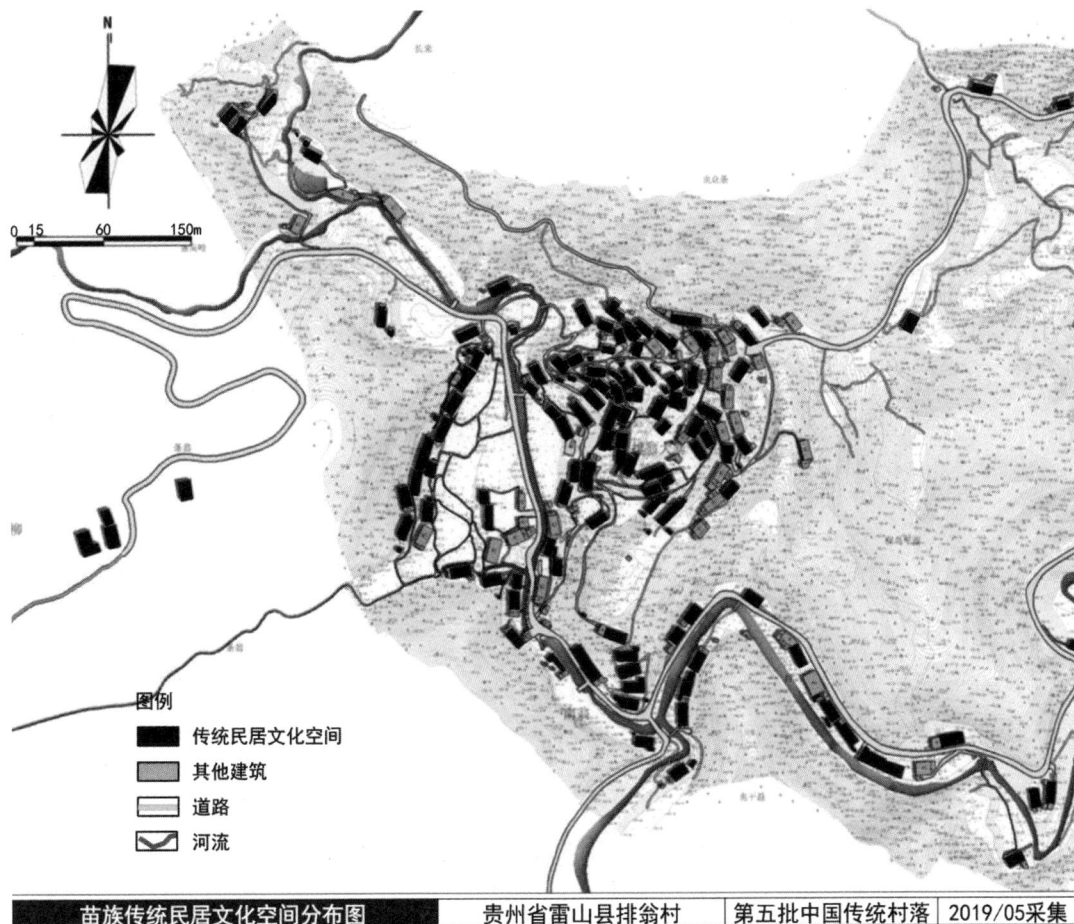

| 苗族传统民居文化空间分布图 | 贵州省雷山县排翁村 | 第五批中国传统村落 | 2019/05采集 |

图3-2-12 苗族传统民居文化空间分布图

图3-2-13 排翁苗族传统民居一

图3-2-14 排翁苗族传统民居二

2. 保坛文化空间

保坛文化空间位于村寨西侧山上，是围绕掩埋在山上的水坛形成的文化空间，是排翁村在举行苗族扫寨仪式时进行祈福的重要活动场地。保坛文化空间对应的文化表现形式包括苗族扫寨、苗族服饰文化、苗语3项。每年冬天某个"虎寅日"、"鸡酉日"或"龙辰日"，全寨举行扫寨活动，仪式开始前，由龙、蛇属象的两人取出保坛，仪式结束后再由这两人将保坛送回原处（图3-2-16）。

图3-2-15 排翁苗居美人靠上的苗绣活动

图3-2-16 保坛文化空间

3. 古桥文化空间

排翁村的古桥文化空间分散在六处，为方便识别进行编号表达，包括一号桥（略九桥）、二号桥（峡码桥）、三号桥、四号桥（假女桥）、五号桥（南面桥）、六号桥（旱地桥）（图3-2-17～图3-2-21）。六座古桥于排翁河自西向东、自北向南渐次分布，承担着排翁河两侧村民的日常通行，同时也是村民举行祭桥仪式的重要场所。古桥文化空间对应的文化表现形式包括苗族服饰文化、苗族祭桥节、苗语3项文化表现形式。祭桥节为当地特有的节日，每年农历二月初二，村民都会带上祭品，一家人或一族人一起前往各古桥上祭祀桥神，祈求儿女健康成长。

图3-2-17 一号桥（略九桥）文化空间

图3-2-18 二号桥(峡码桥)文化空间

图3-2-19 三号桥文化空间

图3-2-20 四号桥(假女桥)文化空间

图3-2-21 五号桥(南面桥)文化空间

4. 古井文化空间

排翁村的古井文化空间分散在四处，为方便识别，编号表达，包括一号古井（千耶欧）、二号古井（芭蕉）、三号古井、四号古井（干条耶）（图3-2-22 ~ 图3-2-25）。四座古井分别位于寨西北、寨东山坳和寨东南位置，古井形式均为窖口井，立面呈四边形或三角形不等。古井担任着村民传统用水的任务，是苗族重要的日常生活场景之一，所对应的文化表现形式包括苗族服饰文化、苗族植物彩色染技艺、苗语3项。人们身穿日常苗族传统服饰，在井边浣衣洗菜，漂洗自家浸染的布料，用苗语闲话家常。二号古井和三号古井由于位置较偏，随着自来水的普及，其传统使用功能正在消亡，空间活力指数欠活跃。

图3-2-22 一号古井(千耶欧)文化空间

图3-2-23 二号古井(芭蕉)文化空间

图3-2-24 三号古井文化空间

图3-2-25 四号古井(千条耶)文化空间

5. 土地庙文化空间

排翁村的土地庙文化空间包括两处，分别位于寨西北和寨东北村寨主要入口旁（图3-2-26、图3-2-27）。土地庙内供奉有苗族信奉的岩石，是村民每逢重要节日祭祀岩神的场所，所对应的文化表现形式包括苗年、苗族吃新节、苗族服饰文化、苗语4项。苗年的"大年龙日"村民祭祀在土地庙祭祀岩神，祈盼幼儿平安健康长大。

图3-2-26 一号土地庙文化空间

图3-2-27 二号土地庙文化空间

6. 芦笙场文化空间

芦笙场文化空间位于寨南部排翁河畔，是村委会门口的一处公共活动场地，是村内逢年过节、重要集体活动、迎接贵宾等举行跳芦笙舞等活动的场所（图3-2-28）。芦笙场文化空间对应的文化表现形式多达9项，包括苗族鼓藏节、苗年、苗族芦笙舞、苗族服饰文化、苗族酒礼歌、苗族古歌、雷山苗族婚俗、苗族祭桥节以及苗语。每逢重要传统节日（如12年一次的鼓藏节"起鼓、送鼓"、苗年、吃新节、集体祭桥等）、村内重要集体活动、迎接贵宾等，寨内苗族身穿盛装在芦笙场举行跳芦笙舞、唱苗族古歌、唱酒礼歌等传统活动，夜间年轻男女相约到芦笙场游方谈恋爱。

图3-2-28 芦笙场文化空间

7. 凉亭文化空间

凉亭文化空间位于寨中偏南排翁河上，是传统苗族干阑式建筑，内部设长条美人靠，供人日程乘凉、休息、避雨（图3-2-29）。凉亭文化空间对应的文化表现形式包括苗绣（雷山苗绣）、苗寨吊脚楼营造技艺、苗族服饰文化、苗语4项。人们闲暇之余，在凉亭里面休闲聊天、刺绣等。

图3-2-29 排翁凉亭文化空间

8. 古粮仓文化空间

排翁村的古粮仓文化空间包括6处，分别位于寨西北和寨东北（图3-2-30～图3-2-35）。粮仓均为干阑式全架空木构建筑，为苗族储藏粮食的重要设施。所对应的文化表现形式包括苗寨吊脚楼营造技艺、苗族服饰文化和苗语3项。

图3-2-30 一号粮仓文化空间

图3-2-31 二号粮仓文化空间

图3-2-32 三号粮仓文化空间

图3-2-33 四号粮仓文化空间

图3-2-34 五号粮仓文化空间

图3-2-35 六号粮仓文化空间

第三节 榕江县大利村文化空间识别结果与解析

一、榕江县大利村概况

1. 村寨概况

图3-3-1 大利村正射航拍影像图

贵州省黔东南自治州榕江县栽麻乡大利村（以下简称大利村），全村 284 户，1314 人，始建于明末清初，为侗族聚居村（图 3-3-1）。始建于清乾隆五十八年（1793 年）的石板古道是榕江县境内历史最为悠久而唯一有石雕的石板古道，古道有异常精美的石雕，长 2 公里，宽约 2 米，共 480 余级，当地侗民习惯称之为"三百磴"。侗寨周围古树参天，古楠木丛生，浓荫掩蔽，植被保护完好，山清水秀，生态环境保持完好，被称为"深山明珠"。大利村于 2006 年被列入世界文化遗产预备名录，2012 年被列入第一批中国传统村落名录，2013 年被国务院公布为第七批全国重点文物保护单位，2014 年被列入第六批中国历史文化名村，2018 年被选入"贵州省传统村落保护发展示范村"。

2. 村寨选址格局

大利村坐落在求寨—高懂山脉间的一片河谷地，谷中利洞溪从南至北贯穿而过，两百多座二到三层的青瓦穿斗式木结构建筑密布与溪流两岸狭长的平地和邻近坡地上，周边则是层层的梯田和茂盛的林地。五座花桥分布沿溪节点，连接利洞溪两岸。鼓楼为心，居于寨中高坪之上，引领侗寨的整体布局。侗寨四周古木葱茏，古楠木树达400多株，体现了侗寨人与自然相和谐的"老人护村，古木佑寨"的传统观念（图3-3-2）。

图3-3-2 大利村倾斜航拍图

3. 传统建筑

大利村传统建筑群包括多栋传统民居、多栋粮仓、1栋鼓楼、5座风雨桥（花桥）、1座戏台、1座寨门（图3-3-3）。寨内民居分布于秀丽的利洞溪畔，多建于清末民初，全为榫卯结合的木构建筑，依山傍水、鳞次栉比，得天独厚，并保存良好。有吊脚木楼、连廊木楼、回廊木楼、四合院楼等，最具特色的是位于寨中利洞溪畔的杨氏四合楼院，建于清乾隆四十五年（1780年），上下三层，青瓦屋面，上有回廊，中有天井，前临小溪；粮仓平面一般为方形或矩形，为了防盗和防火，底层架空，采用穿斗式干阑木结构，建在水塘之，上层内部用厚重的木壁板建造，外围建有檐廊，可用来铺晒稻谷，檐廊外侧穿插以横杆围护，作为晾晒粮食的禾晾架；鼓楼位于寨中心位置，是侗寨的标志性建筑，始建于清乾隆年间，平面为正六边形，有通高的八层的金柱六根，象征大利村内杨家的六个"斗"（房族），另有通高一层的檐柱六根、金柱中间置火塘，一层四周通透。结构为穿斗式梁架，柱与柱之间由穿枋连接；楼身由八重密檐构成，屋顶为六角坡面攒尖楼冠，上有17级葫芦宝鼎；5座风雨桥先后建于清代中、晚期，是均匀横卧利洞溪上的亭廊式木构花桥，桥面由长条杉木并排铺架而成，悬山顶，小青瓦，桥廊两侧设有栏杆和长廊，桥廊正中有桥亭。

图3-3-3 大利村传统建筑群

二、大利村文化表现形式及文化空间单元清单及对应关系

1. 大利村文化表现形式清单

经技术识别（识别过程略），大利村的文化表现形式共有17项，其中1项属于人类非物质文化遗产代表作名录，有5项属于国家级非物质文化遗产名录，有7项属于省级非物质文化遗产名录，有1项州级非物质文化遗产，另有3项属于名录之外（表3-3-1）。

黔东南州榕江县大利村文化表现形式清单 表3-3-1

序号	编号	文化表现形式名称	级别等级／类别
1	A1	侗族大歌	人类非物质文化遗产代表／传统音乐
2	B1	侗族琵琶歌	第一批国家级非物质文化遗产／传统音乐
3	B2	侗族萨玛节	第一批国家级非物质文化遗产／民俗
4	B3	珠郎娘美	第二批国家级非物质文化遗产／民间文学
5	B4	侗年	第三批国家级非物质文化遗产／民俗
6	B5	侗族服饰	第四批国家级非物质文化遗产／民俗
7	C1	丁郎龙女	第三批省级非物质文化遗产／民间文学
8	C2	侗族芦笙谱	第三批省级非物质文化遗产／传统音乐
9	C3	侗族婚俗	第三批省级非物质文化遗产／民俗
10	C4	侗戏	第三批省级非物质文化遗产／传统戏剧
11	C5	君琵琶	第四批省级非物质文化遗产／曲艺

序号	编号	文化表现形式名称	级别等级 / 类别
12	C6	月也	第四批省级非物质文化遗产 / 民俗
13	C7	羊（牛）瘪制作技艺	第五批省级非物质文化遗产 / 传统技艺
14	D1	侗族木构建筑营造技艺	第三批州级非物质文化遗产 / 传统技艺
15	E1	蓝靛靛染工艺	传统技艺
16	E2	编麻绳、草鞋、木雕、石雕等手工技艺	传统技艺
17	E3	侗语	语言

2. 大利村文化空间单元清单

经技术识别，大利村文化空间有 24 项，包括 1 组侗族传统民居文化空间、5 处花桥文化空间、6 处古井文化空间、6 处古粮仓文化空间、1 处鼓楼文化空间、1 处萨坛文化空间、1 处戏台文化空间、1 处寨门台文化空间、1 处古枫香树文化空间、1 处八匡古道文化空间（表3-3-2）。其中，侗族传统民居文化空间属于多发性文化空间单元，以传统民居建筑为载体，分布在村内各处。花桥文化空间均衡在穿寨而过的利洞溪上。古井文化空间整体分布在寨内较边缘位置，与寨内侗族民居关系紧密，利洞溪东西侧分别分布 3 处古井文化空间。鼓楼、萨坛、古枫香树成组团是集中分布在寨中心，是侗寨民族文化的高度集中的空间。

黔东南州榕江县大利村文化空间单元清单 表3-3-2

序号	文化空间单元名称	地点
01	侗族传统民居文化空间	村寨各处（多点）
02	寨头花桥文化空间	村寨中南部利洞溪上
03	上步花桥文化空间	村寨中南部利洞溪分流处
04	中步花桥文化空间	村寨中部利洞溪上
05	下步花桥文化空间	村寨中北部利洞溪上
06	寨尾花桥文化空间	村寨北部利洞溪上
07	寨头古井文化空间	村寨东南部
08	泡劲古井文化空间	村寨东部寨门旁
09	闷墩古井文化空间	村寨中西部
10	闷短呸（南）古井文化空间	村寨西北部
11	闷短呸（北）古井文化空间	村寨西北部
12	闷告亢古井文化空间	村寨东南部利洞溪畔
13	杨贵胜古粮仓文化空间	村寨南部利洞溪东岸
14	杨成章古粮仓文化空间	村寨中南部
15	杨胜和古粮仓文化空间	村寨中北部
16	杨猛古粮仓文化空间	村寨中北部利洞溪西侧
17	杨秀标古粮仓文化空间	村寨北部利洞溪西侧
18	杨再锋古粮仓文化空间	村寨中西部
19	鼓楼文化空间	村寨中部

序号	文化空间单元名称	地点
20	萨坛文化空间	村寨中部鼓楼旁
21	寨门文化空间	村寨东部
22	戏台文化空间	村寨中东部
23	古枫香树文化空间	村寨中部鼓楼旁
24	八匡古道文化空间	村寨南部

3. 大利村文化空间与文化表现形式对应关系识别结果

分析结果表明，大利村的23处文化空间、1处古道文化线路所承载的非物质文化表现形式包括18种（图3-3-4），文化空间和文化表现形式之间的对应关系呈现一对多、多对一和多对多的形式，例如，侗族传统民居文化空间所对应的文化表现形式有16项：侗族大歌、侗族琵琶歌、珠郎娘美、侗年、侗族服饰、丁郎龙女、侗族芦笙谱、侗族婚俗、侗戏、君琵琶、月也、羊（牛）瘪制作技艺、侗族木构建筑营造技艺、蓝靛靛染工艺、编麻绳、草鞋、木雕、石雕等手工技艺以及侗语等；寨内5处花桥文化空间单元所对应的文化表现形式均为以下10项：侗族大歌、侗族琵琶歌、珠郎娘美、侗族服饰、丁郎龙女、侗戏、君琵琶、侗族木构建筑营造技艺、编麻绳、草鞋、木雕、石雕等手工技艺、侗语等；侗族传统民居文化空间、5处花桥文化空间、6处古井文化空间、鼓楼文化空间、萨坛文化空间、寨门文化空间、戏台文化空间、古枫香树文化空间都对应文化表现形式侗族琵琶歌。

三、大利村文化空间单元分布识别结果

经技术识别，大利村侗寨范围内共有文化空间单元24处，包括寨头花桥文化空间、上步花桥文化空间、中步花桥文化空间、下步花桥文化空间、寨尾花桥文化空间、寨头古井文化空间、泡劲古井文化空间、闷墩古井文化空间、闷短呸（南）古井文化空间、闷短呸（北）古井文化空间、闷告亢古井文化空间、杨贵胜古粮仓文化空间、杨成章古粮仓文化空间、杨胜和古粮仓文化空间、杨猛古粮仓文化空间、杨秀标古粮仓文化空间、杨再锋古粮仓文化空间、鼓楼文化空间、萨坛文化空间、寨门文化空间、戏台文化空间、古枫香树文化空间、八匡古道文化空间等。其中，侗族传统民居文化空间属于多发单元，分布在全村的传统风貌建筑内。各项文化空间的位置如图3-3-5、图3-3-6所示。

文化空间

01 侗族传统民居文化空间
02 寨头花桥文化空间
03 上步花桥文化空间
04 中步花桥文化空间
05 下步花桥文化空间
06 寨尾花桥文化空间
07 寨头古井文化空间
08 泡劲古井文化空间
09 闷墩古井文化空间
10 闷短呸（南）古井文化空间
11 闷短呸（北）古井文化空间
12 闷告亢古井文化空间
13 杨胜贵古粮仓文化空间
14 杨成章古粮仓文化空间
15 杨胜和古粮仓文化空间
16 杨猛古粮仓文化空间
17 杨秀标古粮仓文化空间
18 杨再锋古粮仓文化空间
19 鼓楼文化空间
20 萨坛文化空间
21 寨门文化空间
22 戏台文化空间
23 古枫香树文化空间
24 八匡古道文化空间

文化表现形式

A1 侗族大歌	世界级
B1 侗族琵琶歌	国家级
B2 侗族萨玛节	国家级
B3 珠郎娘美	国家级
B4 侗年	国家级
B5 侗族服饰	国家级
C1 丁郎龙女	省级
C2 侗族芦笙谱	省级
C3 侗族婚俗	省级
C4 侗戏	省级
C5 君琵琶	省级
C6 月也	省级
C7 羊（牛）瘪制作技艺	省级
D1 侗族木构建筑营造技艺	州级
E1 蓝靛靛染工艺	
E2 编麻绳、草鞋、木雕等手工技艺	
E3 侗语	

文化空间单元与文化表现形式对应连线图　贵州省榕江县大利村　第一批中国传统村落　2018/12采集

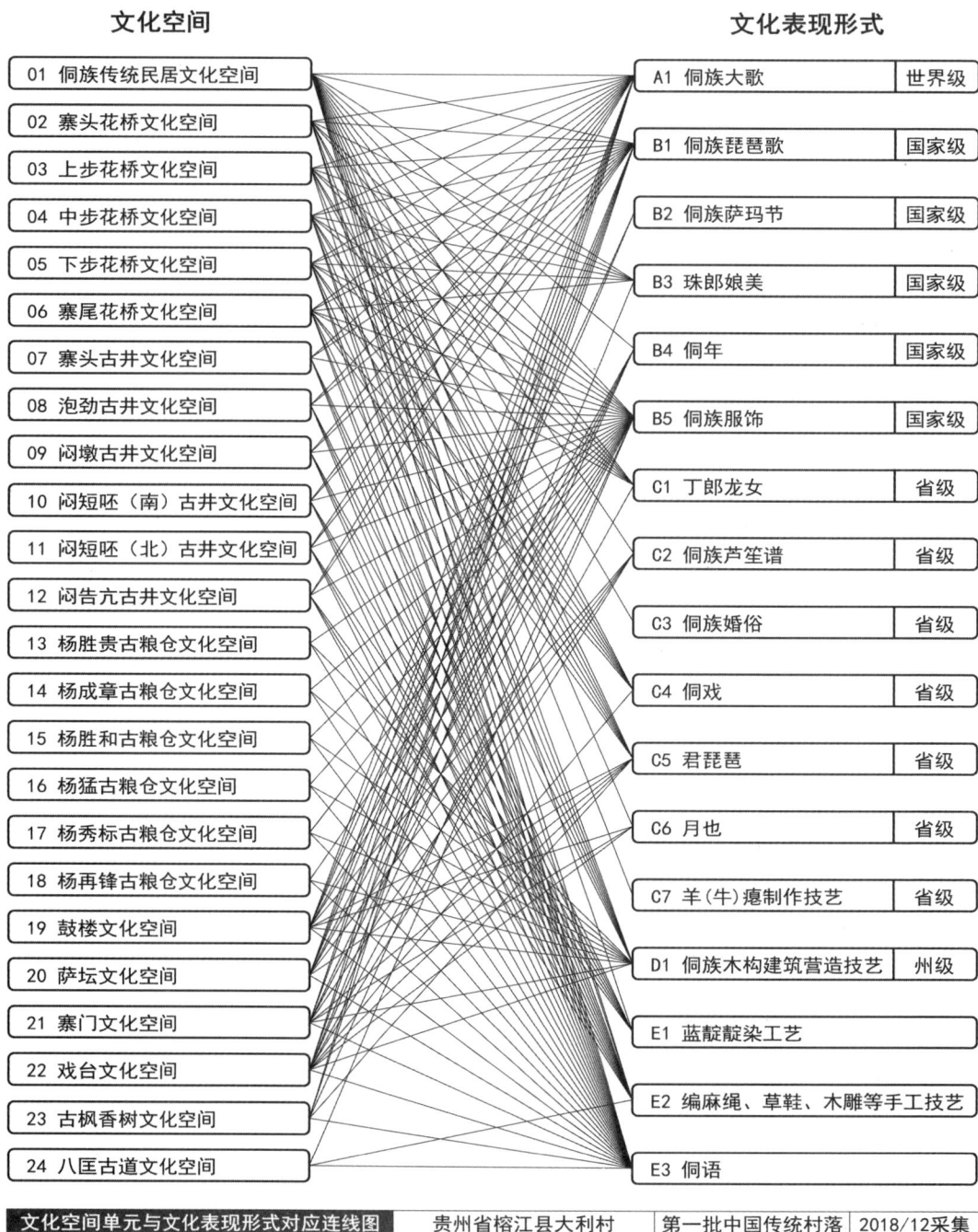

图3-3-4 大利村文化空间与文化表现形式对应连线图

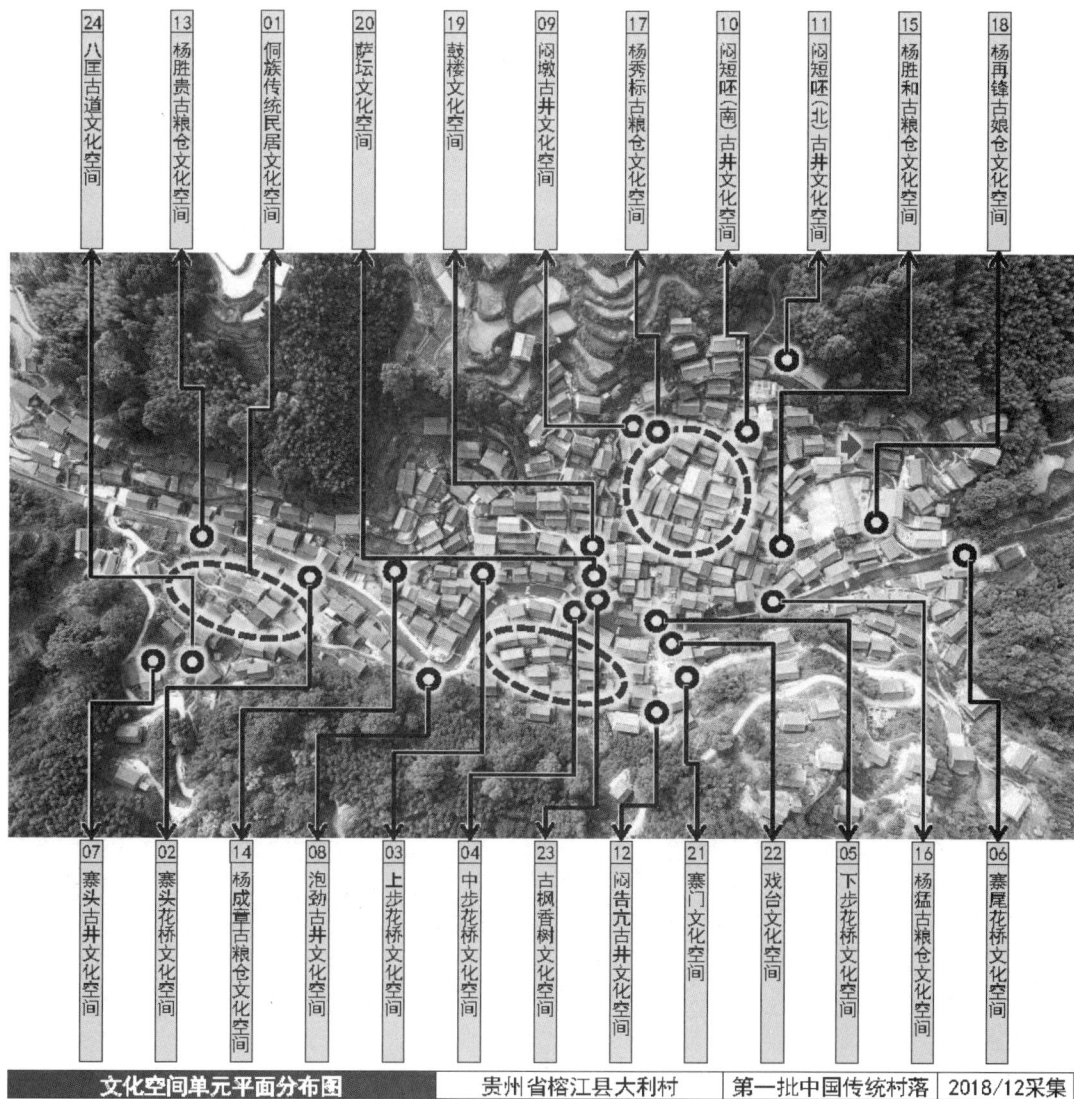

上排标签（从左到右）：

24 八匡古道文化空间
13 杨胜贵古粮仓文化空间
01 侗族传统民居文化空间
20 萨坛文化空间
19 鼓楼文化空间
09 闷墩古井文化空间
17 杨秀标古粮仓文化空间
10 闷短呸（南）古井文化空间
11 闷短呸（北）古井文化空间
15 杨胜和古粮仓文化空间
18 杨再锋古娘楼文化空间

下排标签（从左到右）：

07 寨头古井文化空间
02 寨头花桥文化空间
14 杨成章古粮仓文化空间
08 泡劲古井文化空间
03 上步花桥文化空间
04 中步花桥文化空间
23 古枫香树文化空间
12 闷告亢古井文化空间
21 寨门文化空间
22 戏台文化空间
05 下步花桥文化空间
16 杨猛古粮仓文化空间
06 寨尾花桥文化空间

| 文化空间单元平面分布图 | 贵州省榕江县大利村 | 第一批中国传统村落 | 2018/12采集 |

图3-3-5 大利村文化空间单元平面分布图

① 侗族传统民居文化空间	⑦ 寨头古井文化空间	⑬ 杨胜贵古粮仓文化空间	⑲ 鼓楼文化空间
② 寨头花桥文化空间	⑧ 泡劲古井文化空间	⑭ 杨成章古粮仓文化空间	⑳ 萨坛文化空间
③ 上步花桥文化空间	⑨ 闷墩古井文化空间	⑮ 杨胜和古粮仓文化空间	㉑ 寨门文化空间
④ 中步花桥文化空间	⑩ 闷短呸(南)古井文化空间	⑯ 杨猛古粮仓文化空间	㉒ 戏台文化空间
⑤ 下步花桥文化空间	⑪ 闷短呸(北)古井文化空间	⑰ 杨秀标古粮仓文化空间	㉓ 古枫香树文化空间
⑥ 寨尾花桥文化空间	⑫ 闷告亢古井文化空间	⑱ 杨再锋古粮仓文化空间	㉔ 八匡古道文化空间

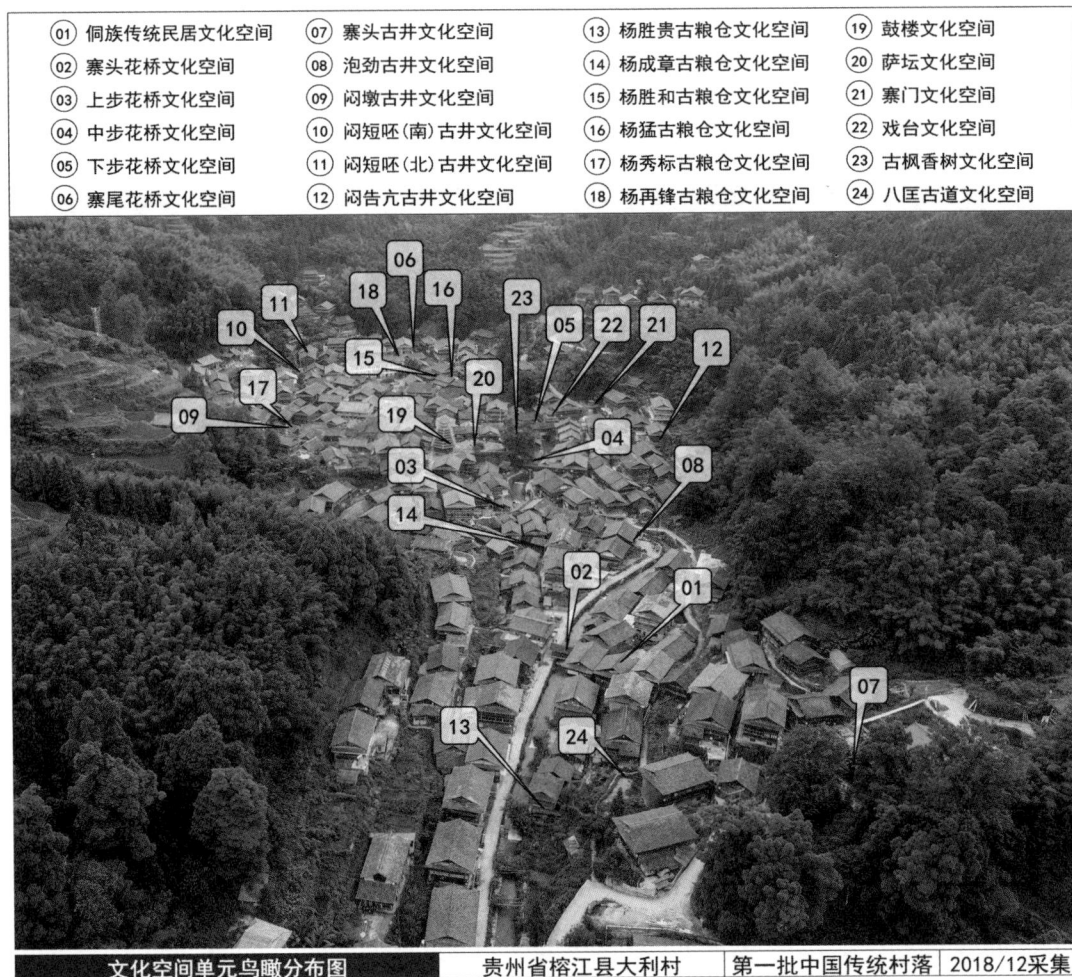

| 文化空间单元鸟瞰分布图 | 贵州省榕江县大利村 | 第一批中国传统村落 | 2018/12采集 |

图3-3-6 大利村文化空间单元鸟瞰分布图

四、大利村文化空间单元时空属性甄别结果

大利村文化空间单元时空属性汇总表 表 3-3-3

序号	文化空间单元名称	对应文化表现形式编号	空间属性				时间属性			
			开放/封闭	多发/单点	清楚/模糊	中心/边缘	规律/随机	高频/低频	稳定/变化	现实/记忆
1	侗族传统民居文化空间	A1	封闭	多发	模糊	中心	随机	低频	变化	现实
		B1	封闭	多发	模糊	中心	随机	低频	变化	现实
		B3	封闭	多发	模糊	中心	随机	低频	变化	现实
		B4	封闭	多发	清楚	中心	规律	低频	稳定	现实
		B5	开放	多发	模糊	中心	随机	高频	变化	现实
		C1	封闭	多发	模糊	中心	随机	低频	变化	现实
		C2	开放	多发	模糊	中心	随机	低频	变化	记忆
		C3	封闭	多发	模糊	中心	随机	低频	变化	现实
		C4	封闭	多发	模糊	中心	随机	低频	变化	现实
		C5	开放	多发	模糊	中心	随机	高频	变化	现实
		C6	开放	多发	模糊	中心	随机	低频	变化	现实
		C7	封闭	多发	清楚	中心	随机	高频	稳定	现实
		D1	开放	多发	清楚	中心	随机	低频	稳定	现实
		E1	开放	多发	清楚	中心	随机	高频	变化	现实
		E2	开放	多发	模糊	中心	随机	低频	变化	现实
		E3	开放	多发	模糊	中心	随机	高频	稳定	现实
2	寨头花桥文化空间	A1	开放	多发	清楚	边缘	随机	高频	变化	记忆
		B1	开放	多发	清楚	边缘	随机	高频	变化	现实
		B3	开放	多发	清楚	边缘	随机	低频	变化	记忆
		B5	开放	多发	清楚	边缘	随机	高频	变化	现实
		C1	开放	多发	清楚	边缘	随机	低频	变化	记忆
		C4	开放	多发	清楚	边缘	随机	低频	变化	记忆
		C5	开放	多发	清楚	边缘	随机	高频	变化	现实
		D1	开放	单点	清楚	边缘	随机	低频	稳定	现实
		E2	开放	多发	模糊	边缘	随机	低频	变化	现实
		E3	开放	多发	模糊	边缘	随机	高频	稳定	现实
3	上步花桥文化空间	A1	开放	多发	清楚	中心	随机	高频	变化	记忆
		B1	开放	多发	清楚	中心	随机	高频	变化	现实
		B3	开放	多发	清楚	中心	随机	低频	变化	记忆
		B5	开放	多发	清楚	中心	随机	高频	变化	现实
		C1	开放	多发	清楚	中心	随机	低频	变化	记忆
		C4	开放	多发	清楚	中心	随机	低频	变化	记忆
		C5	开放	多发	清楚	中心	随机	高频	变化	现实
		D1	开放	单点	清楚	中心	随机	低频	稳定	现实
		E2	开放	多发	模糊	中心	随机	低频	变化	现实
		E3	开放	多发	模糊	中心	随机	高频	稳定	现实

续表

序号	文化空间单元名称	对应文化表现形式编号	空间属性				时间属性			
			开放／封闭	多发／单点	清楚／模糊	中心／边缘	规律／随机	高频／低频	稳定／变化	现实／记忆
4	中步花桥文化空间	A1	开放	多发	清楚	中心	随机	高频	变化	记忆
		B1	开放	多发	清楚	中心	随机	高频	变化	现实
		B3	开放	多发	清楚	中心	随机	低频	变化	记忆
		B5	开放	多发	清楚	中心	随机	高频	变化	现实
		C1	开放	多发	清楚	中心	随机	低频	变化	记忆
		C4	开放	多发	清楚	中心	随机	低频	变化	记忆
		C5	开放	多发	清楚	中心	随机	高频	变化	现实
		D1	开放	单点	清楚	中心	随机	低频	稳定	现实
		E2	开放	多发	模糊	中心	随机	低频	变化	现实
		E3	开放	多发	模糊	中心	随机	高频	稳定	现实
5	下步花桥文化空间	A1	开放	多发	清楚	中心	随机	高频	变化	记忆
		B1	开放	多发	清楚	中心	随机	高频	变化	现实
		B3	开放	多发	清楚	中心	随机	低频	变化	记忆
		B5	开放	多发	清楚	中心	随机	高频	变化	现实
		C1	开放	多发	清楚	中心	随机	低频	变化	记忆
		C4	开放	多发	清楚	中心	随机	低频	变化	记忆
		C5	开放	多发	清楚	中心	随机	高频	变化	现实
		D1	开放	单点	清楚	中心	随机	低频	稳定	现实
		E2	开放	多发	模糊	中心	随机	低频	变化	现实
		E3	开放	多发	模糊	中心	随机	高频	稳定	现实
6	寨尾花桥文化空间	A1	开放	多发	清楚	边缘	随机	高频	变化	记忆
		B1	开放	多发	清楚	边缘	随机	高频	变化	现实
		B3	开放	多发	清楚	边缘	随机	低频	变化	记忆
		B5	开放	多发	清楚	边缘	随机	高频	变化	现实
		C1	开放	多发	清楚	边缘	随机	低频	变化	记忆
		C4	开放	多发	清楚	边缘	随机	低频	变化	记忆
		C5	开放	多发	清楚	边缘	随机	高频	变化	现实
		D1	开放	单点	清楚	边缘	随机	低频	稳定	现实
		E2	开放	多发	模糊	边缘	随机	低频	变化	现实
		E3	开放	多发	模糊	边缘	随机	高频	稳定	现实
7	寨头古井文化空间	A1	开放	多发	模糊	边缘	随机	低频	变化	记忆
		B1	开放	多发	模糊	边缘	随机	低频	变化	记忆
		B5	开放	多发	模糊	边缘	随机	高频	变化	现实
		E1	开放	多发	模糊	边缘	随机	高频	变化	现实
		E2	封闭	单点	清楚	边缘	随机	低频	稳定	现实
		E3	开放	多发	模糊	边缘	随机	高频	稳定	现实

续表

序号	文化空间单元名称	对应文化表现形式编号	空间属性				时间属性			
			开放/封闭	多发/单点	清楚/模糊	中心/边缘	规律/随机	高频/低频	稳定/变化	现实/记忆
8	泡劲古井文化空间	A1	开放	多发	模糊	中心	随机	低频	变化	记忆
		B1	开放	多发	模糊	中心	随机	低频	变化	记忆
		B5	开放	多发	模糊	中心	随机	高频	变化	现实
		E1	开放	多发	模糊	中心	随机	高频	变化	现实
		E2	封闭	单点	清楚	中心	随机	低频	稳定	现实
		E3	开放	多发	模糊	中心	随机	高频	稳定	现实
9	冈墩古井文化空间	A1	开放	多发	模糊	中心	随机	低频	变化	记忆
		B1	开放	多发	模糊	中心	随机	低频	变化	记忆
		B5	开放	多发	模糊	中心	随机	高频	变化	现实
		E1	开放	多发	模糊	中心	随机	高频	变化	现实
		E2	封闭	单点	清楚	中心	随机	低频	稳定	现实
		E3	开放	多发	模糊	中心	随机	高频	稳定	现实
10	冈短呸（南）古井文化空间	A1	开放	多发	模糊	边缘	随机	低频	变化	记忆
		B1	开放	多发	模糊	边缘	随机	低频	变化	记忆
		B5	开放	多发	模糊	边缘	随机	高频	变化	现实
		E1	开放	多发	模糊	边缘	随机	高频	变化	现实
		E2	封闭	单点	清楚	边缘	随机	低频	稳定	现实
		E3	开放	多发	模糊	边缘	随机	高频	稳定	现实
11	冈短呸（北）古井文化空间	A1	开放	多发	模糊	边缘	随机	低频	变化	记忆
		B1	开放	多发	模糊	边缘	随机	低频	变化	记忆
		B5	开放	多发	模糊	边缘	随机	高频	变化	现实
		E1	开放	多发	模糊	边缘	随机	高频	变化	现实
		E2	封闭	单点	清楚	边缘	随机	低频	稳定	现实
		E3	开放	多发	模糊	边缘	随机	高频	稳定	现实
12	冈告亢古井文化空间	A1	开放	多发	模糊	中心	随机	低频	变化	记忆
		B1	开放	多发	模糊	中心	随机	低频	变化	记忆
		B5	开放	多发	模糊	中心	随机	高频	变化	现实
		E1	开放	多发	模糊	中心	随机	高频	变化	现实
		E2	封闭	单点	清楚	中心	随机	低频	稳定	现实
		E3	开放	多发	模糊	中心	随机	高频	稳定	现实
13	杨贵胜古粮仓文化空间	B5	开放	多发	模糊	边缘	随机	高频	变化	现实
		D1	开放	单点	清楚	边缘	随机	低频	稳定	现实
		E3	开放	多发	模糊	边缘	随机	高频	稳定	现实
14	杨成章古粮仓文化空间	B5	开放	多发	模糊	中心	随机	高频	变化	现实
		D1	开放	单点	清楚	中心	随机	低频	稳定	现实
		E3	开放	多发	模糊	中心	随机	高频	稳定	现实

续表

序号	文化空间单元名称	对应文化表现形式编号	空间属性				时间属性			
			开放/封闭	多发/单点	清楚/模糊	中心/边缘	规律/随机	高频/低频	稳定/变化	现实/记忆
15	杨胜和古粮仓文化空间	B5	开放	多发	模糊	中心	随机	高频	变化	现实
		D1	开放	单点	清楚	中心	随机	低频	稳定	现实
		E3	开放	多发	模糊	中心	随机	高频	稳定	现实
16	杨猛古粮仓文化空间	B5	开放	多发	模糊	中心	随机	高频	变化	现实
		D1	开放	单点	清楚	中心	随机	低频	稳定	现实
		E3	开放	多发	模糊	中心	随机	高频	稳定	现实
17	杨秀标古粮仓文化空间	B5	开放	多发	模糊	中心	随机	高频	变化	现实
		D1	开放	单点	清楚	中心	随机	低频	稳定	现实
		E3	开放	多发	模糊	中心	随机	高频	稳定	现实
18	杨再锋古粮仓文化空间	B5	开放	多发	模糊	边缘	随机	高频	变化	现实
		D1	开放	单点	清楚	边缘	随机	低频	稳定	现实
		E3	开放	多发	模糊	边缘	随机	高频	稳定	现实
19	鼓楼文化空间	A1	开放	单点	清楚	中心	规律	高频	稳定	现实
		B1	开放	单点	清楚	中心	规律	高频	稳定	现实
		B2	开放	单点	清楚	中心	规律	高频	稳定	现实
		B4	开放	单点	清楚	中心	规律	高频	稳定	现实
		B5	开放	单点	模糊	中心	随机	高频	变化	现实
		C2	开放	单点	清楚	中心	规律	高频	稳定	现实
		C5	开放	单点	清楚	中心	规律	高频	变化	记忆
		C6	开放	单点	模糊	中心	随机	低频	稳定	现实
		D1	开放	单点	清楚	中心	随机	低频	稳定	现实
		E3	开放	单点	模糊	中心	随机	高频	稳定	现实
20	萨坛文化空间	A1	开放	单点	清楚	中心	规律	高频	稳定	现实
		B1	开放	单点	清楚	中心	规律	高频	稳定	现实
		B2	开放	单点	清楚	中心	规律	高频	稳定	现实
		B4	开放	单点	清楚	中心	规律	高频	稳定	现实
		B5	开放	单点	模糊	中心	随机	高频	变化	现实
		C2	开放	单点	清楚	中心	规律	高频	稳定	现实
		C5	开放	单点	清楚	中心	规律	高频	变化	记忆
		E3	开放	单点	模糊	中心	随机	高频	稳定	现实

续表

序号	文化空间单元名称	对应文化表现形式编号	空间属性				时间属性			
			开放/封闭	多发/单点	清楚/模糊	中心/边缘	规律/随机	高频/低频	稳定/变化	现实/记忆
21	寨门文化空间	A1	开放	单点	清楚	边缘	随机	低频	稳定	现实
		B1	开放	单点	清楚	边缘	随机	低频	稳定	现实
		B4	开放	单点	清楚	边缘	规律	低频	稳定	现实
		B5	开放	单点	模糊	边缘	随机	高频	变化	现实
		C2	开放	单点	清楚	边缘	规律	低频	变化	现实
		C5	开放	单点	清楚	边缘	随机	低频	稳定	现实
		C6	开放	单点	清楚	边缘	随机	低频	稳定	现实
		D1	开放	单点	清楚	边缘	随机	低频	稳定	现实
		E3	开放	单点	模糊	边缘	随机	高频	稳定	现实
22	戏台文化空间	A1	开放	单点	清楚	中心	随机	低频	变化	现实
		B1	开放	单点	清楚	中心	随机	低频	变化	现实
		B3	开放	单点	清楚	中心	随机	低频	变化	现实
		B4	开放	单点	清楚	中心	随机	低频	变化	现实
		B5	开放	单点	清楚	中心	随机	低频	变化	现实
		C1	开放	单点	清楚	中心	随机	低频	变化	现实
		C2	开放	单点	清楚	中心	随机	低频	变化	现实
		C4	开放	单点	清楚	中心	随机	低频	变化	现实
		C5	开放	单点	清楚	中心	随机	低频	变化	现实
		C6	开放	单点	清楚	中心	随机	低频	稳定	现实
		D1	开放	单点	清楚	中心	随机	低频	稳定	现实
		E3	开放	单点	模糊	中心	随机	高频	稳定	现实
23	古枫香树文化空间	A1	开放	单点	清楚	中心	规律	高频	稳定	现实
		B1	开放	单点	清楚	中心	规律	高频	稳定	现实
		B5	开放	单点	模糊	中心	随机	高频	变化	现实
		C5	开放	单点	清楚	中心	规律	高频	变化	记忆
		E3	开放	单点	模糊	中心	随机	高频	稳定	现实
24	八匡古道文化空间	B5	开放	单点	模糊	边缘	随机	高频	变化	现实
		E2	开放	单点	清楚	边缘	随机	低频	稳定	现实
		E3	开放	单点	模糊	边缘	随机	高频	稳定	现实

注：文化表现编号对应的文化表现形式名称详见表3-3-1。

大利村文化空间单元时空特性分析表 表 3-3-4

序号	文化空间单元名称	对应文化表现形式编号	地段性特征					平均值	文化空间特性（地段性—3-4、时段性—0-2）
			开放（1）/封闭（0）	多发（1）/单点（0）	清楚（1）/模糊（0）	中心（1）/边缘（0）	分项值		
1	侗族传统民居文化空间	A1	0	1	0	1	2	2	时段性
		B1	0	1	0	1	2		
		B3	0	1	0	1	2		
		B4	0	1	1	1	3		
		B5	1	1	0	1	3		
		C1	0	1	0	1	2		
		C2	1	1	0	1	3		
		C3	0	1	0	1	2		
		C4	0	1	0	1	2		
		C5	1	1	0	1	3		
		C6	1	1	0	1	3		
		C7	0	1	1	1	3		
		D1	1	1	1	1	4		
		E1	1	1	1	1	4		
		E2	1	1	0	1	3		
		E3	1	1	0	1	3		
2	寨头花桥文化空间	A1	1	1	1	0	3	3	地段性
		B1	1	1	1	0	3		
		B3	1	1	1	0	3		
		B5	1	1	1	0	3		
		C1	1	1	1	0	3		
		C4	1	1	1	0	3		
		C5	1	1	1	0	3		
		D1	1	0	1	0	2		
		E2	1	1	0	0	2		
		E3	1	1	0	0	2		
3	上步花桥文化空间	A1	1	1	1	1	4	4	地段性
		B1	1	1	1	1	4		
		B3	1	1	1	1	4		
		B5	1	1	1	1	4		
		C1	1	1	1	1	4		
		C4	1	1	1	1	4		
		C5	1	1	1	1	4		
		D1	1	0	1	1	3		
		E2	1	1	0	1	3		
		E3	1	1	0	1	3		

续表

序号	文化空间单元名称	对应文化表现形式编号	地段性特征					平均值	文化空间特性（地段性—3~4、时段性—0~2）
			开放（1）/封闭（0）	多发（1）/单点（0）	清楚（1）/模糊（0）	中心（1）/边缘（0）	分项值		
4	中步花桥文化空间	A1	1	1	1	1	4	4	地段性
		B1	1	1	1	1	4		
		B3	1	1	1	1	4		
		B5	1	1	1	1	4		
		C1	1	1	1	1	4		
		C4	1	1	1	1	4		
		C5	1	1	1	1	4		
		D1	1	0	1	1	3		
		E2	1	1	0	1	3		
		E3	1	1	0	1	3		
5	下步花桥文化空间	A1	1	1	1	1	4	4	地段性
		B1	1	1	1	1	4		
		B3	1	1	1	1	4		
		B5	1	1	1	1	4		
		C1	1	1	1	1	4		
		C4	1	1	1	1	4		
		C5	1	1	1	1	4		
		D1	1	0	1	1	3		
		E2	1	1	0	1	3		
		E3	1	1	0	1	3		
6	寨尾花桥文化空间	A1	1	1	1	0	3	3	地段性
		B1	1	1	1	0	3		
		B3	1	1	1	0	3		
		B5	1	1	1	0	3		
		C1	1	1	1	0	3		
		C4	1	1	1	0	3		
		C5	1	1	1	0	3		
		D1	1	0	1	0	2		
		E2	1	1	0	0	2		
		E3	1	1	0	0	2		
7	寨头古井文化空间	A1	1	1	0	0	2	2	时段性
		B1	1	1	0	0	2		
		B5	1	1	0	0	2		
		E1	1	1	0	0	2		
		E2	0	0	1	0	1		
		E3	1	1	0	0	2		

续表

序号	文化空间单元名称	对应文化表现形式编号	地段性特征					平均值	文化空间特性(地段性—3-4、时段性—0-2)
			开放(1)/封闭(0)	多发(1)/单点(0)	清楚(1)/模糊(0)	中心(1)/边缘(0)	分项值		
8	泡劲古井文化空间	A1	1	1	0	1	3	3	地段性
		B1	1	1	0	1	3		
		B5	1	1	0	1	3		
		E1	1	1	0	1	3		
		E2	0	0	1	1	2		
		E3	1	1	0	1	3		
9	闷墩古井文化空间	A1	1	1	0	1	3	3	地段性
		B1	1	1	0	1	3		
		B5	1	1	0	1	3		
		E1	1	1	0	1	3		
		E2	0	0	1	1	2		
		E3	1	1	0	1	3		
10	闷短呸(南)古井文化空间	A1	1	1	0	0	2	2	时段性
		B1	1	1	0	0	2		
		B5	1	1	0	0	2		
		E1	1	1	0	0	2		
		E2	0	0	1	0	1		
		E3	1	1	0	0	2		
11	闷短呸(北)古井文化空间	A1	1	1	0	0	2	2	时段性
		B1	1	1	0	0	2		
		B5	1	1	0	0	2		
		E1	1	1	0	0	2		
		E2	0	0	1	0	1		
		E3	1	1	0	0	2		
12	闷告亢古井文化空间	A1	1	1	0	1	3	3	地段性
		B1	1	1	0	1	3		
		B5	1	1	0	1	3		
		E1	1	1	0	1	3		
		E2	0	0	1	1	2		
		E3	1	1	0	1	3		
13	杨贵胜古粮仓文化空间	B5	1	1	0	0	2	2	时段性
		D1	1	0	1	0	2		
		E3	1	1	0	0	2		
14	杨成章古粮仓文化空间	B5	1	1	0	1	2	3	地段性
		D1	1	0	1	1	3		
		E3	1	1	0	1	3		

续表

序号	文化空间单元名称	对应文化表现形式编号	地段性特征					平均值	文化空间特性（地段性—3-4、时段性—0-2）
			开放（1）/封闭（0）	多发（1）/单点（0）	清楚（1）/模糊（0）	中心（1）/边缘（0）	分项值		
15	杨胜和古粮仓文化空间	B5	1	1	0	1	3	3	地段性
		D1	1	0	1	1	3		
		E3	1	1	0	1	3		
16	杨猛古粮仓文化空间	B5	1	1	0	1	3	3	地段性
		D1	1	0	1	1	3		
		E3	1	1	0	1	3		
17	杨秀标古粮仓文化空间	B5	1	1	0	1	3	3	地段性
		D1	1	0	1	1	3		
		E3	1	1	0	1	3		
18	杨再锋古粮仓文化空间	B5	1	1	0	0	2	2	时段性
		D1	1	0	1	0	2		
		E3	1	1	0	0	2		
19	鼓楼文化空间	A1	1	0	1	1	3	3	地段性
		B1	1	0	1	1	3		
		B2	1	0	1	1	3		
		B4	1	0	1	1	3		
		B5	1	0	0	1	2		
		C2	1	0	1	1	3		
		C5	1	0	1	1	3		
		C6	1	0	0	1	2		
		D1	1	0	1	1	3		
		E3	1	0	0	1	2		
20	萨坛文化空间	A1	1	0	1	1	3	3	地段性
		B1	1	0	1	1	3		
		B2	1	0	1	1	3		
		B4	1	0	1	1	3		
		B5	1	0	0	1	2		
		C2	1	0	1	1	3		
		C5	1	0	1	1	3		
		E3	1	0	0	1	2		

续表

序号	文化空间单元名称	对应文化表现形式编号	地段性特征					平均值	文化空间特性(地段性—3~4、时段性—0~2)
			开放(1)/封闭(0)	多发(1)/单点(0)	清楚(1)/模糊(0)	中心(1)/边缘(0)	分项值		
21	寨门文化空间	A1	1	0	1	0	2	2	时段性
		B1	1	0	1	0	2		
		B4	1	0	1	0	2		
		B5	1	0	0	0	1		
		C2	1	0	1	0	2		
		C5	1	0	1	0	2		
		C6	1	0	1	0	2		
		D1	1	0	1	0	2		
		E3	1	0	0	0	1		
22	戏台文化空间	A1	1	0	1	1	3	3	地段性
		B1	1	0	1	1	3		
		B3	1	0	1	1	3		
		B4	1	0	1	1	3		
		B5	1	0	1	1	3		
		C1	1	0	1	1	3		
		C2	1	0	1	1	3		
		C4	1	0	1	1	3		
		C5	1	0	1	1	3		
		C6	1	0	1	1	3		
		D1	1	0	1	1	3		
		E3	1	0	0	1	2		
23	古枫香树文化空间	A1	1	0	1	1	3	3	地段性
		B1	1	0	1	1	3		
		B5	1	0	0	1	2		
		C5	1	0	1	1	3		
		E3	1	0	0	1	2		
24	八匡古道文化空间	B5	1	0	0	0	1	1	时段性
		E2	1	0	1	0	2		
		E3	1	0	0	0	1		

注：文化表现编号对应的文化表现形式名称详见表3-3-1。

大利村文化空间单元活力指数分析表 表3-3-5

序号	文化空间单元名称	对应文化表现形式编号	时段性活力指数					综合活力指数
			规律（1）/随机（0）	高频（1）/低频（0）	稳定（1）/变化（0）	现实（1）/记忆（0）	分项值	
1	侗族传统民居文化空间	A1	0	0	0	1	1	25
		B1	0	0	0	1	1	
		B3	0	0	0	1	1	
		B4	1	0	1	1	3	
		B5	0	1	0	1	2	
		C1	0	0	0	1	1	
		C2	0	0	0	0	0	
		C3	0	0	0	1	1	
		C4	0	0	0	1	1	
		C5	0	1	0	1	2	
		C6	0	0	0	1	1	
		C7	0	1	1	1	3	
		D1	0	0	1	1	2	
		E1	0	1	0	1	2	
		E2	0	0	0	1	1	
		E3	0	1	1	1	3	
2	寨头花桥文化空间	A1	0	1	0	0	1	13
		B1	0	1	0	1	2	
		B3	0	0	0	0	0	
		B5	0	1	0	1	2	
		C1	0	0	0	0	0	
		C4	0	0	0	0	0	
		C5	0	1	0	1	2	
		D1	0	0	1	1	2	
		E2	0	0	0	1	1	
		E3	0	1	1	1	3	
3	上步花桥文化空间	A1	0	1	0	0	1	13
		B1	0	1	0	1	2	
		B3	0	0	0	0	0	
		B5	0	1	0	1	2	
		C1	0	0	0	0	0	
		C4	0	0	0	0	0	
		C5	0	1	0	1	2	
		D1	0	0	1	1	2	
		E2	0	0	0	1	1	
		E3	0	1	1	1	3	

序号	文化空间单元名称	对应文化表现形式编号	时段性活力指数					综合活力指数
			规律（1）/随机（0）	高频（1）/低频（0）	稳定（1）/变化（0）	现实（1）/记忆（0）	分项值	
4	中步花桥文化空间	A1	0	1	0	0	1	13
		B1	0	1	0	1	2	
		B3	0	0	0	0	0	
		B5	0	1	0	1	2	
		C1	0	0	0	0	0	
		C4	0	0	0	0	0	
		C5	0	1	0	1	2	
		D1	0	0	1	1	2	
		E2	0	0	0	1	1	
		E3	0	1	1	1	3	
5	下步花桥文化空间	A1	0	1	0	0	1	13
		B1	0	1	0	1	2	
		B3	0	0	0	0	0	
		B5	0	1	0	1	2	
		C1	0	0	0	0	0	
		C4	0	0	0	0	0	
		C5	0	1	0	1	2	
		D1	0	0	1	1	2	
		E2	0	0	0	1	1	
		E3	0	1	1	1	3	
6	寨尾花桥文化空间	A1	0	1	0	0	1	13
		B1	0	1	0	1	2	
		B3	0	0	0	0	0	
		B5	0	1	0	1	2	
		C1	0	0	0	0	0	
		C4	0	0	0	0	0	
		C5	0	1	0	1	2	
		D1	0	0	1	1	2	
		E2	0	0	0	1	1	
		E3	0	1	1	1	3	
7	寨头古井文化空间	A1	0	0	0	0	0	9
		B1	0	0	0	0	0	
		B5	0	1	0	1	2	
		E1	0	1	0	1	2	
		E2	0	0	1	1	2	
		E3	0	1	1	1	3	

续表

序号	文化空间单元名称	对应文化表现形式编号	时段性活力指数					综合活力指数
			规律（1）/随机（0）	高频（1）/低频（0）	稳定（1）/变化（0）	现实（1）/记忆（0）	分项值	
8	泡劲古井文化空间	A1	0	0	0	0	0	9
		B1	0	0	0	0	0	
		B5	0	1	0	1	2	
		E1	0	1	0	1	2	
		E2	0	0	1	1	2	
		E3	0	1	1	1	3	
9	闷墩古井文化空间	A1	0	0	0	0	0	9
		B1	0	0	0	0	0	
		B5	0	1	0	1	2	
		E1	0	1	0	1	2	
		E2	0	0	1	1	2	
		E3	0	1	1	1	3	
10	闷短呕（南）古井文化空间	A1	0	0	0	0	0	9
		B1	0	0	0	0	0	
		B5	0	1	0	1	2	
		E1	0	1	0	1	2	
		E2	0	0	1	1	2	
		E3	0	1	1	1	3	
11	闷短呕（北）古井文化空间	A1	0	0	0	0	0	9
		B1	0	0	0	0	0	
		B5	0	1	0	1	2	
		E1	0	1	0	1	2	
		E2	0	0	1	1	2	
		E3	0	1	1	1	3	
12	闷告亢古井文化空间	A1	0	0	0	0	0	9
		B1	0	0	0	0	0	
		B5	0	1	0	1	2	
		E1	0	1	0	1	2	
		E2	0	0	1	1	2	
		E3	0	1	1	1	3	
13	杨贵胜古粮仓文化空间	B5	0	1	0	1	2	7
		D1	0	0	1	1	2	
		E3	0	1	1	1	3	
14	杨成章古粮仓文化空间	B5	0	1	0	1	2	7
		D1	0	0	1	1	2	
		E3	0	1	1	1	3	

序号	文化空间单元名称	对应文化表现形式编号	时段性活力指数					综合活力指数
			规律（1）/随机（0）	高频（1）/低频（0）	稳定（1）/变化（0）	现实（1）/记忆（0）	分项值	
15	杨胜和古粮仓文化空间	B5	0	1	0	1	2	7
		D1	0	0	1	1	2	
		E3	0	1	1	1	3	
16	杨猛古粮仓文化空间	B5	0	1	0	1	2	7
		D1	0	0	1	1	2	
		E3	0	1	1	1	3	
17	杨秀标古粮仓文化空间	B5	0	1	0	1	2	7
		D1	0	0	1	1	2	
		E3	0	1	1	1	3	
18	杨再锋古粮仓文化空间	B5	0	1	0	1	2	7
		D1	0	0	1	1	2	
		E3	0	1	1	1	3	
19	鼓楼文化空间	A1	1	1	1	1	4	31
		B1	1	1	1	1	4	
		B2	1	1	1	1	4	
		B4	1	1	1	1	4	
		B5	0	1	0	1	2	
		C2	1	1	1	1	4	
		C5	1	1	0	0	2	
		C6	0	0	1	1	2	
		D1	0	0	1	1	2	
		E3	0	1	1	1	3	
20	萨坛文化空间	A1	1	1	1	1	4	27
		B1	1	1	1	1	4	
		B2	1	1	1	1	4	
		B4	1	1	1	1	4	
		B5	0	1	0	1	2	
		C2	1	1	1	1	4	
		C5	1	1	0	0	2	
		E3	0	1	1	1	3	

续表

序号	文化空间单元名称	对应文化表现形式编号	时段性活力指数					综合活力指数
			规律（1）/随机（0）	高频（1）/低频（0）	稳定（1）/变化（0）	现实（1）/记忆（0）	分项值	
21	寨门文化空间	A1	0	0	1	1	2	20
		B1	0	0	1	1	2	
		B4	1	0	1	1	3	
		B5	0	1	0	1	2	
		C2	1	0	0	1	2	
		C5	0	0	1	1	2	
		C6	0	0	1	1	2	
		D1	0	0	1	1	2	
		E3	0	1	1	1	3	
22	戏台文化空间	A1	0	0	0	1	1	16
		B1	0	0	0	1	1	
		B3	0	0	0	1	1	
		B4	0	0	0	1	1	
		B5	0	0	0	1	1	
		C1	0	0	0	1	1	
		C2	0	0	0	1	1	
		C4	0	0	0	1	1	
		C5	0	0	0	1	1	
		C6	0	0	1	1	2	
		D1	0	0	1	1	2	
		E3	0	1	1	1	3	
23	古枫香树文化空间	A1	1	1	1	1	4	15
		B1	1	1	1	1	4	
		B5	0	1	0	1	2	
		C5	1	0	0	0	2	
		E3	0	1	1	1	3	
24	八匡古道文化空间	B5	0	1	0	1	2	7
		E2	0	0	1	1	2	
		E3	0	1	1	1	3	

注：文化表现编号对应的文化表现形式名称详见表 3-3-1。

分析（表 3-3-3 ～ 表 3-3-5）结果表明，大利村的 24 处文化空间单元的时空特性分布倾向地段性，有 67%（16 处）文化空间单元是地段性文化空间，有 33%（8 处）是时段性文化空间，属于地段性文化空间单元的数量是时段性文化空间单元数的 2 倍。地段性文化空间包括集中分布在寨内利洞溪上的 5 处花桥文化空间（寨头花桥、上步花桥、中步花桥、下步花桥、寨尾花桥）、位于寨内较中心位置的 3 处古井文化空间（泡劲古井、闷墩古井、闷告亢古井）、位于寨内较中心位置的 4 处古粮仓文化空间（杨成章古粮仓、杨胜和古粮仓、杨猛古粮仓、杨秀标古粮仓），以及位于寨中心的鼓楼文化空间、萨坛文化空间、戏台文化空间、古枫香树文化。整体来看，地段性文化空间具有整体向心、同类均衡、异类集中的空间分布特点。时段性文化空间包括侗族传统民居文化空间、寨头古井文化空间、闷短呸（南）古井文化空间、闷短呸（北）古井文化空间、杨贵胜古粮仓文化空间、杨再锋古粮仓文化空间、八匡古道文化空间，这些文化空间分布位置相对偏远（图3-3-7）。

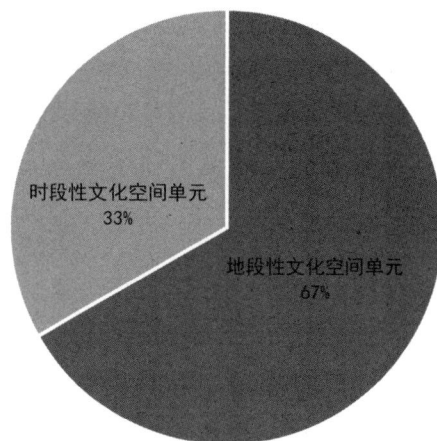

| 文化空间单元时空特性分布图 | 贵州省榕江县大利村 | 第一批中国传统村落 |

图3-3-7 大利村文化空间单元时空特性分布图

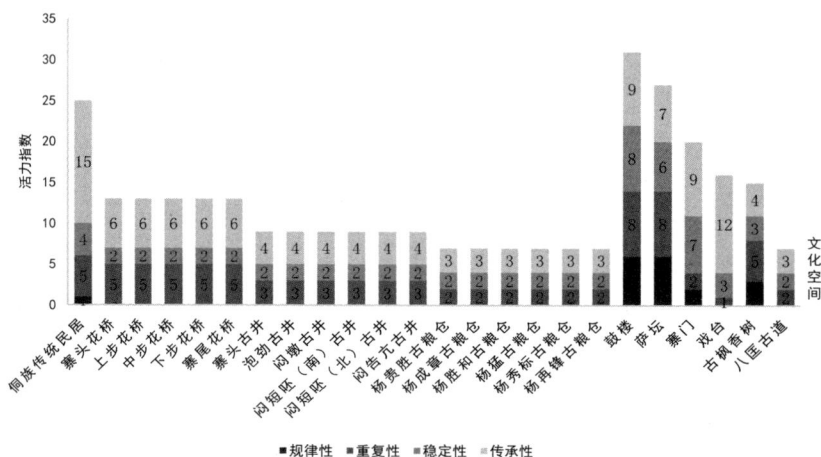

| 文化空间单元活力指数分布图 | 贵州省榕江县大利村 | 第一批中国传统村落 |

图3-3-8 大利村文化空间单元活力指数分布图

分析结果还表明，24处文化空间单元的活力指数总体处于较活跃状态，除侗族传统民居文化空间外，越是处于中心地段、各类空间单元越集中的文化空间单元活力指数越高，如鼓楼、萨坛、古枫香树这一组文化空间单元的活力指数远远高于其他文化空间的活力指数，其中，鼓楼文化空间的活力指数是活力指数最低的八匡古道文化空间的4倍，除此之外，下步花桥、寨门、戏台这一组文化空间单元的活力指数也明显偏高（图3-3-8）。

五、大利村文化空间单元解析说明

1. 侗族传统民居文化空间

侗族传统民居文化空间属于多发单元，分布在全村的传统风貌建筑内，民居多为独栋的全木质结构吊脚楼，两至四开间不等，三开间为多，小青瓦覆盖，沿小溪两侧顺应地形修建，错落有致（图3-3-9）。其中最为独特的四合院形制的杨氏宅院，建于清道光年间，为侗族民间能工巧匠所建，迄今已有150余年历史，位于利洞溪畔，坐东南而朝向西北，全杉木结构，立地三楼，青瓦屋面，平面上由前堂、两厢、正屋组成，中有天井，是封闭型的四合院，宅有两楼一底，大门阔绰，匾额高悬（大门额"栋宇维新"正屋门额"年进期颐"），雕窗对立。最为壮观的是三楼的三面回廊，俗称"走马转阁楼"，人可沿着回廊，从左至前至右，居高临下，观赏三面侗室风光，楼屋层叠，花桥处处，溪流回环，田畴绿野，茂林修竹，尽收眼底。炎炎夏日，竹椅一把，廊中品茶，临风赏景，听鸣蝉叶间小唱，看孩童溪中裸泳，尽在画图之中。侗族传统民居文化空间对应的文化表现形式多达16项，包括侗族大歌、侗族琵琶歌、珠郎娘美、侗年、侗族服饰、丁郎龙女、侗族芦笙谱、侗族婚俗、侗戏、君琵琶、月也、羊（牛）瘪制作技艺、侗族木构建筑营造技艺、蓝靛靛染工艺、编麻绳、草鞋、木雕、石雕等手工技艺、侗语等（图3-3-10～图3-3-12）。

图3-3-9 大利村侗族传统民居群

图3-3-10 大利村民居街巷

图3-3-11 大利村侗族典型民居一

图3-3-12 大利村侗族典型民居二

2. 花桥文化空间

大利侗寨共有花桥文化空间5处: 寨头花桥、上步花桥、中步花桥、下步花桥和寨尾华侨, 沿着穿寨而过的利洞溪自南向北依次分布, 将东西两侧的村寨活动连接起来(图3-3-13 ~ 图3-3-20)。花桥又称"风雨桥", 与鼓楼一样同为侗寨的标志性建筑, 是侗族人民集体智慧的结晶, 是中国桥梁建筑艺术的瑰宝, 是侗家人的交通要道, 还是侗族人民休闲娱乐、吹笙弹琴、娱宾迎客的重要场所。花桥巧妙地将桥、墩、亭三者合为一体, 传统花桥有彩绘, 故称之为花桥。寨头花桥文化空间对应的文化表现形式包括侗族大歌、侗族琵琶歌、珠郎娘美、侗族服饰、丁郎龙女、侗戏、君琵琶、侗族木构建筑营造技艺、编麻绳、草鞋、木雕、石雕等手工技艺、侗语共10项。侗族生活素有"饭养生、歌养心"的说法, 人们日常休闲、迎宾待客时, 在花桥上唱一段侗族大歌、弹一曲琵琶歌、吹一段芦笙曲, 或者三两老者相互交流传统手工技艺。

图3-3-13 寨头花桥全貌

图3-3-14 寨头花桥内部

图3-3-15 上步花桥

图3-3-16 中步花桥

图3-3-17 花桥上的侗家阿婆

图3-3-18 下步花桥外景

图3-3-19 下步花桥内景

图3-3-20 寨尾花桥

3. 寨头古井文化空间

寨头古井文化空间位于寨内南部，包括青石镶嵌的弓形窨口井、古井前面青石板铺地和旁边的清洗池。古井担任着村民传统用水的任务，是体现侗族日常生活场景的重要之一。寨头古井对应的文化表现形式包括侗族大歌、侗族琵琶歌、侗族服饰、蓝靛靛染工艺、石雕手工技艺和侗语6项。人们身穿日常侗族传统服饰，在井边唱着侗歌浣衣洗菜、靛染侗布、漂洗自家浸染的布料，用侗语闲话家常（图3-3-21）。

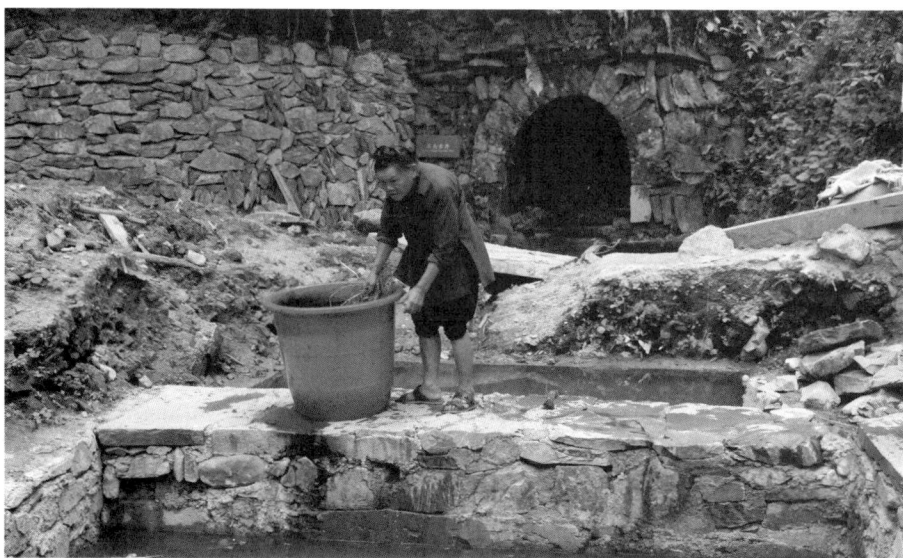
图3-3-21 寨头古井及正在做靛染染料的侗家阿婆

4. 泡劲古井文化空间

泡劲古井文化空间位于寨内南部，利洞溪河道转弯处，需要沿河岸的一条石阶面下，也是村内唯一一口临河的古井，规格虽小，却形成一道独特的河岸景观。古井由大青石条石砌成，上垒券顶，井口前面有石鼓一对，利于放置水桶和抬水起肩，地面以青石铺地。泡劲古井对应的文化表现形式包括侗族大歌、侗族琵琶歌、侗族服饰、蓝靛靛染工艺、石雕手工技艺和侗语6项。人们身穿日常侗族传统服饰，在井边唱着侗歌浣衣洗菜、靛染和漂洗侗布，用侗语闲话家常（图3-3-22）。

5. 闷墩古井文化空间

闷墩古井文化空间位于寨内南部，建于清乾隆三十七年（1772年）。闷墩是侗语的音译，古井由大青条石砌成，上垒券顶，井边刻有清乾隆三十七年的纪年，井口前面有石鼓一对，利于放置水桶和抬水起肩。井口和水池周边地面都以青石板铺地，井水涨满后流入井前的一小水池，为村民洗菜使用，水流经此满溢出再流进大池，方便洗衣洗物、蓄水防火，污水再由此排入公共沟渠里。层叠的用水系统，充分体现侗族善用水资源的生活智慧，也是体现侗族日常生活场景的地方。泡劲古井对应的文化表现形式包括侗族大歌、侗族琵琶歌、侗族服饰、蓝靛靛染工艺、石雕手工技艺和侗语6项。人们身穿日常侗族传统服饰，在井边唱着侗歌洗衣洗菜、靛染和漂洗侗布，用侗语闲话家常（图3-3-23）。

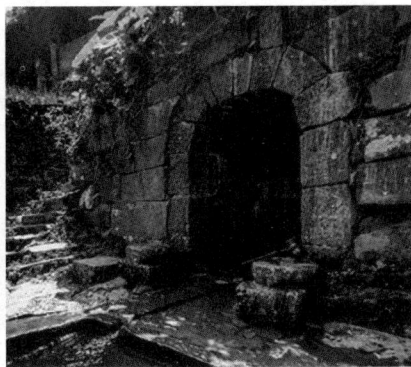

图3-3-22 泡劲古井　　　　　图3-3-23 闷墩古井洗衣池（资料来源：《记载乡愁——传统村落·贵州省黔东南篇（一）》）

6. 闷短呸（南）古井文化空间

闷短呸（南）古井文化空间位于寨内西北部，包括青石镶嵌的梯形四边形窨口井、古井前面青石板铺地，古井担任着村民传统用水的任务，是体现侗族日常生活场景的地方（图3-3-24）。闷短呸（南）古井对应的文化表现形式包括侗族大歌、侗族琵琶歌、侗族服饰、蓝靛靛染工艺、石雕手工技艺和侗语6项。人们身穿日常侗族传统服饰，在井边唱着侗歌浣衣洗菜、靛染和漂洗侗布，用侗语闲话家常。

7. 闷短呸（北）古井文化空间

闷短呸（北）古井文化空间位于寨内西北部，古井是青石镶嵌的弓形窖口井，古井担任着村民传统用水的任务，是体现侗族日常生活场景的地方（图 3-3-25）。闷短呸（北）古井对应的文化表现形式包括侗族大歌、侗族琵琶歌、侗族服饰、蓝靛靛染工艺、石雕手工技艺和侗语 6 项。人们身穿日常侗族传统服饰，在井边唱着侗歌浣衣洗菜、靛染和漂洗侗布，用侗语闲话家常。

8. 闷告亢古井文化空间

闷告亢古井文化空间位于寨内中部偏东的位置，古井是青石镶嵌的上窄下宽的四边形窖口井，古井旁的青石古巷给古井增添了不少的历史感，古井担任着村民传统用水的任务，是体现侗族日常生活场景的地方（图 3-3-26）。闷告亢古井文化空间对应的文化表现形式包括侗族大歌、侗族琵琶歌、侗族服饰、蓝靛靛染工艺、石雕手工技艺和侗语 6 项。人们身穿日常侗族传统服饰，在井边唱着侗歌浣衣洗菜、靛染和漂洗侗布，用侗语闲话家常。

图3-3-24 闷短呸(南) 古井

图3-3-25 闷短呸(北) 古井

图3-3-26 闷告亢古井

9. 古粮仓文化空间

大利村的古粮仓文化空间有6处：杨胜贵古粮仓、杨成章古粮仓、杨胜和古粮仓、杨猛古粮仓、杨秀标古粮仓、杨再锋古粮仓（图3-3-27～图3-3-31）。杨胜贵、杨成章、杨猛、杨秀标和杨再锋古粮仓位于村寨南部利洞溪旁，杨胜和古粮仓文化空间位于村寨北部。粮仓是侗族村民用于晾晒和存储粮食重要建筑，粮仓是悬山顶或歇山顶干阑建筑，底层架空，上层是双层矩形木禾仓，外围檐廊用穿插有横杆的禾晾架围上，用于晾晒稻谷等。粮仓文化空间对应的文化表现形式包括侗族服饰、侗族木构建筑营造技艺、侗语3项。

图3-3-27 杨胜贵古粮仓

图3-3-29 杨猛古粮仓

图3-3-28 杨成章古粮仓

图3-3-30 杨再锋古粮仓

图3-3-31 杨秀标古粮仓

10. 鼓楼文化空间

大利村有鼓楼一座，鼓楼文化空间位于寨中心，是聚落社会极其重要的生活公共空间，既是订立寨规、仲裁议事等处理公共事务的中心，也是各种节日庆典活动的终点和起点，也是村民休闲娱乐的中心，其主要的社会功能包括集众议事、击鼓报信、迎宾送客、踩堂祭祖、休息娱乐等。大利鼓楼是九重密檐单楼六角攒尖顶塔状木构建筑，其高大、精美的外形对于锚固村落整体景观的意义重大。鼓楼文化空间对应的文化表现形式多达 10 种，如侗族大歌、侗族琵琶歌侗族萨玛节、侗年、侗族服饰、侗族芦笙谱、君琵琶等（图 3-3-32～图 3-3-34 ）。

图 3-3-32 大利村鼓楼鸟瞰

图3-3-33 鼓楼近景

图3-3-34 鼓楼中的侗族大歌

11. 萨坛文化空间

萨坛文化空间位于大利鼓楼旁，由萨坛和周边鹅卵石形成，萨坛是一个圆形的大土包，外砌有毛石，上面长有茂盛的野草，象征着萨的头发，代表着旺盛的繁殖力。每逢侗族萨玛节、侗年等重要活动时人们都要举行祭祀仪式，跳起"哆耶"舞，唱起赞颂萨岁的踩堂歌。萨坛文化空间对应的文化表现形式包括侗族大歌、侗族琵琶歌、侗族萨玛节、侗年等10项（图3-3-35）。

图3-3-35 萨坛

图3-3-36 大利村寨门

12. 寨门文化空间

寨门位于寨内中部偏东北侗寨主要出入口处，作为侗寨的门户，是侗寨中与鼓楼、花桥并列的建筑三宝之一（图 3-3-36）。寨门在侗族人民的心目中被当作"寨门神"，对内可以防"污垢"、防灾，对外可以防鬼邪。寨门文化空间对应的文化表现形式包括侗族大歌、侗族琵琶歌、侗年、侗族服饰、侗族芦笙谱、君琵琶、月也、侗族木构建筑营造技艺和侗语。侗族在此举行"拦路迎宾"、"扫寨"等仪式，"月也"等民俗活动也是从此开始展开的。

13. 戏台文化空间

戏台文化空间位于寨中偏东北的位置，与寨门、下步花桥形成大利侗寨重要的入口迎宾空间。戏台是侗族人表演侗戏、唱侗歌、吹芦笙、君琵琶等的场所。过去，由侗族民间故事改编的侗戏"珠郎娘美"为经典侗戏剧目之一。戏台文化空间对应的文化表现形式包括侗族大歌、侗族琵琶歌、珠郎娘美、侗年、丁郎龙女、侗戏、月也等 12 项（图 3-3-37）。

图3-3-37 大利村戏台

14. 古枫香树文化空间

古枫香树文化空间位于寨中心鼓楼、萨坛与中步花桥旁，是萨坛、鼓楼文化空间及中步花桥文化空间的辐射区域内的文化空间单元。古枫香树文化空间对应的文化表现形式包括侗族大歌、侗族琵琶歌、侗族服饰、君琵琶、侗语 5 项（图 3-3-38、图 3-3-39）。

图3-3-38 古枫香树坎下景观

图3-3-39 古枫香树坎上景观

15. 八匡古道文化空间

八匡古道文化空间是依托寨内的古道形成的线性文化空间。八匡古道全仓 2.5 公里，建于清乾隆五十八（1793 年），是黔东南地区历史最悠久的一条石板古道。古道的起点是位于村寨东隅的一座小石板桥，石桥两侧以条石为栏，称为"栏马石"，上刻有高浮雕石蛙一对，体态丰满圆实。在石蛙前方约 20 米的民居边，有圆雕石蛇 2 条，蛇蛙相对。根据传说，寓意"蛇伏青蛙"，以免村寨"财源太旺，招致盗匪"。由石板道继续往上行原有一道石门，今存门前青石踏跺、两侧垂带与抱鼓石一对，上有高浮雕"花瓶幽兰"。由此再前行 15 米，道旁有清乾隆五十八年所立青石碑一通，记述大利村侗民义修古道史实。八匡古道文化空间对应的文化表现形式包括侗族服饰、石雕手工技艺、侗语等（图 3-3-40）。

图3-3-40 八匡古道

第四节 黎平县四寨村文化空间识别结果与解析

一、黎平县双江乡四寨村概况

1. 村寨概况

图 3-4-1 四寨村正射航拍影像图

黔东南州黎平县双江乡四寨村（以下简称四寨村）又名"侗族摔跤之乡"，是国家级非物质文化遗产"侗族摔跤"民俗类项目的发源地（图3-4-1）。村寨位于黎平县西南部，由四个自然寨组成，距县城63公里，距镇政府所在地2公里，村域面积18.456平方公里，总人口为约1800人，以侗族为主。四寨古称"千三四寨"，据说大约在800年前，四寨村民先祖"公记"和"公力"追随苗兰祖先从"三色古州"（现榕江县车江一带）顺河迁徙而来。寨内民居、鼓楼、花桥、鳞次栉比，构成了一幅具有浓郁侗族文化气息的传统乡土聚落美景。2013年，四寨村被列入第二批中国传统村落名录，2014年，被列入首批中国少数民族特色村寨名录。

2. 村寨选址格局

四寨村的选址呈现"两河交汇，太极之上；曲水穿寨，青山半入"的特点，四寨河穿村而过，四周环绕延绵不断的群山，山上古树成群枝繁叶茂，村内河流的三岔河段自东北和西北往西南方向汇集，蜿蜒流淌而下，形成了较为典型的大"S"形太极水域及辐射范围，该区域也成了村寨中心，将四个自然寨紧密联系。四寨由坪城、寨丢、告宰、摆架四个自然寨组成，其中寨丢、告宰和坪城围绕太极水域相邻布局，摆架独立在北部地段。四寨因村中有4座鼓楼而得名，4座鼓楼与花桥、寨门、戏台、萨坛结合，形成了以鼓楼向心集聚、民居、街巷顺应地形肌理向外辐射，形成蛛网式的网络格局（图3-4-2）。

图 3-4-2 四寨村全景（资料来源：四寨村传统村落档案）

3. 传统建筑

四寨村共有556栋建筑，其中传统建筑共有378栋，占总建筑数量的68%。寨内传统建筑整体风貌较好，民居建筑布局都以四座鼓楼为中心，鼓楼是侗族象征族姓群体的标志性建筑物，是村寨或族人祭祖、仪式、迎宾、娱乐之所，而个组团的民居建筑则分别形成向心聚落的空间格局。寨内分布的侗族传统民居建筑多为干阑式木楼，木柱支托、凿木穿枋、衔接扣合、立架为屋四壁横板、上覆小青瓦、两端或设偏厦。建筑随坡势起伏、因势就势，采用架空、悬挂、叠落、错层等处理手法，通过开间的增减和竖向富有弹性的变化，形成不同的外部建筑形态。建筑底层以饲养或堆放杂物为主，二层是主要生活面层，宽廊、火塘、小卧室构成侗族民居的主要特征。顶层通常为堆放粮食或杂物的阁楼，也有局部设置隔间作卧室[75]（图3-4-3）。

图3-4-3 四寨村传统建筑群（资料来源：《记载乡愁——中国传统村落·贵州省黔东南篇（一）》）

二、四寨村文化表现形式和文化空间单元清单及对应关系

1. 四寨村文化表现形式清单

经技术识别（识别过程略），四寨村的文化表现形式共有15项，其中1项属于世界级人类非物质文化遗产代表作名录，有8项属于国家级非物质文化遗产名录，有4项属于省级非物质文化遗产名录，另有2项属于名录之外（表3-4-1）。

黔东南州黎平县双江乡四寨村文化表现形式清单 表3-4-1

序号	编号	文化表现形式名称	级别等级 / 类别
1	A1	侗族大歌	人类非物质文化遗产代表作 / 传统音乐
2	B1	侗族琵琶歌	第一批国家级非物质文化遗产 / 传统音乐

续表

序号	编号	文化表现形式名称	级别等级／类别
3	B2	侗戏	第一批国家级非物质文化遗产／传统戏剧
4	B3	侗族木构建筑营造技艺	第二批国家级非物质文化遗产／传统技艺
5	B4	侗族萨玛节	第二批国家级非物质文化遗产／民俗
6	B5	侗族刺绣	第三批国家级非物质文化遗产／传统美术
7	B6	月也	第三批国家级非物质文化遗产／民俗
8	B7	侗族服饰	第四批国家级非物质文化遗产／民俗
9	B8	规约习俗（侗族款约）	第四批国家级非物质文化遗产／民俗
10	C1	侗族摔跤	第一批省级非物质文化遗产／传统体育、游艺与杂技
11	C2	蓝靛靛染工艺	第二批省级非物质文化遗产／传统技艺
12	C3	侗族哆耶—踩歌堂	第三批省级非物质文化遗产／传统音乐
13	C4	侗族婚俗	第三批省级非物质文化遗产／民俗
14	D1	侗族斗牛	传统体育、游艺与杂技
15	D2	侗语	语言

2. 四寨村文化空间单元清单

经技术识别，四寨村文化空间有19处，包括1组侗族传统民居文化空间、1处斗牛田坝文化空间、1处戏台文化空间、1处寨门台文化空间、4处鼓楼文化空间、4处萨坛文化空间、3处古井文化空间、2处花桥文化空间、1处摔跤田坝文化空间、1处摔跤广场文化空间（表3-4-2）。其中，侗族传统民居文化空间属于多发性文化空间单元，以传统民居建筑为载体，分布在村内四个自然寨各处。花桥文化空间位于四寨河上。鼓楼、萨坛、古井与传统民居建筑群成组团式分布在四个自然寨内，鼓楼位于自然寨的核心位置，萨坛、古井和传统民居建筑以鼓楼为心分布在周边。摔跤广场、斗牛田坝、戏台公共性较强的文化空间集中分布在四寨河畔的"太极湾"内，是侗寨民族文化高度集中的空间。

黔东南州黎平县四寨村双江乡文化空间单元清单 表 3-4-2

编号	文化空间单元名称	地点
01	侗族传统民居文化空间	坪城寨、寨丢寨、告宰寨、摆架寨各处传统民居建筑内
02	斗牛田坝文化空间	坪城寨与寨丢寨之间，四寨花桥南侧
03	戏台文化空间	坪城寨东北部，四寨河畔
04	寨门文化空间	告宰寨东北部入口处
05	坪城鼓楼文化空间	坪城寨北部
06	寨丢鼓楼文化空间	寨丢寨东南角
07	告宰鼓楼文化空间	高宰寨西北部
08	摆架鼓楼文化空间	摆架寨南部
09	坪城萨坛文化空间	坪城寨北部鼓楼旁
10	寨丢萨坛文化空间	寨丢寨东南部
11	告宰萨坛文化空间	告宰寨中部

续表

编号	文化空间单元名称	地点
12	摆架萨坛文化空间	摆架寨中部
13	寨丢古井文化空间	丢寨寨东南部
14	告宰古井文化空间	告宰寨西南部
15	摆架古井文化空间	摆驾寨东部
16	四寨花桥文化空间	坪城寨与寨丢寨之间，四寨河上
17	摆架花桥文化空间	告宰寨通往摆架寨之间的路上，四寨河上
18	摔跤田坝文化空间	四寨河三岔口
19	摔跤广场文化空间	坪城寨东北部，四寨河畔

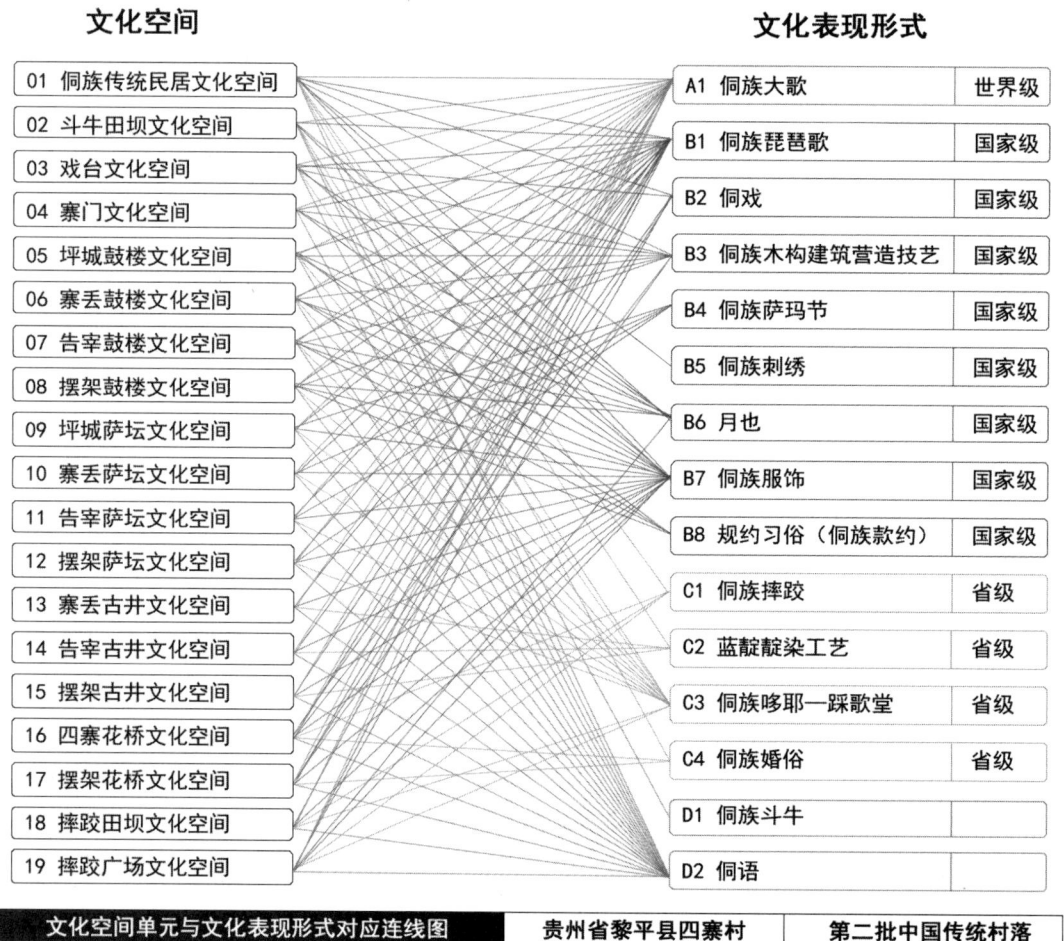

图 3-4-4 四寨村文化空间单元与文化表现形式对应连线图

3. 四寨村文化空间与文化表现形式对应关系识别结果

分析结果表明，四寨村的19处文化空间所承载的非物质文化表现形式包括15种，文化空间和文化表现形式之间的对应关系呈现一对多、多对一和多对多的形式（图3-4-4）。例如，侗族传统民居文化空间所对应的文化表现形式有11项：侗族大歌、侗族琵琶歌、侗戏、侗族木构建筑营造技艺、侗族刺绣、月也、侗族服饰、蓝靛靛染工艺、侗族哆耶—踩歌堂、侗族婚俗、侗语等；寨内摔跤广场文化空间、斗牛田坝文化空间、戏台文化空间、4处鼓楼文化空间、4处萨坛文化空间等多处文化空间单元所对应的文化表现形式都包括侗族哆耶—踩歌堂；寨内4处鼓楼文化空间单元均对应以下8项文化表现形式：侗族大歌、侗族琵琶歌、侗族木构建筑营造技艺、月也、侗族服饰、规约习俗（侗族款约）、侗族哆耶—踩歌堂、侗语。

三、四寨村文化空间单元分布识别结果

经技术识别，四寨村侗寨范围内共有文化空间单元19处，包括侗族传统民居文化空间、斗牛田坝文化空间、戏台文化空间、寨门文化空间、坪城鼓楼文化空间、寨丢鼓楼文化空间、告宰鼓楼文化空间、摆架鼓楼文化空间、坪城萨坛文化空间、寨丢萨坛文化空间、告宰萨坛文化空间、摆架萨坛文化空间、寨丢古井文化空间、告宰古井文化空间、摆架古井文化空间、四寨花桥文化空间、摆架花桥文化空间、摔跤田坝文化空间、摔跤广场文化空间等。其中，侗族传统民居文化空间属于多发单元，分布在全村的传统风貌建筑内。各项文化空间的位置如图3-4-5所示。

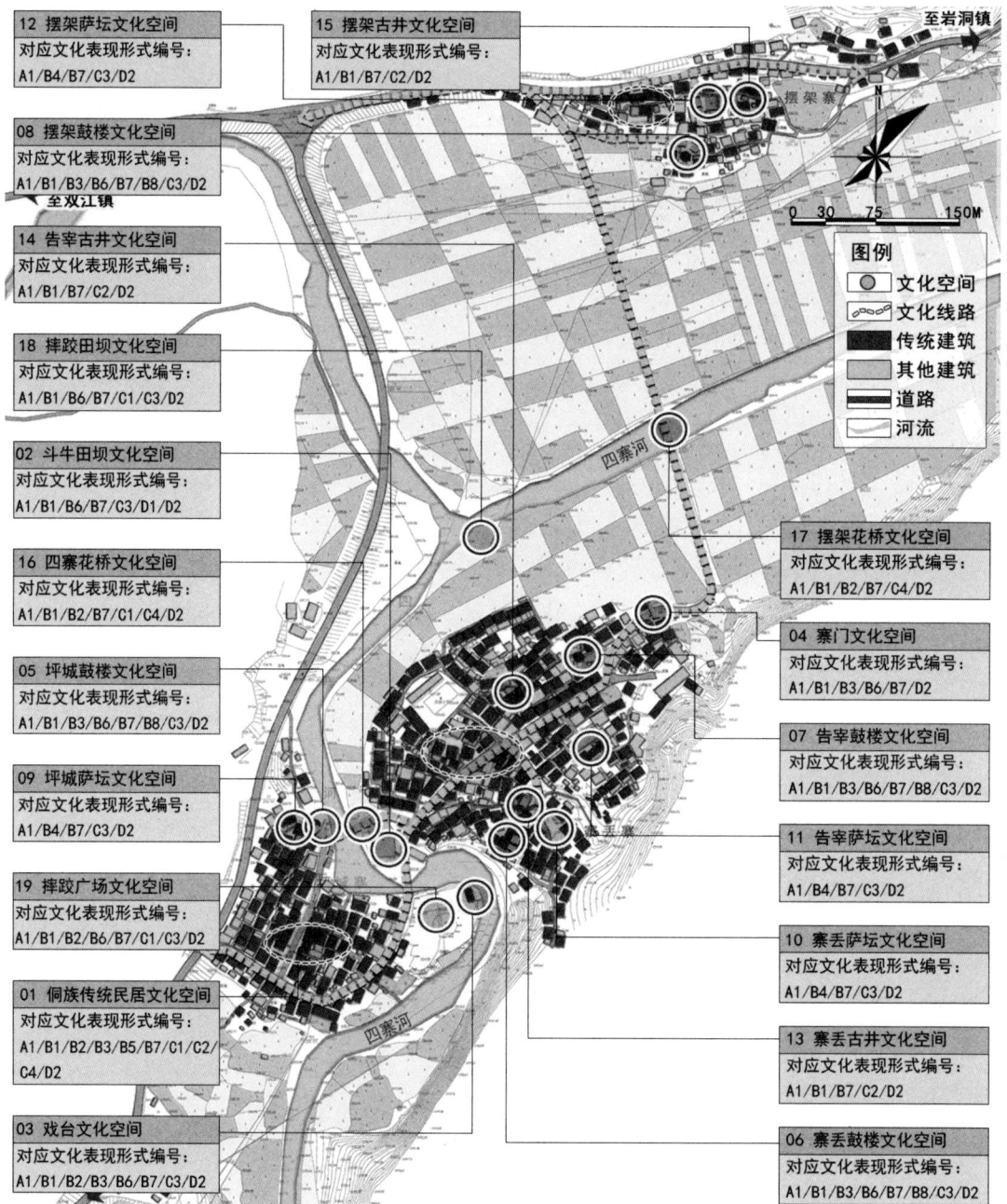

图 3-4-5 四寨村文化空间单元平面分布图

图例

① 侗族传统民居文化空间
② 斗牛田坝文化空间
③ 戏台文化空间
④ 寨门文化空间
⑤ 坪城鼓楼文化空间
⑥ 寨丢鼓楼文化空间
⑦ 告宰鼓楼文化空间
⑧ 摆架鼓楼文化空间
⑨ 坪城萨坛文化空间
⑩ 寨丢萨坛文化空间
⑪ 告宰萨坛文化空间
⑫ 摆架萨坛文化空间
⑬ 寨丢古井文化空间
⑭ 告宰古井文化空间
⑮ 摆架古井文化空间
⑯ 四寨花桥文化空间
⑰ 摆架花桥文化空间
⑱ 摔跤田坝文化空间
⑲ 摔跤广场文化空间

四寨各寨位置示意图

摆架鸟瞰图

坪城、寨丢、告宰鸟瞰图

文化空间单元鸟瞰分布图　　贵州省黎平县四寨村　　第二批中国传统村落

图 3-4-6　四寨村文化空间单元鸟瞰分布图

四、四寨村文化空间单元时空属性甄别结果

四寨村文化空间单元时空属性汇总表 表3-4-3

序号	文化空间单元名称	对应文化表现形式编号	空间属性				时间属性			
			开放/封闭	多发/单点	清楚/模糊	中心/边缘	规律/随机	高频/低频	稳定/变化	现实/记忆
01	侗族传统民居文化空间	A1	封闭	多发	模糊	中心	随机	高频	变化	现实
		B1	封闭	多发	模糊	中心	随机	高频	变化	现实
		B2	封闭	多发	模糊	中心	随机	高频	变化	现实
		B3	开放	多发	清楚	中心	随机	低频	稳定	现实
		B5	封闭	多发	清楚	中心	随机	高频	变化	现实
		B7	开放	多发	模糊	中心	随机	高频	变化	现实
		C1	开放	多发	模糊	中心	随机	高频	稳定	现实
		C2	开放	多发	清楚	中心	随机	高频	变化	现实
		C4	封闭	多发	模糊	中心	随机	低频	变化	现实
		D2	封闭	多发	模糊	中心	随机	高频	稳定	现实
02	斗牛田坝文化空间	A1	开放	单点	模糊	中心	规律	低频	变化	现实
		B1	开放	单点	模糊	中心	规律	低频	变化	现实
		B6	开放	单点	模糊	中心	规律	低频	稳定	现实
		B7	开放	单点	模糊	中心	规律	低频	稳定	现实
		C3	开放	单点	模糊	中心	规律	低频	稳定	现实
		D1	开放	单点	清楚	中心	规律	低频	稳定	现实
		D2	开放	单点	模糊	中心	规律	低频	稳定	现实
03	戏台文化空间	A1	开放	单点	清楚	中心	规律	低频	变化	现实
		B1	开放	单点	清楚	中心	规律	低频	变化	现实
		B2	封闭	单点	清楚	中心	规律	低频	变化	现实
		B3	开放	单点	清楚	中心	随机	低频	稳定	现实
		B6	开放	单点	清楚	中心	规律	低频	稳定	现实
		B7	开放	单点	清楚	中心	规律	低频	稳定	现实
		C3	开放	单点	清楚	中心	规律	低频	稳定	现实
		D2	开放	多发	模糊	中心	随机	高频	稳定	现实
04	寨门文化空间	A1	开放	单点	清楚	边缘	规律	低频	稳定	现实
		B1	开放	单点	清楚	边缘	规律	低频	变化	现实
		B3	开放	单点	清楚	边缘	随机	低频	稳定	现实
		B6	开放	单点	清楚	边缘	规律	低频	稳定	现实
		B7	开放	单点	模糊	边缘	随机	高频	稳定	现实
		D2	开放	多发	模糊	边缘	随机	高频	稳定	现实

续表

序号	文化空间单元名称	对应文化表现形式编号	空间属性				时间属性			
			开放/封闭	多发/单点	清楚/模糊	中心/边缘	规律/随机	高频/低频	稳定/变化	现实/记忆
05	坪城鼓楼文化空间	A1	开放	多发	清楚	中心	随机	高频	变化	现实
		B1	开放	多发	清楚	边缘	随机	高频	变化	现实
		B3	开放	单点	清楚	边缘	随机	低频	稳定	现实
		B6	开放	多发	清楚	中心	规律	低频	稳定	现实
		B7	开放	多发	模糊	中心	随机	高频	稳定	现实
		B8	封闭	单点	模糊	中心	随机	低频	变化	现实
		C3	开放	多发	清楚	中心	规律	低频	稳定	现实
		D2	开放	多发	模糊	中心	随机	高频	稳定	现实
06	寨丢鼓楼文化空间	A1	开放	多发	清楚	中心	随机	高频	变化	现实
		B1	开放	多发	清楚	中心	随机	高频	变化	现实
		B3	开放	单点	清楚	边缘	随机	低频	稳定	现实
		B6	开放	多发	清楚	中心	规律	低频	稳定	现实
		B7	开放	多发	模糊	中心	随机	高频	稳定	现实
		B8	封闭	单点	模糊	中心	随机	低频	变化	现实
		C3	开放	多发	清楚	中心	规律	低频	稳定	现实
		D2	开放	多发	模糊	中心	随机	高频	稳定	现实
07	告宰鼓楼文化空间	A1	开放	多发	清楚	中心	随机	高频	变化	现实
		B1	开放	多发	清楚	中心	随机	高频	变化	现实
		B3	开放	单点	清楚	边缘	随机	低频	稳定	现实
		B6	开放	多发	清楚	中心	规律	低频	稳定	现实
		B7	开放	多发	模糊	中心	随机	高频	稳定	现实
		B8	封闭	单点	模糊	中心	随机	低频	变化	现实
		C3	开放	多发	清楚	中心	规律	低频	稳定	现实
		D2	开放	多发	模糊	中心	随机	高频	稳定	现实
08	摆架鼓楼文化空间	A1	开放	多发	清楚	中心	随机	高频	变化	现实
		B1	开放	多发	清楚	中心	随机	高频	变化	现实
		B3	开放	单点	清楚	边缘	随机	低频	稳定	现实
		B6	开放	多发	清楚	中心	规律	低频	稳定	现实
		B7	开放	多发	模糊	中心	随机	高频	稳定	现实
		B8	封闭	单点	模糊	中心	随机	低频	变化	现实
		C3	开放	多发	清楚	中心	规律	低频	稳定	现实
		D2	开放	多发	模糊	中心	随机	高频	稳定	现实
09	坪城萨坛文化空间	A1	开放	多发	模糊	中心	规律	低频	变化	现实
		B4	开放	多发	模糊	中心	规律	低频	稳定	现实
		B7	开放	多发	模糊	中心	随机	低频	稳定	现实
		C3	开放	多发	模糊	中心	规律	低频	稳定	现实
		D2	开放	多发	模糊	中心	随机	高频	稳定	现实

续表

序号	文化空间单元名称	对应文化表现形式编号	空间属性				时间属性			
			开放/封闭	多发/单点	清楚/模糊	中心/边缘	规律/随机	高频/低频	稳定/变化	现实/记忆
10	寨丢萨坛文化空间	A1	开放	多发	模糊	中心	规律	低频	变化	现实
		B4	开放	多发	模糊	中心	规律	低频	稳定	现实
		B7	开放	多发	模糊	中心	随机	低频	稳定	现实
		C3	开放	多发	模糊	中心	规律	低频	稳定	现实
		D2	开放	多发	模糊	中心	随机	高频	稳定	现实
11	告宰萨坛文化空间	A1	开放	多发	模糊	中心	规律	低频	变化	现实
		B4	开放	多发	模糊	中心	规律	低频	稳定	现实
		B7	开放	多发	模糊	中心	随机	低频	稳定	现实
		C3	开放	多发	模糊	中心	规律	低频	稳定	现实
		D2	开放	多发	模糊	中心	随机	高频	稳定	现实
12	摆架萨坛文化空间	A1	开放	多发	模糊	中心	规律	低频	变化	现实
		B4	开放	多发	模糊	中心	规律	低频	稳定	现实
		B7	开放	多发	模糊	中心	随机	低频	稳定	现实
		C3	开放	多发	模糊	中心	规律	低频	稳定	现实
		D2	开放	多发	模糊	中心	随机	高频	稳定	现实
13	寨丢古井文化空间	A1	开放	多发	模糊	边缘	随机	高频	变化	记忆
		B1	开放	多发	模糊	边缘	随机	高频	变化	记忆
		B7	开放	多发	模糊	边缘	随机	高频	变化	现实
		C2	开放	多发	模糊	边缘	随机	高频	变化	记忆
		D2	开放	多发	模糊	边缘	随机	高频	稳定	现实
14	告宰古井文化空间	A1	开放	多发	模糊	中心	随机	高频	变化	记忆
		B1	开放	多发	模糊	中心	随机	高频	变化	记忆
		B7	开放	多发	模糊	中心	随机	高频	变化	现实
		C2	开放	多发	模糊	中心	随机	高频	变化	现实
		D2	开放	多发	模糊	中心	随机	高频	稳定	现实
15	摆架古井文化空间	A1	开放	多发	模糊	中心	随机	高频	变化	记忆
		B1	开放	多发	模糊	中心	随机	高频	变化	记忆
		B7	开放	多发	模糊	中心	随机	高频	变化	现实
		C2	开放	多发	模糊	中心	随机	高频	变化	现实
		D2	开放	多发	模糊	中心	随机	高频	稳定	现实
16	四寨花桥文化空间	A1	开放	多发	模糊	中心	随机	高频	变化	现实
		B1	开放	多发	清楚	中心	随机	高频	变化	现实
		B2	开放	多发	清楚	中心	随机	低频	变化	记忆
		B7	开放	多发	清楚	边缘	随机	高频	变化	现实
		C1	开放	单点	清楚	中心	随机	高频	稳定	现实
		C4	封闭	多发	清楚	边缘	随机	高频	变化	记忆
		D2	开放	多发	模糊	中心	随机	高频	稳定	现实

续表

序号	文化空间单元名称	对应文化表现形式编号	空间属性				时间属性			
			开放/封闭	多发/单点	清楚/模糊	中心/边缘	规律/随机	高频/低频	稳定/变化	现实/记忆
17	摆架花桥文化空间	A1	开放	多发	模糊	边缘	随机	高频	变化	现实
		B1	开放	多发	清楚	边缘	随机	低频	变化	现实
		B2	开放	多发	清楚	边缘	随机	低频	变化	记忆
		B7	开放	多发	清楚	边缘	随机	高频	变化	现实
		C4	封闭	多发	清楚	边缘	随机	高频	变化	记忆
		D2	开放	多发	模糊	边缘	随机	高频	稳定	现实
18	摔跤田坝文化空间	A1	开放	单点	模糊	中心	规律	低频	变化	记忆
		B1	开放	单点	模糊	中心	规律	低频	变化	记忆
		B6	开放	单点	模糊	中心	规律	低频	变化	记忆
		B7	开放	单点	模糊	中心	规律	高频	变化	记忆
		C1	开放	单点	模糊	中心	规律	低频	变化	记忆
		C3	开放	单点	模糊	中心	规律	低频	变化	记忆
		D2	开放	单点	模糊	边缘	随机	高频	变化	记忆
19	摔跤广场文化空间	A1	开放	单点	清楚	中心	规律	低频	变化	现实
		B1	开放	单点	清楚	中心	规律	低频	变化	现实
		B2	封闭	单点	清楚	中心	规律	低频	变化	现实
		B6	开放	单点	清楚	中心	规律	低频	稳定	现实
		B7	开放	单点	清楚	边缘	规律	低频	稳定	现实
		C1	开放	单点	清楚	中心	规律	低频	稳定	现实
		C3	开放	单点	清楚	中心	规律	低频	稳定	现实
		D2	开放	单点	清楚	边缘	随机	高频	稳定	现实

注：文化表现编号对应的文化表现形式名称详见表3-4-1。

四寨村文化空间单元时空特性分析表 表3-4-4

| 序号 | 文化空间单元名称 | 对应文化表现形式编号 | 地段性特征 | | | | | 平均值 | 文化空间特性（地段性—3-4、时段性—0-2） |
			开放（1）/封闭（0）	多发（1）/单点（0）	清楚（1）/模糊（0）	中心（1）/边缘（0）	分项值		
01	侗族传统民居文化空间	A1	0	1	0	1	2	3	地段性
		B1	0	1	0	1	2		
		B2	0	1	0	1	2		
		B3	1	1	1	1	4		
		B5	0	1	1	1	3		
		B7	1	1	0	1	3		
		C1	1	1	0	1	3		
		C2	1	1	1	1	4		
		C4	0	1	0	1	2		
		D2	0	1	0	1	2		
02	斗牛田坝文化空间	A1	1	0	0	1	2	2	时段性
		B1	1	0	0	1	2		
		B6	1	0	0	1	2		
		B7	1	0	0	1	2		
		C3	1	0	0	1	2		
		D1	1	0	1	1	3		
		D2	1	0	0	1	2		
03	戏台文化空间	A1	1	0	1	1	3	3	地段性
		B1	1	0	1	1	3		
		B2	0	0	1	1	2		
		B3	1	0	1	1	3		
		B6	1	0	1	1	3		
		B7	1	0	1	1	3		
		C3	1	0	1	1	3		
		D2	1	1	0	1	3		
04	寨门文化空间	A1	1	0	1	0	2	2	时段性
		B1	1	0	1	0	2		
		B3	1	0	1	0	2		
		B6	1	0	1	0	2		
		B7	1	0	0	0	1		
		D2	1	1	0	0	2		

续表

序号	文化空间单元名称	对应文化表现形式编号	地段性特征					平均值	文化空间特性（地段性——3-4、时段性——0-2）
			开放（1）/封闭（0）	多发（1）/单点（0）	清楚（1）/模糊（0）	中心（1）/边缘（0）	分项值		
05	坪城鼓楼文化空间	A1	1	1	1	1	4	3	地段性
		B1	1	1	1	0	3		
		B3	1	0	1	0	2		
		B6	1	1	1	1	4		
		B7	1	1	0	1	3		
		B8	0	0	0	1	1		
		C3	1	1	1	1	4		
		D2	1	1	0	1	3		
06	寨丢鼓楼文化空间	A1	1	1	1	1	4	3	地段性
		B1	1	1	1	1	4		
		B3	1	0	1	0	2		
		B6	1	1	1	1	4		
		B7	1	1	0	1	3		
		B8	0	0	0	1	1		
		C3	1	1	1	1	4		
		D2	1	1	0	1	3		
07	告宰鼓楼文化空间	A1	1	1	1	1	4	3	地段性
		B1	1	1	1	1	4		
		B3	1	0	1	0	2		
		B6	1	1	1	1	4		
		B7	1	1	0	1	3		
		B8	0	0	0	1	1		
		C3	1	1	1	1	4		
		D2	1	1	0	1	3		
08	摆架鼓楼文化空间	A1	1	1	1	1	4	3	地段性
		B1	1	1	1	1	4		
		B3	1	0	1	0	2		
		B6	1	1	1	1	4		
		B7	1	1	0	1	3		
		B8	0	0	0	1	1		
		C3	1	1	1	1	4		
		D2	1	1	0	1	3		
09	坪城萨坛文化空间	A1	1	1	0	1	3	3	地段性
		B4	1	1	0	1	3		
		B7	1	1	0	1	3		
		C3	1	1	0	1	3		
		D2	1	1	0	1	3		

续表

| 序号 | 文化空间单元名称 | 对应文化表现形式编号 | 地段性特征 | | | | | 平均值 | 文化空间特性（地段性—3-4、时段性—0-2） |
			开放（1）/封闭（0）	多发（1）/单点（0）	清楚（1）/模糊（0）	中心（1）/边缘（0）	分项值		
10	寨丢萨坛文化空间	A1	1	1	0	1	3	3	地段性
		B4	1	1	0	1	3		
		B7	1	1	0	1	3		
		C3	1	1	0	1	3		
		D2	1	1	0	1	3		
11	告宰萨坛文化空间	A1	1	1	0	1	3	3	地段性
		B4	1	1	0	1	3		
		B7	1	1	0	1	3		
		C3	1	1	0	1	3		
		D2	1	1	0	1	3		
12	摆架萨坛文化空间	A1	1	1	0	1	3	3	地段性
		B4	1	1	0	1	3		
		B7	1	1	0	1	3		
		C3	1	1	0	1	3		
		D2	1	1	0	1	3		
13	寨丢古井文化空间	A1	1	1	0	0	2	2	时段性
		B1	1	1	0	0	2		
		B7	1	1	0	0	2		
		C2	1	1	0	0	2		
		D2	1	1	0	0	2		
14	告宰古井文化空间	A1	1	1	0	1	3	3	地段性
		B1	1	1	0	1	3		
		B7	1	1	0	1	3		
		C2	1	1	0	1	3		
		D2	1	1	0	1	3		
15	摆架古井文化空间	A1	1	1	0	1	3	3	地段性
		B1	1	1	0	1	3		
		B7	1	1	0	1	3		
		C2	1	1	0	1	3		
		D2	1	1	0	1	3		
16	四寨花桥文化空间	A1	1	1	0	1	3	3	地段性
		B1	1	1	1	1	4		
		B2	1	1	1	1	4		
		B7	1	1	1	0	3		
		C1	1	0	1	1	3		
		C4	0	1	1	0	2		
		D2	1	1	0	1	3		

续表

| 序号 | 文化空间单元名称 | 对应文化表现形式编号 | 地段性特征 | | | | | 平均值 | 文化空间特性（地段性—3-4、时段性—0-2） |
			开放（1）/封闭（0）	多发（1）/单点（0）	清楚（1）/模糊（0）	中心（1）/边缘（0）	分项值		
17	摆架花桥文化空间	A1	1	1	0	0	2	3	地段性
		B1	1	1	1	0	3		
		B2	1	1	1	0	3		
		B7	1	1	1	0	3		
		C4	0	1	1	0	2		
		D2	1	1	0	0	2		
18	摔跤田坝文化空间	A1	1	0	0	1	2	2	时段性
		B1	1	0	0	1	2		
		B6	1	0	0	1	2		
		B7	1	0	0	1	2		
		C1	1	0	0	1	2		
		C3	1	0	0	1	2		
		D2	1	0	0	0	1		
19	摔跤广场文化空间	A1	1	0	1	1	3	3	地段性
		B1	1	0	1	1	3		
		B2	0	0	1	1	2		
		B6	1	0	1	1	3		
		B7	1	0	1	0	2		
		C1	1	0	1	1	3		
		C3	1	0	1	1	3		
		D2	1	0	1	0	2		

注：文化表现编号对应的文化表现形式名称详见表3-4-1。

四寨村文化空间单元活力指数分析表　表3-4-5

| 序号 | 文化空间单元名称 | 对应文化表现形式编号 | 时段性特征 | | | | | 综合活力指数 |
			规律（1）/随机（0）	高频（1）/低频（0）	稳定（1）/变化（0）	现实（1）/记忆（0）	分项值	
01	侗族传统民居文化空间	A1	0	1	0	1	2	21
		B1	0	1	0	1	2	
		B2	0	1	0	1	2	
		B3	0	0	1	1	2	
		B5	0	1	0	1	2	
		B7	0	1	0	1	2	
		C1	0	1	1	1	3	
		C2	0	1	0	1	2	
		C4	0	0	0	1	1	
		D2	0	1	1	1	3	

续表

序号	文化空间单元名称	对应文化表现形式编号	时段性特征					综合活力指数
			规律（1）/随机（0）	高频（1）/低频（0）	稳定（1）/变化（0）	现实（1）/记忆（0）	分项值	
02	斗牛田坝文化空间	A1	1	0	0	1	2	19
		B1	1	0	0	1	2	
		B6	1	0	1	1	3	
		B7	1	0	1	1	3	
		C3	1	0	1	1	3	
		D1	1	0	1	1	3	
		D2	1	0	1	1	3	
03	戏台文化空间	A1	1	0	0	1	2	20
		B1	1	0	0	1	2	
		B2	1	0	0	1	2	
		B3	0	0	1	1	2	
		B6	1	0	1	1	3	
		B7	1	0	1	1	3	
		C3	1	0	1	1	3	
		D2	0	1	1	1	3	
04	寨门文化空间	A1	1	0	1	1	3	16
		B1	1	0	0	1	2	
		B3	0	0	1	1	2	
		B6	1	0	1	1	3	
		B7	0	1	1	1	3	
		D2	0	1	1	1	3	
05	坪城鼓楼文化空间	A1	0	1	0	1	2	19
		B1	0	1	0	1	2	
		B3	0	0	0	1	2	
		B6	1	0	1	1	3	
		B7	0	1	1	1	3	
		B8	0	0	0	1	1	
		C3	1	0	1	1	3	
		D2	0	1	1	1	3	
06	寨丢鼓楼文化空间	A1	0	1	0	1	2	19
		B1	0	1	0	1	2	
		B3	0	0	1	1	2	
		B6	1	0	1	1	3	
		B7	0	1	1	1	3	
		B8	0	0	0	1	1	
		C3	1	0	1	1	3	
		D2	0	1	1	1	3	

续表

序号	文化空间单元名称	对应文化表现形式编号	时段性特征					综合活力指数
			规律（1）/随机（0）	高频（1）/低频（0）	稳定（1）/变化（0）	现实（1）/记忆（0）	分项值	
07	告宰鼓楼文化空间	A1	0	1	0	1	2	19
		B1	0	1	0	1	2	
		B3	0	0	1	1	2	
		B6	1	0	1	1	3	
		B7	0	1	1	1	3	
		B8	0	0	0	1	1	
		C3	1	0	1	1	3	
		D2	0	1	1	1	3	
08	摆架鼓楼文化空间	A1	0	1	0	1	2	19
		B1	0	1	0	1	2	
		B3	0	0	1	1	2	
		B6	1	0	1	1	3	
		B7	0	1	1	1	3	
		B8	0	0	0	1	1	
		C3	1	0	1	1	3	
		D2	0	1	1	1	3	
09	坪城萨坛文化空间	A1	1	0	0	1	2	13
		B4	1	0	1	1	3	
		B7	0	0	1	1	2	
		C3	1	0	1	1	3	
		D2	0	1	1	1	3	
10	寨丢萨坛文化空间	A1	1	0	0	1	2	13
		B4	1	0	1	1	3	
		B7	0	0	1	1	2	
		C3	1	0	1	1	3	
		D2	0	1	1	1	3	
11	告宰萨坛文化空间	A1	1	0	0	1	2	13
		B4	1	0	1	1	3	
		B7	0	0	1	1	2	
		C3	1	0	1	1	3	
		D2	0	1	1	1	3	
12	摆架萨坛文化空间	A1	1	0	0	1	2	13
		B4	1	0	1	1	3	
		B7	0	0	1	1	2	
		C3	1	0	1	1	3	
		D2	0	1	1	1	3	

续表

序号	文化空间单元名称	对应文化表现形式编号	时段性特征					综合活力指数
			规律（1）/随机（0）	高频（1）/低频（0）	稳定（1）/变化（0）	现实（1）/记忆（0）	分项值	
13	寨丢古井文化空间	A1	0	1	0	0	1	8
		B1	0	1	0	0	1	
		B7	0	1	0	1	2	
		C2	0	1	0	0	1	
		D2	0	1	1	1	3	
14	告宰古井文化空间	A1	0	1	0	0	1	9
		B1	0	1	0	0	1	
		B7	0	1	0	1	2	
		C2	0	1	0	1	2	
		D2	0	1	1	1	3	
15	摆架古井文化空间	A1	0	1	0	0	1	9
		B1	0	1	0	0	1	
		B7	0	1	0	1	2	
		C2	0	1	0	1	2	
		D2	0	1	1	1	3	
16	四寨花桥文化空间	A1	0	1	0	1	2	13
		B1	0	1	0	1	2	
		B2	0	0	0	0	0	
		B7	0	1	0	1	2	
		C1	0	1	1	1	3	
		C4	0	1	0	0	1	
		D2	0	1	1	1	3	
17	摆架花桥文化空间	A1	0	1	0	1	2	9
		B1	0	0	0	1	1	
		B2	0	0	0	0	0	
		B7	0	1	0	1	2	
		C4	0	1	0	0	1	
		D2	0	1	1	1	3	
18	摔跤田坝文化空间	A1	1	0	0	0	1	8
		B1	1	0	0	0	1	
		B6	1	0	0	0	1	
		B7	1	1	0	0	2	
		C1	1	0	0	0	1	
		C3	1	0	0	0	1	
		D2	0	1	0	0	1	

续表

序号	文化空间单元名称	对应文化表现形式编号	时段性特征					综合活力指数
			规律（1）/随机（0）	高频（1）/低频（0）	稳定（1）/变化（0）	现实（1）/记忆（0）	分项值	
19	摔跤广场文化空间	A1	1	0	0	1	2	21
		B1	1	0	0	1	2	
		B2	1	0	0	1	2	
		B6	1	0	1	1	3	
		B7	1	0	1	1	3	
		C1	1	0	1	1	3	
		C3	1	0	1	1	3	
		D2	0	1	1	1	3	

注：文化表现编号对应的文化表现形式名称详见表3-4-1。

　　分析（表3-4-3～表3-4-5）结果表明，四寨村的19处文化空间单元的时空特性分布倾向地段性，有79%（15处）文化空间单元是地段性文化空间，有21%（4处）是时段性文化空间，属于地段性文化空间单元的数量是时段性文化空间单元数的3.75倍（图3-4-7）。地段性文化空间包括侗族传统民居文化空间、戏台文化空间、分布在四个自然寨内部的4处鼓楼文化空间（坪城鼓楼、寨丢鼓楼、告宰鼓楼、摆架鼓楼）、4处萨坛文化空间（坪城萨坛、寨丢萨坛、告宰萨坛、摆架萨坛）、告宰古井文化空间、摆架古井文化空间、四寨花桥文化空间、摆架花桥文化空间、摔跤广场文化空间。整体来看，地段性文化空间具有以各自组团为心、同类均衡、异类集中的空间分布特点。时段性文化空间包括斗牛田坝文化空间、寨门文化空间、寨丢古井文化空间、摔跤田坝文化空间，这些文化空间分布位置相对偏远，其中，摔跤田坝文化空间、斗牛田坝文化空间、寨门文化空间这些文化空间会在特点时间内高度集中地展现多项文化表现形式（如摔跤、斗牛、踩歌堂等）。

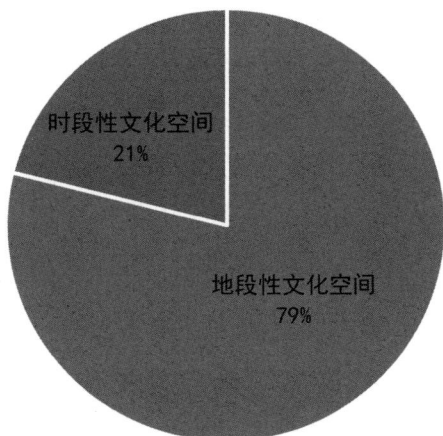

| 文化空间单元时空特性分布图 | 贵州省黎平县四寨村 | 第二批中国传统村落 |

图3-4-7 四寨村文化空间单元时空特性分布图

　　分析结果还表明，19处文化空间单元的活力指数总体处于较活跃状态，除侗族传统民居文化空间外，各类空间单元组团集中的、具有向心型的文化空间单元活力指数越高，如戏台、摔跤广场这组团式集中的文化空间单元活力指数远远高于其他文化空间的活力指数，摔跤广场文化空间的活力指数是活力指数最低的寨丢文化空间的4.4倍，而各寨的标志性向心空间鼓楼文化空间单元的活力指数也明显偏高（图3-4-8）。

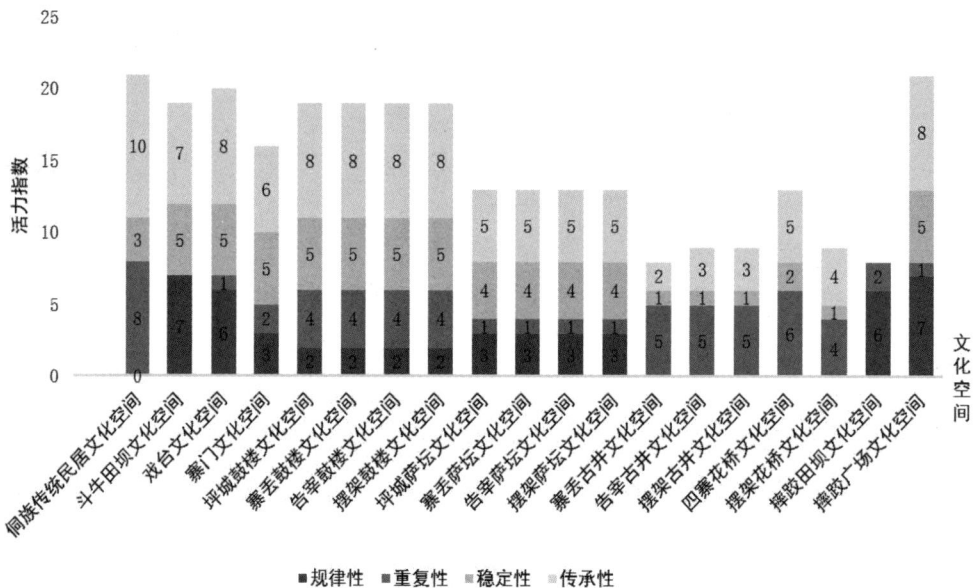

| 文化空间单元活力指数分布图 | 贵州省黎平县四寨村 | 第二批中国传统村落 |

图 3-4-8　四寨村文化空间单元活力指数分布图

五、四寨村文化空间单元解析说明

1. 侗族传统民居文化空间

　　四寨村传统侗族干阑民居巧妙地与地势相结合，手法独具匠心，平面空间多样，建筑用柱子把建筑托起，使其下部架空，"人处其上，畜产居下"。随着人们对住宅空间和面积领域要求的扩展，大部分民居已从简单的两层发展为三层或四层。从一开间发展为两开间、三开间或更多开间，乃至于长屋。侗族传统民居文化空间对应的文化表现形式多达10项，包括侗族大歌、侗族琵琶歌、侗戏、侗族木构建筑营造技艺、侗族刺绣、侗族服饰、侗族摔跤、蓝靛靛染工艺、侗族婚俗、侗语等（图3-4-9～图3-4-11）。

图 3-4-9 四寨村的典型侗族传统民居之一

图 3-4-10 四寨村的典型侗族传统民居之二

图 3-4-11 四寨村传统民居房前侗民吹奏芦笙景象

2. 斗牛田坝文化空间

斗牛田坝文化空间位于坪城寨与寨丢寨之间的四寨河畔，是四寨花桥南侧的一处水塘，因此又叫"斗牛塘"。在黎平县许多传统节日集会中，"斗牛"这项活动最为侗族人民喜爱。全县许多乡都有斗牛活动，规模最大的是双江乡四寨村的斗牛。斗牛的日期，有名顺口溜："侗家斗牛日子怪，春冬两季要逢亥，二月十五在坑洞，三月十五在四寨。"大型的斗牛活动，都在传统的"斗牛塘"（即斗牛场）里举行。斗牛前，还要举行盛大的"踩堂"仪式。"牛王"停歇的地方，周围插着许多竹制彩旗，竹竿上挂满五色鸡毛；竹旗之间用绳子连接，严禁外人进入。待各寨牛王进场后，就举行邀约斗牛仪式。斗牛田坝对应的文化表现形式有7项，包括侗族大歌、侗族琵琶歌、月也、侗族服饰、侗族哆耶—踩歌堂、侗族斗牛、侗语等（图3-4-12、图3-4-13）。

图 3-4-12 三月十五斗牛场景
（资料来源：四寨村传统村落档案）

图 3-4-13 斗牛场发生的踩歌堂
（资料来源：四寨村传统村落档案）

3. 戏台文化空间

戏台文化空间位于坪城寨东北侧的四寨河畔，与摔跤广场一起形成四寨侗寨重要的公共活动空间，构成了村里的公共活动空间，体现了摔跤之乡的特点。戏台是侗族人表演侗戏、唱侗歌、吹芦笙等的场所。戏台文化空间对应的文化表现形式包括侗族大歌、侗族琵琶歌、侗戏、月也等8项（图3-4-14、图3-4-15）。

图 3-4-14 四寨村的戏台

图 3-4-15 四寨村戏台排演活动
（资料来源：四寨村传统村落档案）

4. 寨门文化空间

寨门位于寨内中部偏东北侗寨主要出入口处，作为侗寨的门户，是侗寨中与鼓楼、花桥并列的建筑三宝之一。寨门在侗族人民的心目中被当作"寨门神"，对内可以防"污垢"、防灾，对外可以防鬼邪。寨门文化空间对应的文化表现形式包括侗族大歌、侗族琵琶歌、侗族木构建筑营造技艺、月也、侗族服饰、侗语等6项。侗族在此举行"拦路迎宾"、"扫寨"等仪式，"摔跤节"等民俗活动也是从此开始展开的。寨门旁古树参天，景色优美，也

图 3-4-16 四寨村寨门

是四寨老人门休闲纳凉、年轻人行歌坐月的好地方（图3-4-16）。

5. 鼓楼文化空间

寨内4座鼓楼（坪城鼓楼、寨丢鼓楼、告宰鼓楼、摆架鼓楼）文化空间分别位于4个自然寨内，鼓楼是聚落社会极其重要生活公共空间，既是订立寨规、仲裁议事的处理公共事务的中心，也是各种节日庆典活动的终点和起点，也是村民休闲娱乐的中心，其主要的社

图3-4-17 坪城鼓楼外景

图3-4-18 寨丢鼓楼外景

图3-4-19 坪城鼓楼内景

图3-4-20 寨丢鼓楼内景

会功能包括集众议事、击鼓报信、迎宾送客、踩堂祭祖、休息娱乐、"讲款"等。

其中，坪城鼓楼为穿斗式十三层檐双层八角攒尖顶楼冠，屋檐翘角处有小兽装饰，楼底半围栏，地面卵石满铺；寨丢鼓楼为穿斗式十一层檐双层八角角攒尖顶楼冠，最下面的两层檐为四角，其余为八角，楼底四边形半护栏围合，开两楼空花格门；告宰鼓楼和摆架鼓楼为穿斗式十三层檐双层六角攒尖顶楼冠，楼底半护栏围合中央火坑，三面开镂空花格门，楼前水景影照。鼓楼高大、精美的外形对于锚固村落整体景观的意义重大。鼓楼文化空间对应的文化表现形式多达8种，如侗族大歌、侗族琵琶歌、侗族木构建筑营造技艺、月也、侗族服饰、规约习俗（侗族款约）、侗族哆耶—踩歌堂、侗语等（图3-4-17～图3-4-22）。

图 3-4-21 告宰鼓楼外景

图 3-4-22 摆架鼓楼外景

6. 萨坛文化空间

四寨村内分布有4处萨坛文化空间（坪城萨坛、寨丢萨坛、告宰萨坛、摆架萨坛）分别位于4个自然寨内。其中，坪城萨坛位于坪城寨东北部坪城鼓楼旁，穿斗木结构建筑，青瓦悬山双坡顶，矩形平面；寨丢萨坛位于寨丢东部，卵石土墙结构，青瓦悬山双坡顶，长方形平面；告宰萨坛位于告宰寨东部，穿斗木结构建筑，青瓦悬山双坡顶，矩形平面；摆架萨坛位于摆架鼓楼西侧，是由四根石柱子支撑的青石桌外观。萨坛也称为"堂萨"、"然萨"，亦叫"祖母祠"，是用于供奉和祭祀萨岁的地方。每逢侗族萨玛节、摔跤节等重要活动时人们都要举行祭祀仪式，跳起芦笙舞，唱起赞颂萨岁的踩堂歌。萨坛文化空间对应的文化表现形式包括：侗族大歌、侗族萨玛节、侗族服饰、侗族哆耶—踩歌堂、侗语等5项（图3-4-23~图3-4-26）。

图 3-4-23 坪城萨坛

图 3-4-24 告宰萨坛

图 3-4-25 寨丢萨坛

图 3-4-26 摆架萨坛

7. 古井文化空间

寨内分布有3处古井文化空间，包括寨丢古井、告宰古井和摆架古井文化空间，古井是村民传统用水地点，是体现侗族日常生活场景的地方（图3-4-27、图3-4-28）。其中，寨丢古井文化空间位于寨丢寨东北部，古井是矩形窨口井；告宰古井文化空间位于告宰寨中西部，古井是青石镶嵌的弓形窨口井；摆架古井文化空间位于告宰寨中西部，古井是青石镶嵌的矩形窨口井。古井文化空间对应的文化表现形式包括侗族大歌、侗族琵琶歌、侗族服饰、蓝靛靛染工艺、侗语5项。人们日常身穿侗族传统服饰，在井边唱着侗歌浣衣洗菜、靛染和漂洗侗布，用侗语闲话家常。

图 3-4-27 寨丢古井

图 3-4-28 告宰古井

8. 花桥文化空间

寨内有2处花桥文化空间，包括四寨花桥文化空间和摆架花桥文化空间。四寨花桥位于四寨河太极水河段，花桥两头分别有一棵古榕树；摆架花桥将摆架与其他三寨连成一个整体，位于告宰至摆架之间，横跨在四寨河上。两座花桥均为廊桥制式，青石桥墩，桥体为穿斗木结构。该花桥为廊桥制式，青石桥墩，廊顶有桥楼三座，屋顶泥塑双龙抢宝，桥楼翼角塑有各种珍禽异兽，内部绘有各种侗族风情及山水、花木和动物彩画；廊桥内侧设有连通桥凳。花桥文化空间对应的文化表现形式包括侗族大歌、侗族琵琶歌、侗戏、侗族服饰、侗族摔跤、侗族婚俗、侗语，共7项。侗族生活素有"饭养生、歌养心"的说法，人们日常休闲、迎宾待客时，在花桥上唱一段侗族大歌、弹一曲琵琶歌、吹一段芦笙曲，又或者约上三五同伴在桥头切磋摔跤（图3-4-29～图3-4-32）。

图 3-4-30 四寨花桥内景

图 3-4-29 四寨花桥外景（资料来源：《记载乡愁——中国传统村落·贵州省黔东南篇（一）》）

图 3-4-31 四寨花桥桥头摔跤活动（资料来源：《记载乡愁——中国传统村落·贵州省黔东南篇（一）》）

图 3-4-32 摆架花桥

9. 摔跤田坝文化空间

摔跤田坝文化空间位于告宰寨、寨丢寨西侧的四寨河三岔口的河滩和田坝内，是四寨传统的摔跤活动场地。每年三月举行摔跤活动之前，人们在河边较宽敞的河滩处举行踩歌堂、唱侗歌、吹芦笙舞等开幕仪式，之后在河边的田坝内举行摔跤比赛。随着摔跤广场的修建，摔跤田坝文化空间因为场地不够宽敞、受时节限制明显等，大量活动迁移至摔跤广场举行，摔跤田坝的传统功能正在被替代，但是其作为摔跤文化发源地的重要节点，其历史意义不可忽视（图3-4-33～图3-4-36）。

图3-4-33 摔跤田坝
（资料来源：四寨村传统村落档案）

图3-4-34 摔跤田坝上的侗族大歌场景
（资料来源：四寨村传统村落档案）

图3-4-35 摔跤田坝上的踩歌堂场景
（资料来源：四寨村传统村落档案）

图3-4-36 摔跤田坝上的摔跤节场景
（资料来源：四寨村传统村落档案）

10. 摔跤广场文化空间

摔跤广场位于坪城寨东北侧的四寨河畔，摔跤广场是2014年新建的公共活动场地，是原四寨村河边摔跤田坝文化空间位置迁移之形成的文化空间。在未建设摔跤广场之前，四寨村的每年重要的摔跤活动就在寨旁四寨河三岔口河岸较宽敞的田坝内举行。摔跤广场的建设将原摔跤活动所依托的文化空间迁移至此，并将戏台集中与摔跤场地进行集中布置，使摔跤广场文化空间成为四寨侗寨内向心力最强、文化空间活力指数最高、所发生的文化表现形式最多的重要文化空间，包括侗族大歌、侗族琵琶歌、侗戏、月也、侗族服饰、侗族摔跤、侗族哆耶—踩歌堂、侗语等在内的8项文化表现形式与之相对应。四寨村是侗族传统摔跤的发源地，每年农历三月十五日，四寨都隆重举行盛大的侗族传统摔跤节。届时，祭祀活动、踩歌堂、侗族大歌、摔跤比赛等活动在四寨举行，摔跤广场是这一序列活动的重要节点（图3-4-37）。

图3-4-37 摔跤广场的摔跤活动场景（资料来源：《记载乡愁——中国传统村落·贵州省黔东南篇（一）》）

第五节 务川县黄都镇沈家坝文化空间识别结果与解析

一、务川仡佬族苗族自治县黄都镇沈家坝概况

1. 村寨概况

图3-5-1 沈家坝正摄投影航拍图

遵义市务川仡佬族苗族自治县黄都镇沈家坝（以下简称沈家坝）始建于明代，是一个具有400多年历史的仡佬族村寨，位于贵州省遵义市务川仡佬族苗族自治县黄都镇西南角，东与云丰村、黄都村毗邻，南与凤冈县相邻，西与高洞村接壤，北与大竹交界，距离务川县城60公里。寨内居民共53户，240人，均为仡佬族，为当地陈姓所建。沈家坝以"官家厅"民居为中心的古建筑群为风貌特色，以仡佬族婚俗、仡佬族吃新节等为活动特色，以黔北民居建筑木雕技艺、黔北仡佬族民族服饰制作技艺、麻饼制作技艺、酥食制作技艺等为技艺特色，是一个具有黔北地区典型仡佬族文化特征的传统农耕型中国传统村落。2016年，沈家坝被列入第四批中国传统村落名录，2017年，沈家坝被列入第二批中国少数民族特色村寨名录（图3-5-1）。

2. 村寨选址格局

沈家坝具有"深山幽谷，豪门家族绕天池而居；阡陌河畔，明清古村退良田以筑"的选址特点和传统农耕生态景观格局。村落紧靠一片带状的阡陌稻田，百禾小河自西蜿蜒而来，纸厂沟河从东顺山而下，二河宛如玉带，环绕于寨前汇而为一。明末清初便在此定居的陈氏族人，退开寨前适宜耕种的平坦区域，将民居建在旁边的小山上（图3-5-2）。

图3-5-2 沈家坝倾斜航拍图

3. 传统建筑

沈家坝是黔北仡佬族聚居村落的典型代表，寨内传统建筑布局巧妙、雕刻精美，其中，"沈家坝古建筑群"于2015年11月被评为遵义市第二批市级文物保护单位。传统建筑依山就势而建，多呈合院式布局，自上而下的布局与家族老幼尊卑关系紧密相连。寨内至今保留有传统建筑41栋，占村落建筑总数的45%，包括大量仡佬族传统民居、1座文启阁、1座宝龙阁、1座回龙寺和陈氏宗祠（图3-5-3）。

仡佬族传统民居一般由堂屋、厢房、院坝、石垣墙、朝门等组成，平面布局形式多为一正两厢或一正一厢平面布局形式，正房四列三间，厢房为一层或二层吊脚楼。正房为两层木建筑，明间外设退堂，大门上多悬挂匾额，题写吉文颂语，中间堂屋是会客、祭祖等的重要公共空间，两侧次间为日常起居空间。堂屋、厢房是遵循儒家礼制文化建造的家庭内围空间，院坝、石垣墙、朝门体现则是仡佬族人因地制宜设置的公共空间。

文启阁位于寨东南，是楼阁式与民居式相结合的复式建筑，阁楼装板以石灰粉饰、彩绘，有浮雕、浅浮雕、双面透雕等，雕工细腻、漆色丰润，图案栩栩如生。整栋建筑与其后的一棵古楠木相映成趣。宝龙阁位于寨东南侧田坝中，是建于百禾小河瀑布上方的三层四角攒尖顶木建筑。回龙寺位于寨南，与文启阁隔河相望，是由正殿、倒座及东西两厢组成的四合院落。陈氏宗祠位于寨西，是沈家坝陈氏家族祭拜祖先、议事的重要场所，由牌楼式大门、戏楼、两厢、正堂、封火山墙等组成。

图3-5-3 沈家坝传统建筑群

4. 历史环境要素

寨内历史环境要素有古树4株、古井1口、古墓1处、石拱桥1座、磨坊遗址1处、文启阁1座、宝龙阁1座、回龙寺1座、陈氏宗祠1处。寨内4株古树包括2株楠木和2株银杏，紧密围绕在寨中核心居住区。古井由石块砌筑而成，位于寨西通村公路岔口东侧，井内水源不断、水质清澈，原为沈家坝人重要的饮水水源，因自来水普及，其传统供水的功能正在消亡。古墓位于寨西南山脚下，墓身由大块青石砌筑，整石雕刻的墓碑上文字仍然清晰可见。石拱桥始建于清同治年间，位于寨东南百禾小河与纸厂沟河交汇处东侧，曾是沈家坝与外界联系的重要纽带。磨坊遗址位于寨东南百禾小河与纸厂沟河交汇处东南侧，是沈家坝的先人们利用水碾磨坊进行农事活动的历史遗存（图3-5-4、图3-5-5）。

图3-5-4 沈家坝古楠木树

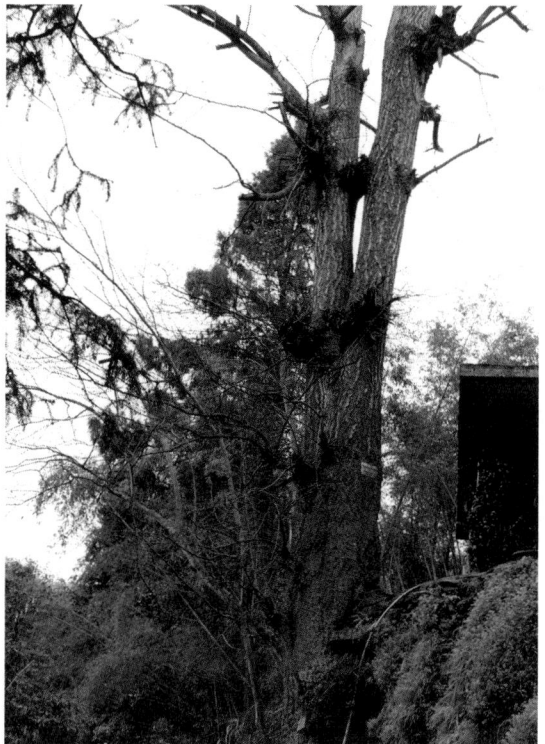

图3-5-5 沈家坝古银杏树

二、沈家坝文化表现形式及文化空间单元清单及对应关系

1. 沈家坝文化表现形式清单

经技术识别，沈家坝的文化表现形式共有17项，涉及杂技与竞技、民俗、传统音乐、民间手工技艺、语言等多方面内容，其中有4项属于省级非物质文化遗产代表性项目，有11项属于市级非物质文化遗产代表性项目，另有2项属于名录之外（表3-5-1）。

遵义市务川仡佬族苗族自治县黄都镇沈家坝文化表现形式清单 表3-5-1

序号	编号	文化表现形式名称	级别等级／类型
1	A1	仡佬族高台舞狮	第二批省级非物质文化遗产代表性项目／杂技与竞技
2	A2	仡佬族婚俗	第二批省级非物质文化遗产代表性项目／民俗
3	A3	仡佬族三幺台习俗	第二批省级非物质文化遗产代表性项目／民俗
4	A4	仡佬族吃新节	第四批省级非物质文化遗产代表性项目／民俗
5	B1	仡佬族打篾鸡蛋	第一批市级非物质文化遗产代表性项目／传统体育竞技
6	B2	黔北哭嫁歌	第一批市级非物质文化遗产代表性项目／民间音乐
7	B3	黔北民居建筑木雕技艺	第一批市级非物质文化遗产代表性项目／民间手工技艺

续表

序号	编号	文化表现形式名称	级别等级／类型
8	B4	大贰纸牌制作技艺	第一批市级非物质文化遗产代表性项目／民间手工技艺
9	B5	黔北仡佬族民族服饰制作技艺	第一批市级非物质文化遗产代表性项目／民间手工技艺
10	B6	黔北民间土酒酿制技艺	第一批市级非物质文化遗产代表性项目／民间手工技艺
11	B7	土家族、仡佬族油茶制作技艺	第一批市级非物质文化遗产代表性项目／民间手工技艺
12	B8	仡佬族丧葬习俗	第一批市级非物质文化遗产代表性项目／人生礼俗
13	B9	麻饼制作技艺	第三批市级非物质文化遗产代表性项目／传统技艺
14	B10	酥食制作技艺	第三批市级非物质文化遗产代表性项目／传统技艺
15	B11	黔北竹编	第四批市级非物质文化遗产代表性项目／传统技艺
16	C1	祭天朝祖	民俗
17	C2	仡佬语	语言

2. 沈家坝文化空间单元清单

经技术识别，沈家坝的文化空间有9项，包括1处陈氏宗祠文化空间、1处古墓文化空间、1处古井文化空间、1组仡佬族传统民居文化空间、1处文启阁文化空间、1处石拱桥文化空间、1处宝龙阁文化空间、1处回龙寺文化空间和1处磨坊遗址文化空间（表3-5-2）。其中，仡佬族传统民居文化空间属于多发性文化空间单元，以传统民居建筑为载体，分布在寨内各处。石拱桥文化空间、磨坊遗址文化空间与寨内河流密切相关。古井文化空间的分布受水源位置影响，离寨内民居建筑群较远。文启阁文化空间、宝龙阁文化空间、回龙寺文化空间均为单点性文化空间，是围绕着清光绪年间当地贡生陈南春根据风水格局修建的文启阁、宝龙阁、回龙寺而形成的文化空间。

遵义市务川仡佬族苗族自治县黄都镇沈家坝文化空间单元清单 表3-5-2

编号	文化空间单元名称	地点
1	陈氏宗祠文化空间	寨西村口通村公路旁
2	古墓文化空间	寨西南山脚下
3	古井文化空间	寨西通村公路岔口东侧
4	仡佬族传统民居文化空间	寨北以"官家厅"民居为中心的传统民居
5	文启阁文化空间	寨东通村公路岔口北侧
6	石拱桥文化空间	寨东南百禾小河与纸厂沟河交汇处东侧
7	宝龙阁文化空间	寨东南百禾小河与纸厂沟河交汇处东北侧
8	回龙寺文化空间	寨南通村公路西侧
9	磨坊遗址文化空间	寨东南百禾小河与纸厂沟河交汇处东南侧

3. 沈家坝文化空间与文化表现形式对应关系识别结果

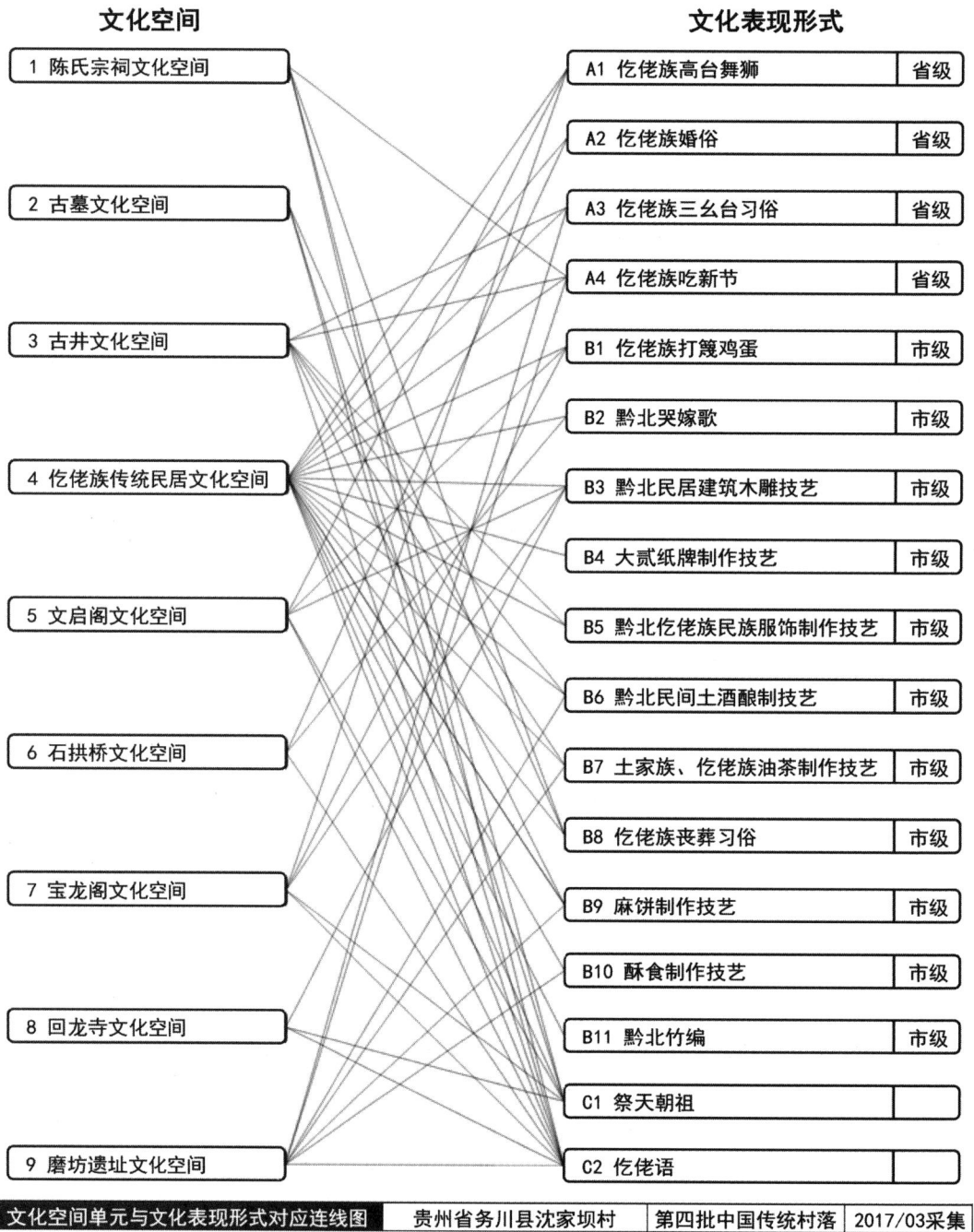

文化空间 　　　　　　　　　　　　　　　文化表现形式

文化空间	文化表现形式	
1 陈氏宗祠文化空间	A1 仡佬族高台舞狮	省级
2 古墓文化空间	A2 仡佬族婚俗	省级
3 古井文化空间	A3 仡佬族三幺台习俗	省级
4 仡佬族传统民居文化空间	A4 仡佬族吃新节	省级
5 文启阁文化空间	B1 仡佬族打篾鸡蛋	市级
6 石拱桥文化空间	B2 黔北哭嫁歌	市级
7 宝龙阁文化空间	B3 黔北民居建筑木雕技艺	市级
8 回龙寺文化空间	B4 大贰纸牌制作技艺	市级
9 磨坊遗址文化空间	B5 黔北仡佬族民族服饰制作技艺	市级
	B6 黔北民间土酒酿制技艺	市级
	B7 土家族、仡佬族油茶制作技艺	市级
	B8 仡佬族丧葬习俗	市级
	B9 麻饼制作技艺	市级
	B10 酥食制作技艺	市级
	B11 黔北竹编	市级
	C1 祭天朝祖	
	C2 仡佬语	

文化空间单元与文化表现形式对应连线图	贵州省务川县沈家坝村	第四批中国传统村落	2017/03采集

图3-5-6 沈家坝文化空间单元与文化表现形式对应连线图

分析结果表明，遵义市务川仡佬族苗族自治县黄都镇沈家坝的9处文化空间所承载的非物质文化表现形式包括17种，文化空间和文化表现形式之间的对应关系呈现一对多和多对一的形式。例如，仡佬族传统民居文化空间所对应的文化表现形式有17项：仡佬族高台舞狮、仡佬族婚俗、仡佬族三幺台习俗、仡佬族吃新节、仡佬族打篾鸡蛋、黔北哭嫁歌、黔北民居建筑木雕技艺、大贰纸牌制作技艺、黔北仡佬族民族服饰制作技艺、黔北民间土酒酿制技艺、土家族和仡佬族油茶制作技艺、仡佬族丧葬习俗、麻饼制作技艺、酥食制作技艺、黔北竹编、祭天朝祖、仡佬语等；陈氏宗祠文化空间、古墓文化空间、仡佬族传统民居文化空间、文启阁文化空间、宝龙阁文化空间和回龙寺文化空间都对应文化表现形式祭天朝祖（图3-5-6）。

三、沈家坝文化空间单元分布识别结果

经技术识别，遵义市务川仡佬族苗族自治县黄都镇沈家坝寨范围内共有文化空间单元9处，包括陈氏宗祠文化空间、古墓文化空间、古井文化空间、仡佬族传统民居文化空间、文启阁文化空间、石拱桥文化空间、宝龙阁文化空间、回龙寺文化空间和磨坊遗址文化空间等，其中，仡佬族传统民居文化空间属于多发单元，分布在全寨的传统风貌建筑内。各项文化空间的位置如图3-5-7所示。

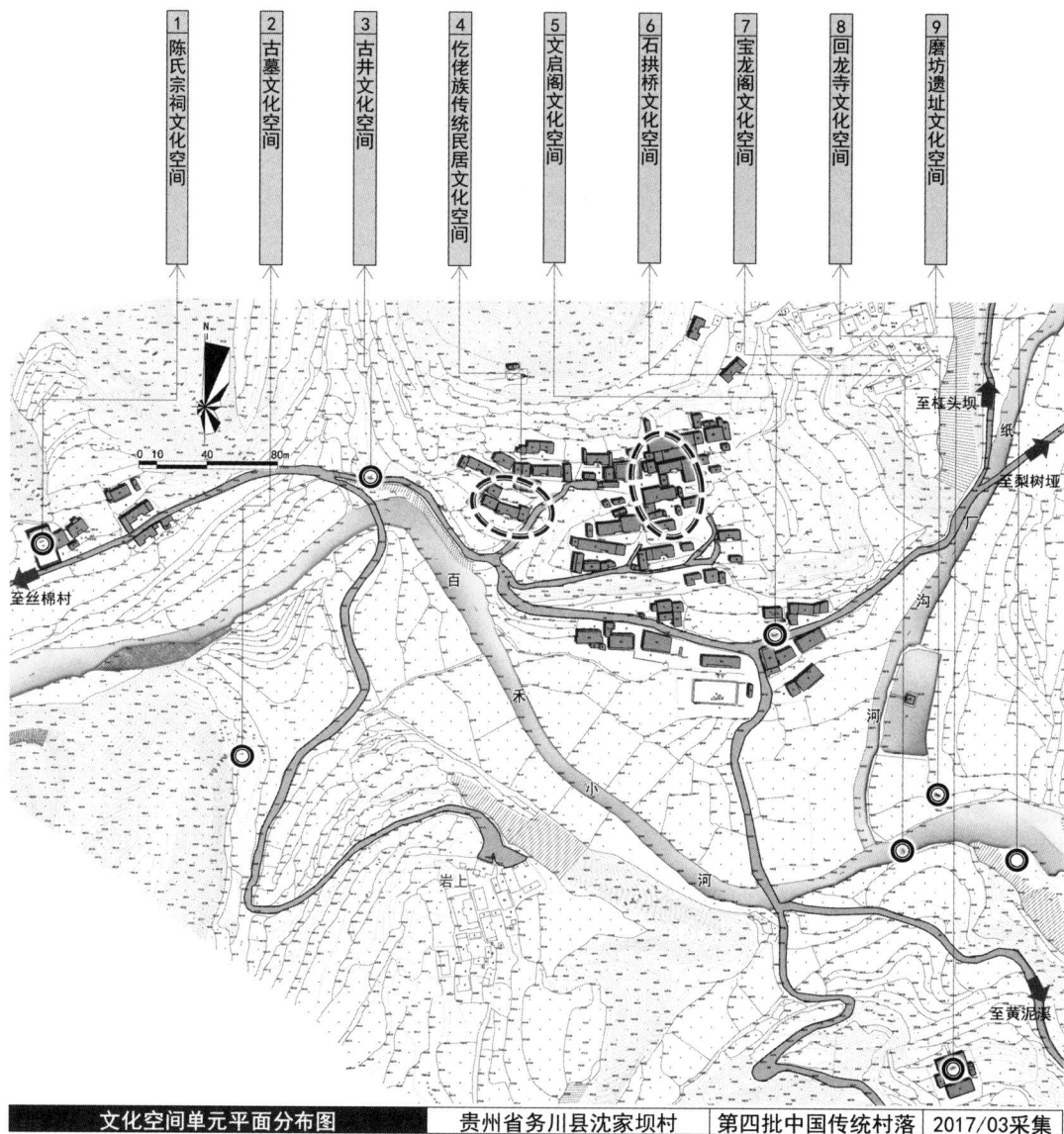

图3-5-7 沈家坝文化空间单元平面分布图

四、沈家坝文化空间单元时空属性甄别结果

沈家坝文化空间单元时空属性汇总表 表3-5-3

序号	文化空间单元名称	对应文化表现形式编号	空间属性				时间属性			
			开放/封闭	多发/单点	清楚/模糊	中心/边缘	规律/随机	高频/低频	稳定/变化	现实/记忆
1	陈氏宗祠文化空间	A4	开放	单点	清楚	边缘	规律	低频	变化	记忆
		B8	开放	单点	清楚	边缘	规律	低频	变化	记忆
		C1	封闭	单点	清楚	边缘	规律	高频	稳定	记忆
		C2	开放	单点	清楚	边缘	规律	高频	稳定	现实
2	古墓文化空间	B8	开放	单点	清楚	边缘	规律	低频	稳定	现实
		C1	开放	单点	清楚	边缘	规律	低频	稳定	现实
		C2	开放	单点	清楚	边缘	规律	高频	稳定	现实
3	古井文化空间	A3	开放	单点	清楚	边缘	规律	低频	变化	记忆
		A4	开放	单点	清楚	边缘	规律	低频	变化	记忆
		B5	开放	单点	清楚	边缘	随机	低频	变化	记忆
		B6	开放	单点	清楚	边缘	随机	高频	稳定	现实
		B7	开放	单点	清楚	边缘	随机	低频	稳定	记忆
		B9	开放	单点	清楚	边缘	随机	低频	稳定	记忆
		B10	开放	单点	清楚	边缘	随机	低频	稳定	记忆
		C2	开放	单点	清楚	边缘	规律	高频	稳定	现实
4	仡佬族传统民居文化空间	A1	开放	多发	模糊	中心	规律	低频	变化	现实
		A2	开放	多发	模糊	中心	规律	低频	变化	现实
		A3	开放	多发	清楚	中心	规律	低频	变化	现实
		A4	开放	多发	模糊	中心	规律	低频	变化	现实
		B1	开放	多发	模糊	中心	随机	低频	稳定	现实
		B2	开放	多发	模糊	中心	规律	低频	变化	现实
		B3	开放	多发	清楚	中心	随机	低频	稳定	现实
		B4	封闭	多发	清楚	中心	随机	高频	变化	现实
		B5	开放	多发	清楚	中心	随机	高频	稳定	现实
		B6	封闭	多发	清楚	中心	随机	高频	稳定	现实
		B7	封闭	多发	清楚	中心	随机	高频	稳定	现实
		B8	开放	多发	模糊	中心	规律	低频	稳定	现实
		B9	封闭	多发	清楚	中心	随机	高频	稳定	现实
		B10	封闭	多发	清楚	中心	随机	高频	稳定	现实
		B11	开放	多发	模糊	中心	随机	高频	稳定	现实
		C1	开放	多发	清楚	中心	规律	低频	稳定	现实
		C2	开放	多发	模糊	中心	规律	高频	稳定	现实

续表

序号	文化空间单元名称	对应文化表现形式编号	空间属性				时间属性			
			开放/封闭	多发/单点	清楚/模糊	中心/边缘	规律/随机	高频/低频	稳定/变化	现实/记忆
5	文启阁文化空间	A1	开放	单点	模糊	中心	规律	低频	变化	现实
		B1	开放	单点	模糊	中心	随机	低频	稳定	现实
		B3	封闭	单点	清楚	中心	规律	低频	稳定	现实
		C1	开放	单点	清楚	中心	规律	高频	稳定	现实
		C2	开放	单点	模糊	中心	规律	高频	稳定	现实
6	石拱桥文化空间	A2	开放	单点	模糊	边缘	规律	低频	变化	记忆
		B2	开放	单点	模糊	边缘	规律	低频	变化	记忆
		C2	开放	单点	模糊	边缘	规律	高频	稳定	现实
7	宝龙阁文化空间	A1	开放	单点	模糊	中心	规律	低频	变化	现实
		B1	开放	单点	模糊	中心	随机	低频	稳定	现实
		B3	封闭	单点	清楚	中心	规律	低频	稳定	现实
		C1	开放	单点	清楚	中心	规律	高频	稳定	现实
		C2	开放	单点	模糊	中心	规律	高频	稳定	现实
8	回龙寺文化空间	B3	封闭	单点	清楚	边缘	规律	低频	稳定	现实
		C1	封闭	单点	清楚	边缘	规律	高频	稳定	记忆
		C2	开放	单点	模糊	边缘	规律	高频	稳定	现实
9	磨坊遗址文化空间	A3	开放	单点	清楚	边缘	规律	低频	变化	记忆
		A4	开放	单点	清楚	边缘	规律	低频	变化	记忆
		B6	开放	单点	清楚	边缘	随机	高频	稳定	记忆
		B7	开放	单点	清楚	边缘	随机	高频	稳定	记忆
		B9	开放	单点	清楚	边缘	随机	高频	稳定	记忆
		B10	开放	单点	清楚	边缘	随机	高频	稳定	记忆
		C2	开放	单点	模糊	边缘	规律	高频	稳定	现实

注：文化表现编号对应的文化表现形式名称详见表3-5-1。

沈家坝文化空间单元时空特性分析表 表3-5-4

序号	文化空间单元名称	对应文化表现形式编号	地段性特征						文化空间特性（地段性—3-4，时段性—0-2）
			开放（1）/封闭（0）	多发（1）/单点（0）	清楚（1）/模糊（0）	中心（1）/边缘（0）	分项值	平均值	
1	陈氏宗祠文化空间	A4	1	0	1	0	2	2	时段性
		B8	1	0	1	0	2		
		C1	0	0	1	0	1		
		C2	1	0	1	0	2		
2	古墓文化空间	B8	1	0	1	0	2	2	时段性
		C1	1	0	1	0	2		
		C2	1	0	1	0	2		

续表

| 序号 | 文化空间单元名称 | 对应文化表现形式编号 | 地段性特征 | | | | | 平均值 | 文化空间特性（地段性——3-4、时段性——0-2） |
			开放（1）/封闭（0）	多发（1）/单点（0）	清楚（1）/模糊（0）	中心（1）/边缘（0）	分项值		
3	古井文化空间	A3	1	0	1	0	2	2	时段性
		A4	1	0	1	0	2		
		B5	1	0	1	0	2		
		B6	1	0	1	0	2		
		B7	1	0	1	0	2		
		B9	1	0	1	0	2		
		B10	1	0	1	0	2		
		C2	1	0	1	0	2		
4	仡佬族传统民居文化空间	A1	1	1	0	1	3	3	地段性
		A2	1	1	0	1	3		
		A3	1	1	1	1	4		
		A4	1	1	0	1	3		
		B1	1	1	0	1	3		
		B2	1	1	0	1	3		
		B3	1	1	1	1	4		
		B4	0	1	1	1	3		
		B5	1	1	1	1	4		
		B6	0	1	1	1	3		
		B7	0	1	1	1	3		
		B8	1	1	0	1	3		
		B9	0	1	1	1	3		
		B10	0	1	1	1	3		
		B11	1	1	0	1	3		
		C1	1	1	1	1	4		
		C2	1	1	0	1	3		
5	文启阁文化空间	A1	1	0	0	1	2	2	时段性
		B1	1	0	0	1	2		
		B3	0	0	1	1	2		
		C1	1	0	1	1	3		
		C2	1	0	0	1	2		
6	石拱桥文化空间	A2	1	0	0	0	1	1	时段性
		B2	1	0	0	0	1		
		C2	1	0	0	0	1		

续表

序号	文化空间单元名称	对应文化表现形式编号	地段性特征						文化空间特性（地段性—3~4、时段性—0~2）
			开放（1）/封闭（0）	多发（1）/单点（0）	清楚（1）/模糊（0）	中心（1）/边缘（0）	分项值	平均值	
7	宝龙阁文化空间	A1	1	0	0	1	2	2	时段性
		B1	1	0	0	1	2		
		B3	0	0	1	1	2		
		C1	1	0	1	1	3		
		C2	1	0	0	1	2		
8	回龙寺文化空间	B3	0	0	1	0	1	1	时段性
		C1	0	0	1	0	1		
		C2	1	0	0	0	1		
9	磨坊遗址文化空间	A3	1	0	1	0	2	2	时段性
		A4	1	0	1	0	2		
		B6	1	0	1	0	2		
		B7	1	0	1	0	2		
		B9	1	0	1	0	2		
		B10	1	0	1	0	2		
		C2	1	0	0	0	1		

注：文化表现编号对应的文化表现形式名称详见表3-5-1。

沈家坝文化空间单元活力指数分析表 表3-5-5

序号	文化空间单元名称	对应文化表现形式编号	时段性特征					综合活力指数
			规律（1）/随机（0）	高频（1）/低频（0）	稳定（1）/变化（0）	现实（1）/记忆（0）	分项值	
1	陈氏宗祠文化空间	A4	1	0	0	0	1	9
		B8	1	0	0	0	1	
		C1	1	1	1	0	3	
		C2	1	1	1	1	4	
2	古墓文化空间	B8	1	0	1	1	3	10
		C1	1	0	1	1	3	
		C2	1	1	1	1	4	

续表

序号	文化空间单元名称	对应文化表现形式编号	时段性特征					综合活力指数
			规律（1）/随机（0）	高频（1）/低频（0）	稳定（1）/变化（0）	现实（1）/记忆（0）	分项值	
3	古井文化空间	A3	1	0	0	0	1	12
		A4	1	0	0	0	1	
		B5	0	0	0	0	0	
		B6	0	1	1	1	3	
		B7	0	0	1	0	1	
		B9	0	0	1	0	1	
		B10	0	0	1	0	1	
		C2	1	1	1	1	4	
4	仡佬族传统民居文化空间	A1	1	0	0	1	2	44
		A2	1	0	0	1	2	
		A3	1	0	0	1	2	
		A4	1	0	0	1	2	
		B1	0	0	1	1	2	
		B2	1	0	0	1	2	
		B3	0	0	1	1	2	
		B4	0	1	0	1	2	
		B5	0	1	1	1	3	
		B6	0	1	1	1	3	
		B7	0	1	1	1	3	
		B8	1	0	1	1	3	
		B9	0	1	1	1	3	
		B10	0	1	1	1	3	
		B11	0	1	1	1	3	
		C1	1	0	1	1	3	
		C2	1	1	1	1	4	
5	文启阁文化空间	A1	1	0	0	1	2	15
		B1	0	0	1	1	2	
		B3	1	0	1	1	3	
		C1	1	1	1	1	4	
		C2	1	1	1	1	4	
6	石拱桥文化空间	A2	1	0	0	0	1	6
		B2	1	0	0	0	1	
		C2	1	1	1	1	4	

续表

序号	文化空间单元名称	对应文化表现形式编号	时段性特征					综合活力指数
			规律（1）/随机（0）	高频（1）/低频（0）	稳定（1）/变化（0）	现实（1）/记忆（0）	分项值	
7	宝龙阁文化空间	A1	1	0	0	1	2	15
		B1	0	0	1	1	2	
		B3	1	0	1	1	3	
		C1	1	1	1	1	4	
		C2	1	1	1	1	4	
8	回龙寺文化空间	B3	1	0	1	1	3	10
		C1	1	1	1	0	3	
		C2	1	1	1	1	4	
9	磨坊遗址文化空间	A3	1	0	0	0	1	14
		A4	1	0	0	0	1	
		B6	0	1	1	0	2	
		B7	0	1	1	0	2	
		B9	0	1	1	0	2	
		B10	0	1	1	0	2	
		C2	1	1	1	1	4	

注：文化表现编号对应的文化表现形式名称详见表3-5-1。

分析（表3-5-3～表3-5-5）结果表明，沈家坝9处文化空间单元的时空特性分布偏向于时段性，有11%（1处）文化空间单元是地段性文化空间，89%（8处）是时段性文化空间。地段性文化空间为仡佬族传统民居文化空间；时段性文化空间包括陈氏宗祠文化空间、古墓文化空间、古井文化空间、文启阁文化空间、石拱桥文化空间、宝龙阁文化空间、回龙寺文化空间和磨坊遗址文化空间（图3-5-8）。

分析结果还表明，9处文化空间单元的活力指数总体处于较活跃状态。其中，文化空间的活力指数在各文化空间单元之间呈现明显倾斜，如活力指数最高的文化空间单元仡佬族传统民居文化空间的活力指数为44，而活力指数最低的石拱桥文化空间的活力指数为6，活力指数最高值是最低值的7.3倍（图3-5-9）。

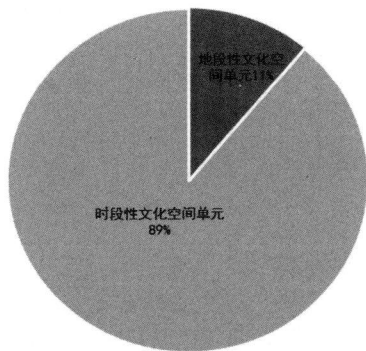

图3-5-8 沈家坝文化空间单元时空特性分布图

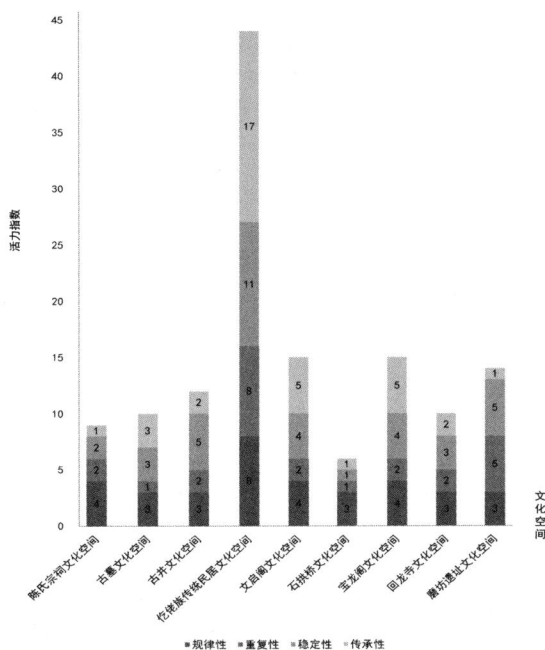

图3-5-9 沈家坝文化空间单元活力指数分布图

五、沈家坝文化空间单元解析说明

1. 陈氏宗祠文化空间

陈氏宗祠文化空间是以陈氏宗祠为载体的文化空间，曾是沈家坝陈氏家族祭拜祖先、议事的重要场所。陈氏宗祠始建于清代，是由牌楼式大门、戏楼、两厢、正堂、封火山墙等组成的合院式建筑群。经过技术甄别，陈氏宗祠文化空间对应的文化表现形式有仡佬族吃新节、仡佬族丧葬习俗、祭天朝祖、仡佬语4项（图3-5-10）。

图3-5-10 陈氏宗祠(资料来源：沈家坝传统村落档案)

2. 古墓文化空间

古墓文化空间位于寨西南山脚下，是围绕清代古墓形成的文化空间，是沈家坝陈氏族人缅怀先人的重要活动场地（图3-5-11）。经过技术甄别，古墓文化空间对应的文化表现形式有仡佬族丧葬习俗、祭天朝祖、仡佬语3项。仡佬族丧事礼仪纷繁复杂，一般有为之亡人洗身、换衣、装殓、开路、跷棺、择地、安葬等仪式。

图3-5-11 沈家坝古墓文化空间

3. 古井文化空间

古井文化空间位于寨西通村公路岔口东侧，是围绕古井形成的文化空间，沈家坝仡佬人在这里挑水、浣纱、闲话家常（图 3-5-12）。经过技术甄别，古井文化空间对应的文化表现形式有仡佬族三幺台习俗、佬族吃新节、黔北仡佬族民族服饰制作技艺、黔北民间土酒酿制技艺、土家族和仡佬族油茶制作技艺、麻饼制作技艺、酥食制作技艺和仡佬语等8项。

图3-5-12 沈家坝古井文化空间

4. 仡佬族传统民居文化空间

仡佬族传统民居文化空间是以仡佬族传统民居建筑为载体的文化空间，与人们的日常生产生活息息相关，是村落最基本的文化空间。仡佬族传统民居文化空间属于多发单元，分布在沈家坝全寨的传统风貌建筑内（图 3-5-13）。经过技术甄别，仡佬族传统民居文化空间对应的文化表现形式有佬族高台舞狮、仡佬族婚俗、仡佬族三幺台习俗、仡佬族吃新节、仡佬族打篾鸡蛋、黔北哭嫁歌、黔北民居建筑木雕技艺、大贰纸牌制作技艺、黔北仡佬族民族服饰制作技艺、黔北民间土酒酿制技艺、土家族和仡佬族油茶制作技艺、仡佬族丧葬习俗、麻饼制作技艺、酥食制作技艺、黔北竹编、祭天朝祖、仡佬语等17项之多。

沈家坝民居建筑木雕技艺最为突出的作品便是以"官家厅"民居建筑和"耕读人家"民居建筑为代表的建筑细部雕刻，其建筑的门、窗、挂落、枋头、挑、横梁、梁架或精雕细琢或施以彩绘。雕刻手法多样，富于变化，有深浮雕、浅浮雕、透雕等，笔法细润、图案栩栩如生，图案内容主要有戏文人物、花草、动物、云纹等（图 3-5-14 ～图 3-5-16）。

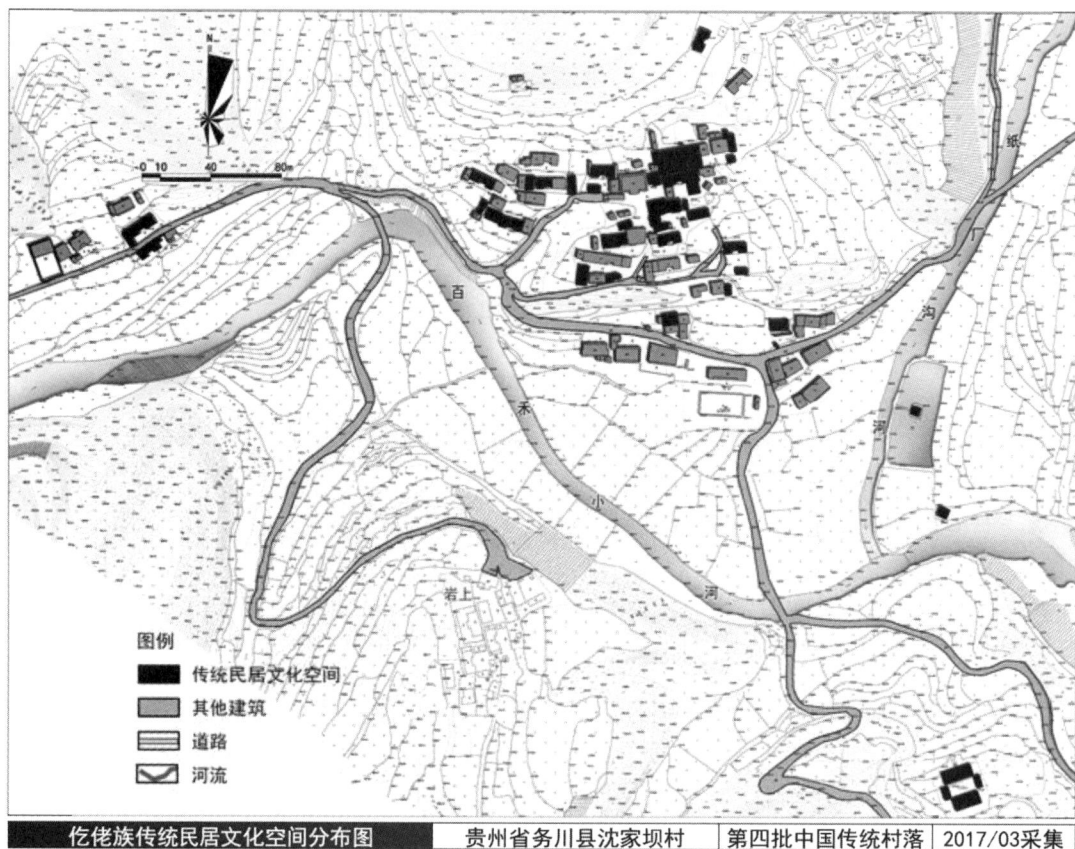

图3-5-13 仡佬族传统民居文化空间分布图

图3-5-14 "耕读人家"民居(资料来源:沈家坝传统村落档案)

图3-5-15 "官家厅"民居(资料来源：沈家坝传统村落档案)

图3-5-16 "官家厅"民居的木雕窗

　　大贰纸牌是仡佬族古老的棋牌游戏。大贰纸牌共84张，"壹贰叁肆伍陆柒捌玖拾"和"一二三四五六七八九十"各4张共80张，另有4张"火石"牌（用于"打夹子和"）。每张纸牌都有一个别称，如："大拾"、"大捌"、"大柒"、"大陆"四张牌分别称为"天牌"、"地牌"、"人牌"、"和牌"。传统的大贰纸牌制作工艺复杂，主要流程为：将数层皮纸用糨糊粘结成纸板→用光滑的鹅卵石将纸板反复磨压→上底色，背色一般为黑色，面色常用白色和黄色→按16厘米×3厘米的规格尺寸，切成雏形牌→用红色颜料书写大写的贰、柒、拾和小写的二、七、十，用黑色颜料书写其余的牌张→用桐油熬制的熟漆上漆，阴干。现代版本的大贰纸牌主要采用模板印刷，其原材料有纸也有塑料片（图3-5-17）。

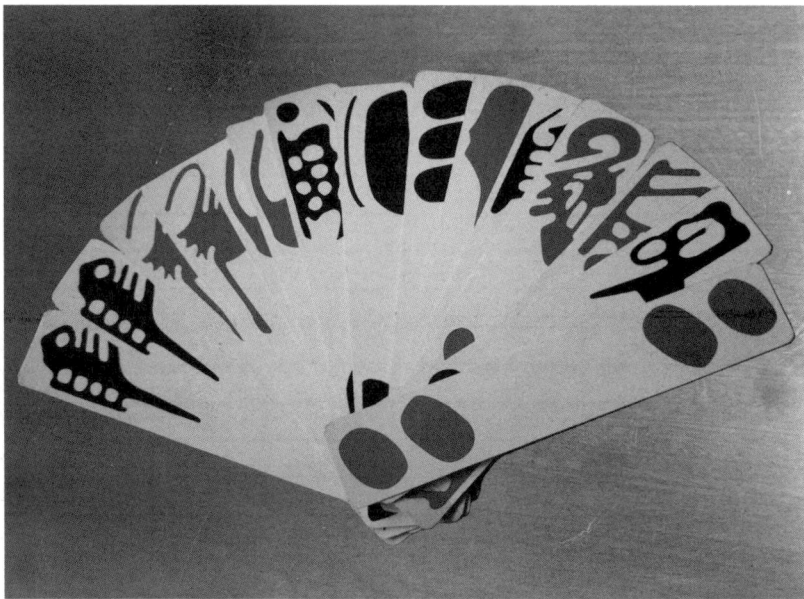

图3-5-17 大贰纸牌

5. 文启阁文化空间

文启阁文化空间位于寨东南,是围绕文启阁形成的文化空间。文启阁文化空间是沈家坝举行祭天朝祖、节庆活动的主要场所,经过技术甄别,其对应的文化表现形式有仡佬族高台舞狮、仡佬族打篾鸡蛋、黔北民居建筑木雕技艺、祭天朝祖、仡佬语5项(图3-5-18)。

仡佬族高台舞狮是沈家坝仡佬人的传统体育项目,因借助普通农家饭桌搭建高台,并于其上舞"狮"而得名。传统的高台舞狮表演多在春节期间举行,舞狮队一般在正月初一出门,走村串户,到十四日返回家中,十五日火化狮头后结束。传承至今,已成为一个单独的演出节目,以贺喜为主。舞狮队演出时,最少要8人,一般12人,其中锣鼓唢呐6人,"笑和尚"、"孙猴子"各1人,舞狮2人,小狮子1~2人。整套动作共有56个,完成一台完整的表演通常需要3小时(图3-5-19)。

6. 石拱桥文化空间

石拱桥文化空间位于寨东南百禾小河与纸厂沟河交汇处,曾是沈家坝与外界联系的重要纽带,见证了世世代代沈家坝人的成亲嫁娶。经过技术甄别,石拱桥文化空间对应的文化表现形式有仡佬族婚俗、黔北哭嫁歌、仡佬语3项(图3-5-20)。

仡佬族的婚嫁习俗是一项程序繁杂、礼制规范的民间礼仪活动。沈家坝仡佬族的婚嫁习俗从清代以来,传承至今,基本内容仍然未变,仍然保留着"三媒六证"、"装香定亲"的古代礼仪。

图3-5-18 文启阁

7. 宝龙阁文化空间

宝龙阁文化空间位于寨东南侧田坝中，是围绕宝龙阁及其周边田地形成的文化空间。经过技术甄别，宝龙阁文化空间对应的文化表现形式有仡佬族高台舞狮、仡佬族打篾鸡蛋、黔北民居建筑木雕技艺、祭天朝祖、仡佬语 5 项（图3-5-21）。

打篾鸡蛋是沈家坝仡佬族群众喜爱的体育活动，是仡佬族先民练兵活动的传承和演变。篾鸡蛋又称蔑绣球，用竹篾穿编插扣而成，内装石子加重便于投掷。活动设进攻和阻击双方，设"界河"对击，篾鸡蛋落地一方为负。活动或掘地为窝，阻击者每人执棍守一窝，进攻者投蛋于窝，并乘阻击者离窝击蛋抢占据点（窝），活动规则严格规范（图3-5-22）。

图3-5-19 仡佬族高台舞狮
（资料来源：务川自治县旅游投资发展有限公司）

图3-5-20 石拱桥文化空间

图3-5-21 宝龙阁文化空间

图3-5-22 仡佬族打篾鸡蛋（资料来源：务川自治县旅游投资发展有限公司）

8. 回龙寺文化空间

回龙寺文化空间位于寨南，与文启阁隔河相望，是由正殿、倒座及东西两厢组成的四合院落。经过技术甄别，回龙寺文化空间对应的文化表现形式有黔北民居建筑木雕技艺、祭天朝祖、仡佬语3项（图3-5-23）。

图3-5-23 回龙寺文化空间

9.磨坊遗址文化空间

磨坊遗址文化空间位于寨东南百禾小河与纸厂沟河交汇处东南侧，是沈家坝的先人们利用水碾磨坊进行农事活动的历史遗存。经过技术甄别，磨坊遗址文化空间对应的文化表现形式有仡佬族三幺台习俗、仡佬族吃新节、黔北民间土酒酿制技艺、土家族和仡佬族油茶制作技艺、麻饼制作技艺、酥食制作技艺和仡佬语7项（图3-5-24）。

图3-5-24 磨坊遗址文化空间

第四章

民族特色村寨文化空间识别成果的应用方向探索

第一节 文化空间识别结果应用于传统村落规划案例解析

一、文化空间识别应用于传统村落保护发展规划

2013~2019年期间，课题组在对95个传统村落保护发展规划、示范村实施方案等的编制实践中，探索性开展了文化空间识别活动，以此提升规划调研质量，解析村落现状，识别保护对象，制定保护措施，提出创新发展思路。规划案例信息如表4-1-1所示。

应用文化空间识别思路的传统村落保护发展规划编制案例信息汇总表 表4-1-1

序号	规划名称	中国传统村落	中国民族特色村寨	聚居民族	规划完成年限	文化空间识别技术应用范围			
						基础调查	保护对象	保护措施	发展策略
01	盘县石桥镇妥乐村传统村落保护发展规划	√		彝族 汉族	2014	√	√	√	√
02	盘县羊场布依族白族苗族乡大中村传统村落保护发展规划	√		汉族 苗族	2014	√	√	√	√
03	盘县保基苗族彝族乡陆家寨村传统村落保护发展规划	√		布依族	2014	√	√	√	√
04	黎平县肇兴镇厦格村传统村落保护发展规划	√		侗族	2015	√	√	√	√
05	黎平县肇兴镇厦格上寨村传统村落保护发展规划	√		侗族	2015	√	√	√	√
06	黎平县双江乡四寨村传统村落保护发展规划	√	√	侗族	2015	√	√	√	√
07	黎平县双江乡寨高村传统村落保护发展规划	√		侗族	2015	√	√	√	√
08	黎平县永从乡九龙村传统村落保护发展规划	√		侗族	2015	√	√	√	√
09	黎平县永从乡中罗村传统村落保护发展规划	√	√	侗族	2015	√	√	√	√
10	黎平县岩洞镇大寨村传统村落保护发展规划	√		侗族	2015	√	√	√	√
11	黎平县岩洞镇小寨村传统村落保护发展规划	√		侗族	2015	√	√	√	√
12	黎平县茅贡乡额洞村传统村落保护发展规划	√		侗族	2015	√	√	√	√
13	黎平县茅贡乡寨南村传统村落保护发展规划	√		侗族	2015	√	√	√	√
14	黎平县水口镇南江村传统村落保护发展规划	√		侗族	2015	√	√	√	√
15	黎平县水口镇宰洋村宰直寨传统村落保护发展规划	√		侗族	2015	√	√	√	√
16	黎平县雷洞乡牙双村传统村落保护发展规划	√		侗族	2015	√	√	√	√
17	黎平县龙额镇上地坪村传统村落保护发展规划	√		侗族	2015	√	√	√	√

续表

序号	规划名称	中国传统村落	中国民族特色村寨	聚居民族	规划完成年限	文化空间识别技术应用范围			
						基础调查	保护对象	保护措施	发展策略
18	黎平县口江乡银朝村传统村落保护发展规划	√		侗族	2015	√	√	√	√
19	黎平县尚重镇上洋村传统村落保护发展规划	√		侗族	2015	√	√	√	√
20	黎平县尚重镇下洋村传统村落保护发展规划	√		侗族	2015	√	√	√	√
21	黎平县尚重镇西迷村传统村落保护发展规划	√		侗族	2015	√	√	√	√
22	黎平县德化乡高洋村传统村落保护发展规划	√		侗族	2015	√	√	√	√
23	黎平县平寨乡纪德村传统村落保护发展规划	√		苗族	2015	√	√	√	√
24	黎平县大稼乡高孖村传统村落保护发展规划	√		侗族	2015	√	√	√	√
25	黎平县孟彦镇岑湖村传统村落保护发展规划	√		侗族	2015	√	√	√	√
26	黎平县坝寨乡高西村传统村落保护发展规划	√		侗族	2015	√	√	√	√
27	黎平县坝寨乡器寨村传统村落保护发展规划	√		侗族	2015	√	√	√	√
28	黎平县九潮镇定八村传统村落保护发展规划	√		侗族	2015	√	√	√	√
29	黎平县九潮镇大榕村新寨传统村落保护发展规划	√		瑶族	2015	√	√	√	√
30	黎平县水口镇东郎村传统村落保护发展规划	√		侗族	2015	√	√	√	√
31	黎平县水口镇花柳村传统村落保护发展规划	√		侗族	2015	√	√	√	√
32	黎平县水口镇茨洞村传统村落保护发展规划	√		侗族	2015	√	√	√	√
33	黎平县雷洞乡岑管村传统村落保护发展规划	√		侗族	2015	√	√	√	√
34	黎平县地坪乡新丰村传统村落保护发展规划	√		苗族	2015	√	√	√	√
35	黎平县地坪乡下寨村传统村落保护发展规划	√		侗族	2015	√	√	√	√
36	黎平县茅贡乡己炭村汉寨传统村落保护发展规划	√		侗族汉族	2015	√	√	√	√
37	黎平县尚重镇岑门村传统村落保护发展规划	√		苗族	2015	√	√	√	√
38	黎平县尚重镇顿路村传统村落保护发展规划	√		侗族	2015	√	√	√	√
39	黎平县尚重镇归德村传统村落保护发展规划	√		侗族	2015	√	√	√	√
40	黎平县尚重镇旧洞村传统村落保护发展规划	√		侗族	2015	√	√	√	√

续表

序号	规划名称	中国传统村落	中国民族特色村寨	聚居民族	规划完成年限	文化空间识别技术应用范围			
						基础调查	保护对象	保护措施	发展策略
41	黎平县尚重镇宰蒙村传统村落保护发展规划	√		侗族	2015	√	√	√	√
42	黎平县德化乡下洋村传统村落保护发展规划	√		侗族	2015	√	√	√	√
43	黎平县孟彦镇罗溪村传统村落保护发展规划	√		苗族	2015	√	√	√	√
44	黎平县九潮镇高维村传统村落保护发展规划	√		侗族	2015	√	√	√	√
45	黎平县九潮镇顺寨村传统村落保护发展规划	√		侗族	2015	√	√	√	√
46	黎平县水口镇平善村传统村落保护发展规划	√		苗族	2015	√	√	√	√
47	黎平县尚重镇洋卫村传统村落保护发展规划	√		侗族	2015	√	√	√	√
48	黎平县尚重镇绞洞村传统村落保护发展规划	√		侗族	2015	√	√	√	√
49	黎平县德化乡倬翁村传统村落保护发展规划	√		苗族	2015	√	√	√	√
50	黎平县大稼乡岑桃村传统村落保护发展规划	√		苗族	2015	√	√	√	√
51	黎平县中潮镇上黄村兰洞寨传统村落保护发展规划	√		侗族	2019	√	√	√	√
52	黎平县水口镇胜利村传统村落保护发展规划	√		侗族	2019	√	√	√	√
53	黎平县洪州镇六爽村传统村落保护发展规划	√		侗族	2019	√	√	√	√
54	黎平县洪州镇赏方村传统村落保护发展规划	√		侗族苗族	2019	√	√	√	√
55	黎平县茅贡镇寨母村传统村落保护发展规划	√		侗族	2019	√	√	√	√
56	务川仡佬族苗族自治县丰乐镇新场村造纸塘传统村落保护发展规划	√		仡佬族	2018	√	√	√	√
57	务川仡佬族苗族自治县黄都镇丝绵村大竹传统村落保护发展规划	√		仡佬族	2018	√	√	√	√
58	务川仡佬族苗族自治县黄都镇丝绵村沈家坝传统村落保护发展规划	√	√	仡佬族	2018	√	√	√	√
59	务川仡佬族苗族自治县镇南镇桃符村马拱坡传统村落保护发展规划	√	√	仡佬族	2018	√	√	√	√
60	三都水族自治县三合街道高寨村大寨传统村落保护发展规划	√		苗族	2017	√	√	√	√
61	三都水族自治县三合街道姑挂村姑鲁寨传统村落保护发展规划	√	√	苗族	2017	√	√	√	√
62	三都水族自治县三合街道行偿村姑八寨传统村落保护发展规划	√		水族	2017	√	√	√	√
63	三都水族自治县三合街道龙台村王家寨传统村落保护发展规划	√		水族	2017	√	√	√	√

续表

序号	规划名称	中国传统村落	中国民族特色村寨	聚居民族	规划完成年限	文化空间识别技术应用范围			
						基础调查	保护对象	保护措施	发展策略
64	三都水族自治县三合街道牛场村巴卯寨传统村落保护发展规划	√		水族	2017	√	√	√	√
65	三都水族自治县三合街道排招村排招寨传统村落保护发展规划	√		苗族	2017	√	√	√	√
66	三都水族自治县大河镇甲照村甲照大寨传统村落保护发展规划	√		水族	2017	√	√	√	√
67	三都水族自治县大河镇蕊抹村传统村落保护发展规划	√		水族苗族布依族	2018	√	√	√	√
68	从江县加榜乡加页村传统村落保护发展规划	√		苗族	2019	√	√	√	√
69	从江县加鸠镇加能村传统村落保护发展规划	√		苗族	2019	√	√	√	√
70	从江县加鸠镇白岩村传统村落保护发展规划	√		苗族	2019	√	√	√	√
71	从江县庆云镇佰你村追面寨传统村落保护发展规划	√		侗族	2019	√	√	√	√
72	从江县庆云镇广力村归料寨传统村落保护发展规划	√		侗族	2019	√	√	√	√
73	从江县洛香镇大桥村传统村落保护发展规划	√		侗族	2019	√	√	√	√
74	从江县洛香镇平乐村传统村落保护发展规划	√		侗族	2019	√	√	√	√
75	雷山县丹江镇阳苟村传统村落保护发展规划	√		苗族	2019	√	√	√	√
76	雷山县丹江镇排翁村传统村落保护发展规划	√		苗族	2019	√	√	√	√
77	雷山县西江镇小龙村传统村落保护发展规划	√		苗族	2019	√	√	√	√
78	雷山县永乐镇乔配村传统村落保护发展规划	√		苗族侗族	2019	√	√	√	√
79	雷山县永乐镇小开屯村传统村落保护发展规划	√		苗族	2019	√	√	√	√
80	雷山县郎德镇乌肖村传统村落保护发展规划	√		苗族	2019	√	√	√	√
81	雷山县望丰乡甘益村传统村落保护发展规划	√		苗族	2019	√	√	√	√
82	雷山县望丰乡乌江村传统村落保护发展规划	√		苗族	2019	√	√	√	√
83	雷山县达地乡乌空村传统村落保护发展规划	√		水族瑶族	2019	√	√	√	√
84	雷山县达地乡里勇村传统村落保护发展规划	√		苗族	2019	√	√	√	√
85	天柱县坌处镇抱塘村传统村落保护发展规划	√	√	侗族	2019	√	√	√	√
86	天柱县坌处镇三门塘村传统村落保护发展规划	√	√	侗族	2019	√	√	√	√

续表

序号	规划名称	中国传统村落	中国民族特色村寨	聚居民族	规划完成年限	文化空间识别技术应用范围			
						基础调查	保护对象	保护措施	发展策略
87	赤水市大同镇古镇社区传统村落保护发展规划	√		汉族	2019	√	√	√	√
88	赤水市丙安乡丙安村传统村落示范村保护发展实施方案	√		苗族汉族	2019	√	√	√	√
89	务川仡佬族苗族自治县大坪镇龙潭村传统村落示范村保护发展实施方案	√	√	仡佬族	2019	√	√	√	√
90	石阡县国荣乡高桥传统村落示范村保护发展实施方案	√		侗族汉族	2019	√	√	√	√
91	石阡县国荣乡楼上村传统村落示范村保护发展实施方案	√	√	侗族汉族	2019	√	√	√	√
92	贵阳市花溪区石板镇镇山村传统村落示范村保护发展实施方案	√	√	布依族	2019	√	√	√	√
93	雷山县方祥乡格头村传统村落示范村保护发展实施方案	√		苗族	2019	√	√	√	√
94	雷山县西江镇麻料村传统村落示范村保护发展实施方案	√		苗族	2019	√	√	√	√
95	榕江县栽麻乡大利村传统村落文化空间虚拟仿真实验方案	√		侗族	2019	√	√	√	√

以上95个规划案例都不同程度应用了文化空间识别技术及思路，案例分布在贵州省黔东南苗族侗族自治州、遵义市、铜仁市、黔南自治州、六盘水市、贵阳市等，这些村寨的聚居民族包括布依族、水族、侗族、苗族、仡佬族和屯堡村民。文化空间识别技术的应用主要包括四个部分：村寨现状基础调查、保护对象认定、保护措施制度、发展创新策略制定等方面。规划实践表明，民族特色村寨的文化空间在整体上存在普适性和在地性的区别。通过识别挖掘，找到了较多有独特价值的文化空间，为民族特色村寨保护利用进行有的放矢、差异性发展提供了科学支撑。

总之，建立在文化空间识别结果上的保护发展规划编制，不仅能够保护文化空间本身，而且对于解决同质化问题，产生村落名片，独辟蹊径。课题组以文化空间识别为前期调研基础和后期方案编制的传统村落保护发展规划、历史文化名镇名村规划和村庄规划，先后获得了贵州省优秀城乡规划设计一等奖3项、二等奖6项、三等奖10余项。

二、《黔东南州黎平县双江乡四寨村保护发展规划》编制背景

贵州省黔东南州黎平县双江乡四寨村（以下简称四寨村）于2013年被列入第二批中国传统村落名录（图4-1-1）。该村寨的保护发展规划编制过程与黎平县另外46个中国传统村落同期编制，课题组将47个传统村落作为国家自然科学基金研究项目正在研发的文化空间识别技术的反馈对象，开展实践探索，旨在解决地域范围集中、同一文化圈、同一聚居民族、类似山水环境、类似经济发展状态等条件下，民族特色村寨的同质化问题。在同期开展规

划编制的47个传统村落中，有40个村寨为侗族聚居村寨，对这40个侗族村寨来自黎平县16个乡镇的侗族传统村落开展文化空间同期识别调查结果表明，来自40个聚居民族相同、村寨选址格局和村落肌理类似、建筑风貌大同的村寨，其文化空间单元却有着共性与个性的区别。侗族村寨中的文化空间单元主要包括鼓楼、萨坛、花桥、侗族传统民居、戏台、宗祠建筑、凉亭、踩歌堂、芦笙坪、古井、斗牛场、泥人塘、摔跤坪等，所承载的文化表现形式丰富多样，有世界级遗产侗族大歌，有国家级非物质文化遗产侗族琵琶歌、侗族木构建筑营造技艺、侗戏、侗族萨玛节，有省级非物质文化遗产侗族哆耶—踩歌堂、侗族芦笙会、蓝靛靛染工艺、求雨祭典、侗族摔跤，有州级非物质文化遗产泥人节，有未定级的文化表现形式斗牛等，且每个村寨识别的结果均有所不同（图4-1-2）。

图4-1-1 四寨村全貌

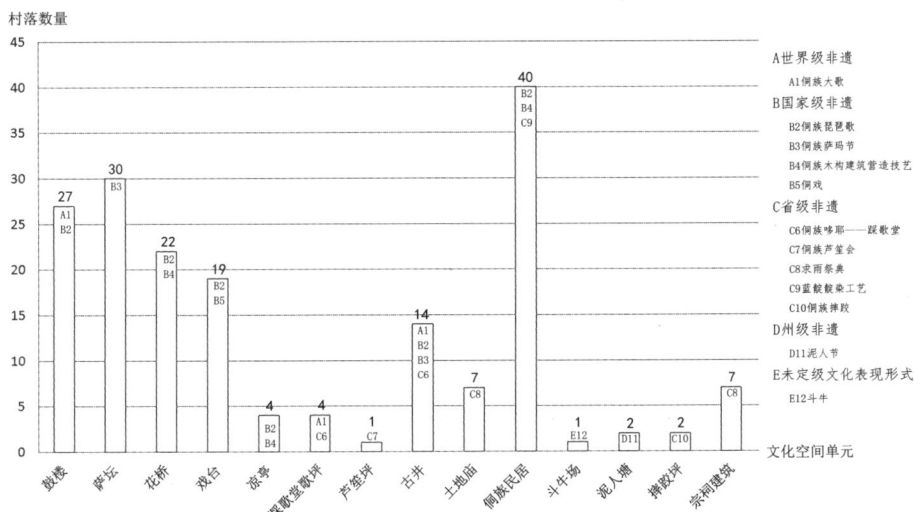

图4-1-2 黎平县40个侗族传统村落文化及文化表现形式识别结果分析图

除了人们耳熟能详的侗族大歌文化空间之外，四寨村中最引人注目的活动是民族民间体育运动摔跤节，颇具影响力，其文化空间围绕摔跤展开，还有一些侗族村寨中特有的传统活动泥人节等，所造就的文化空间泥人塘独特隽永。村落周边的一块普通农田，有可能就是侗族村民的泥人节文化空间、斗牛文化空间等。若不仔细研究加以保护，极易受到破坏，其所承载的文化表现形式也极易受到影响。

三、《黔东南州黎平县双江乡四寨村保护发展规划》文化空间识别成果回顾

本书第三章第四节详细介绍了四寨村的文化空间识别成果，为方便读者阅读，此处回顾一下其主要的识别成果：四寨村的文化表现形式清单包括15项，文化空间清单包括19项。其对应关系极为复杂，仅侗族传统民居文化空间就对应了10项文化表现形式，摔跤田坝文化空间也对应了7项文化空间，侗族大歌文化表现形式则对应了19项文化空间，侗族摔跤文化表现形式对应了4项文化空间，侗族萨玛节对应了4项文化空间（图4-1-3）。

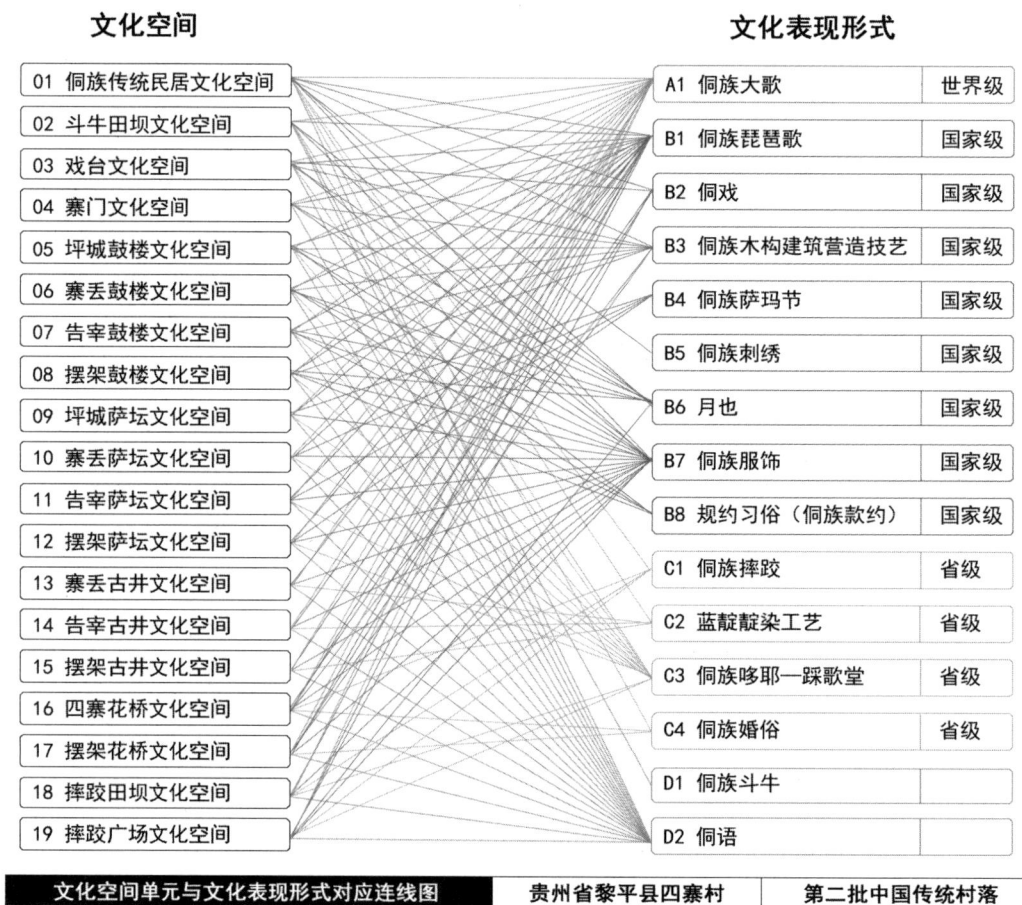

图4-1-3 四寨村文化空间单元与文化表现形式对应连线图

四、《黔东南苗族侗族自治州黎平县双江乡四寨村保护发展规划》中应用文化空间识别成果的编制思路

建立在详细的文化空间识别结果基础上，《黔东南苗族侗族自治州黎平县双江乡四寨村保护发展规划》（以下简称四寨村保护发展规划）的编制思路以此为创新源头，在调研阶段、传统资源整理阶段、保护对象认定阶段、保护措施制定阶段、发展方向策划阶段都开展了规划研究，在遵循《传统村落保护发展规划编制基本要求（试行）》的前提下，从"整体—局部—整体"的角度开展多轮调试与测评，最后得出文化空间嵌入的规划编制成果。以下将介绍与文化空间密切相关的内容。

1. 现状调研阶段

规划调研阶段主要应用文化空间识别技术，对非物质文化遗产进行详细深入的调研挖掘，得出一套相对独立的调研结果：四寨村文化表现形式清单、四寨村文化空间单元清单、四寨村文化空间单元与文化表现形式对应连线图，四寨村文化空间单元平面分布图、四寨村文化空间单元时空属性甄别表及分析图（详细资料详见第三章第四节）。上述结果作为非物质文化遗产的调研成果，与村寨选址格局、传统建筑、历史环境要素有机结合，为下一步的现状综合分析、保护措施制定、发展策略组织等奠定了坚实的基础（图 4-1-4）。

2. 保护对象识别阶段

在规划的现状综合分析阶段，需要确认保护对象，课题组以文化空间识别结果为依据，将文化空间作为重要的传统资源进行归纳，同时经慎重研究，认为应该将文化空间纳入保护对象，与村寨的选址格局、传统建筑、历史环境要素等共同作为传统村落的保护对象（图4-1-5）。

3. 保护措施制定阶段

保护措施的制定中，规划结合传统建筑、历史环境要素的保护，专门对文化空间开展具体的保护措施研究，针对每一项文化空间单元提出了相应的保护措施，同时梳理了串联文化空间的文化线路，制定点、线、面结合的专项保护措施。四寨村的文化空间单元普遍活力指数较高，针对现状活动比较活跃的文化空间单元，以保持现状为主，针对地段型文化空间，在对空间实体开展修缮的同时，促进活动的发生，对那些比较异常的文化空间单元则采取抢救性的保护措施，如摔跤田坝文化空间单元，该场所是孕育国家级非物质文化遗产侗族摔跤项目的重要空间，近年来，由于现代生活方式的变迁，在村民和管理部门的共同发力下，活动场所迁移到摔跤广场，位于太极锁水沿岸，形成了新的活力中心，但是新的广场空间和昔日的田坝空间在空间规模、空间边界、周围环境感受等方面均有较大不同，且原有的摔跤田坝不仅作为摔跤活动使用，且是采歌堂、侗族大歌、侗族萨玛节的重要场所，

因此规划提出了对摔跤文化空间进行抢救性保护的建议。文化空间的抢救性保护不仅要求对硬件场所进行修缮维护，更要求组织激发相应的非物质文化表现形式活动的发生发展。新的文化空间的形成应该建立在对同类老空间的兼容保护前提下，新旧并存，活力传承（图4-1-6）。

图 4-1-4 《四寨村保护发展规划》文化空间分布及对应文化表现形式关系图

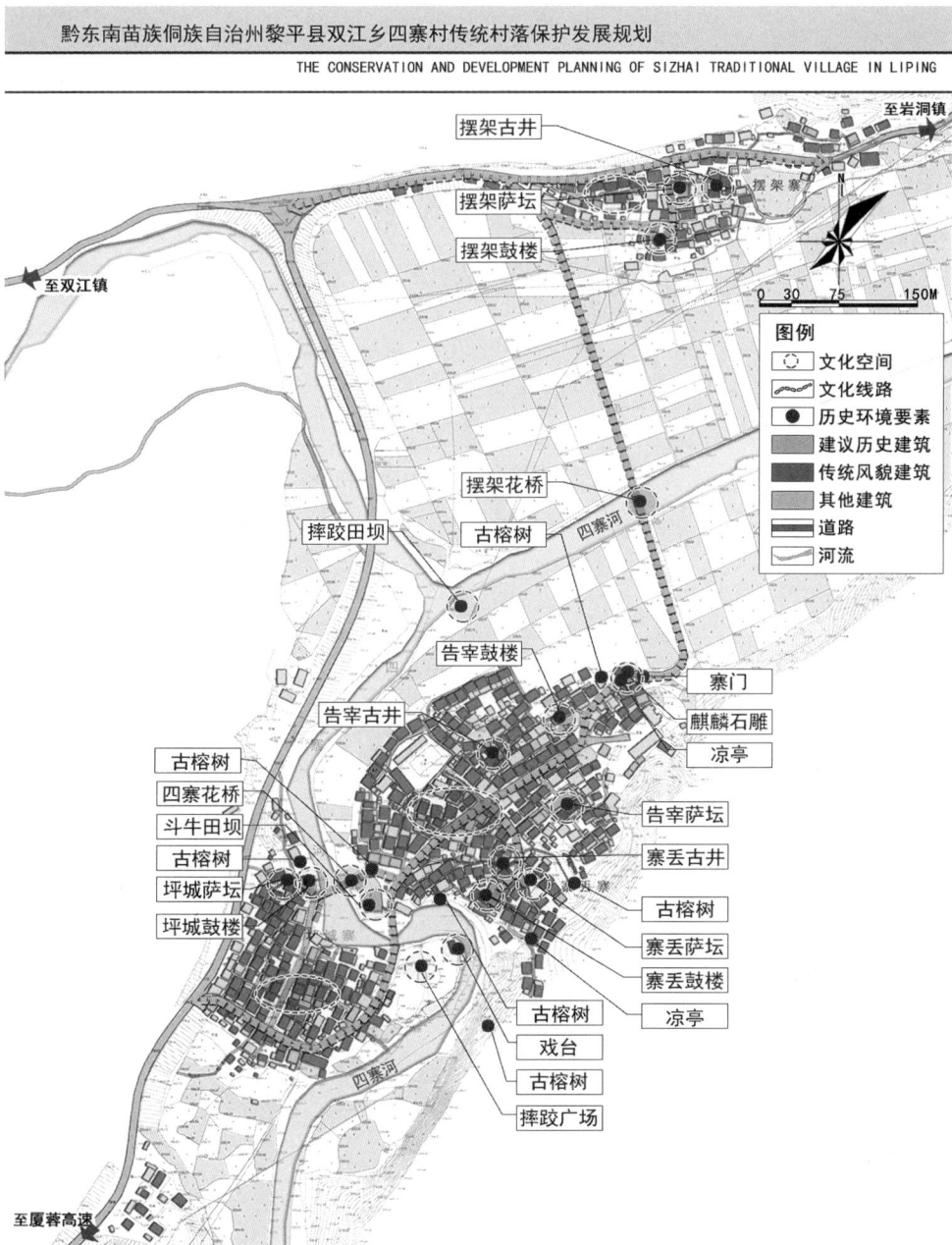

图 4-1-5 《四寨村保护发展规划》保护对象认定图

4. 发展策划阶段

发展策略的制定中，也以文化空间及文化线路为线索，结合传统村落的展示利用，制定了文化空间活化利用引导措施，将村寨中的文化空间视为最为敏感的地段，串联其文化线路和文化影响单元，形成点线呼应的非物质文化网络体系，形成整体保护关系，实现动态保护和联网保护（图 4-1-7）。

黔东南苗族侗族自治州黎平县双江乡四寨村传统村落保护发展规划

THE CONSERVATION AND DEVELOPMENT PLANNING OF SIZHAI TRADITIONAL VILLAGE IN LIPING

至岩洞镇

12 摆架萨坛文化空间
| 5 | 地段性 | 13 | 保持现状，改善周边环境 |

15 摆架古井文化空间
| 5 | 地段性 | 9 | 修缮古井，改善周边环境，激发日常活动 |

08 摆架鼓楼文化空间
| 8 | 地段性 | 19 | 修缮鼓楼建筑，改善周边环境，激发日常活动 |

至双江镇

14 告宰古井文化空间
| 5 | 地段性 | 9 | 修缮古井，改善周边环境，激发日常活动 |

18 摔跤田坝文化空间
| 7 | 时段性 | 8 | 改善周边环境，抢救性组织摔跤节、踩歌堂、侗族大歌大型活动 |

02 斗牛田坝文化空间
| 7 | 时段性 | 19 | 抢救性恢复传统斗牛活动 |

16 四寨花桥文化空间
| 7 | 地段性 | 13 | 改善周边环境，激发日常活动 |

05 坪城鼓楼文化空间
| 8 | 地段性 | 19 | 修缮鼓楼建筑，改善周边环境，激发日常活动 |

09 坪城萨坛文化空间
| 5 | 地段性 | 13 | 保持现状，改善周边环境 |

19 摔跤广场文化空间
| 8 | 地段性 | 21 | 保持现状 |

01 侗族传统民居文化空间
| 10 | 地段性 | 21 | 抢救性修缮民居建筑，提升居住环境的同时，保证各项文化表现形式的延续性 |

03 戏台文化空间
| 8 | 地段性 | 20 | 修缮戏台建筑，加强侗戏、侗族琵琶歌排演 |

四寨河

图例
	保护文化空间
	梳理文化线路
8	对应文化表现形式数量
地段性	地段性/时段性
20	综合活力指数
修缮	保护激活措施
	建议历史建筑
	传统风貌建筑
	其他建筑
	道路
	河流

0 30 75 150M

17 摆架花桥文化空间
| 6 | 时段性 | 9 | 改善周边环境，激发日常活动 |

04 寨门文化空间
| 6 | 时段性 | 16 | 改善周边环境，激发日常活动 |

07 告宰鼓楼文化空间
| 8 | 地段性 | 19 | 修缮鼓楼建筑，改善周边环境，激发日常活动 |

11 告宰萨坛文化空间
| 5 | 地段性 | 13 | 保持现状，改善周边环境 |

10 寨丢萨坛文化空间
| 5 | 地段性 | 13 | 保持现状，改善周边环境 |

13 寨丢古井文化空间
| 5 | 时段性 | 8 | 修缮古井，改善周边环境，激发日常活动 |

06 寨丢鼓楼文化空间
| 8 | 地段性 | 19 | 修缮鼓楼建筑，改善周边环境，激发日常活动 |

图4-1-6《四寨村保护发展规划》文化空间专项保护措施图

图4-1-7《四寨村保护发展规划》展示利用规划图

第二节 文化空间识别结果应用于虚拟仿真实验教学

一、传统村落文化空间虚拟仿真实验教学项目概况

依托文化空间识别研究的相关进展，作者于2018年开始建设传统村落空间认知与传统建筑营建虚拟仿真实验教学项目（下文简称文化空间虚拟仿真实验），作为贵州大学城乡规划专业本科专业核心课程《城乡规划设计四（乡村规划设计）》的实验课程，实验系统已登记软件著作权，目前正作为国家级虚拟仿真教学的备选项目，在实验空间网络平台上面向全国用户测试（图4-2-1）。

该项目充分利用西南地区集中分布的传统村落样本优势，依托相关科研成果，将入选中国传统村落名录的黔东南州大利村侗族村寨作为仿真案例，开设在线虚拟实验，旨在探索一种仿真还原的交互式教学模式，按照整村展示、节点深化、虚实匹配、文化赋活的虚拟仿真思路和技术方法，解析传统村落"空间—节点—活动"的完整知识链。利用传统村落空间高精度还原阐释的方法，让学生在短时间内了解传统村落的选址格局、传统建筑，以及历史环境要素的分布、文化空间及文化表现形式、重要节点建筑的构成及营建技艺等，

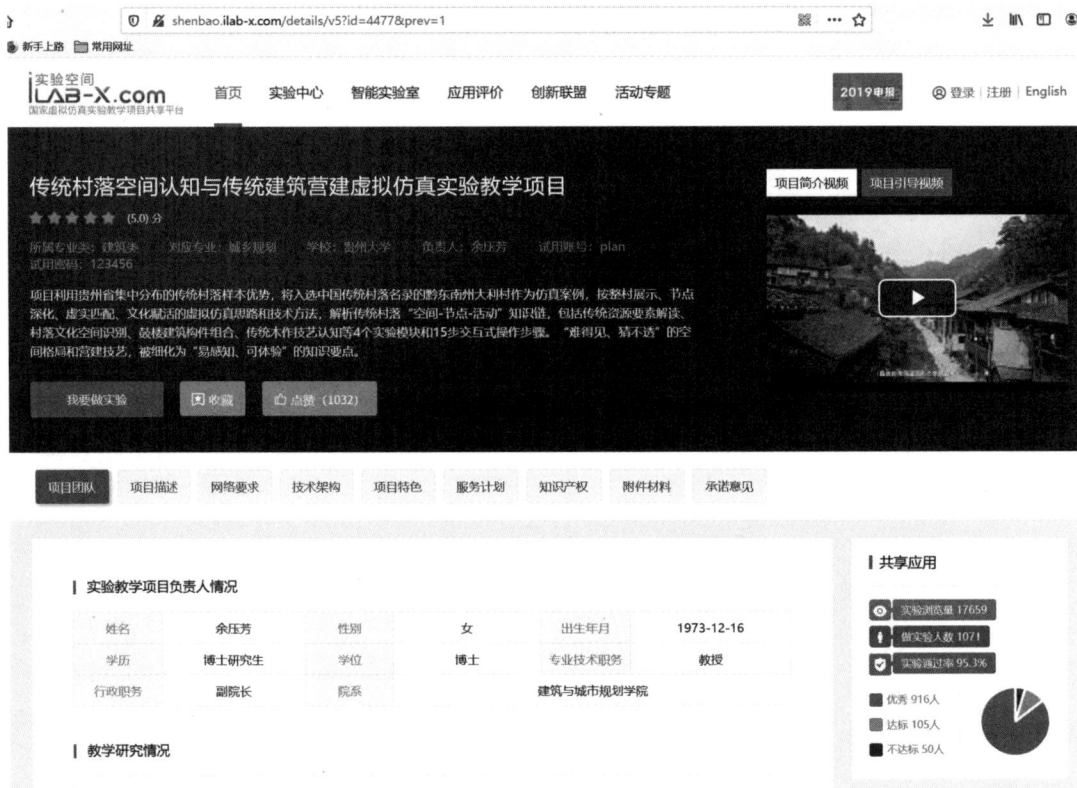

图4-2-1 实验空间网站——传统村落空间认知与传统建筑营建虚拟仿真实验教学项目网页

力求使实验者在轻松有趣的实验环境中，熟悉典型乡村聚落的物质类传统资源及其所承载的非物质文化遗产，掌握传统村落选址与格局、传统建筑、历史环境要素、非物质文化遗产的认知、识别、传承和再现关键环节，将"难得见、猜不透"的文化空间，细化为"易感知、可体验"的综合性知识要点。

二、文化空间虚拟仿真实验使用目的

该实验的使用目的是提供虚实匹配、文化赋活的素材和非常规观察视角使学生迅速了解传统村落的空间实体要素、非物质文化遗产及其相互依存关系，了解传统建筑的空间形态和营建技艺。传统村落认知实习课课时有限，学生人数多，图片和普通视频的方法教学可能存在学生没有完全掌握村落基本形态文化空间本质内涵等问题。为了改善这一现状，项目按照"教"、"学"过程需求，建设了传统村落和传统建筑等实验内容。内容主要分为演示教学和自主学习两种模式，包含传统资源要素解读、村落文化空间识别、鼓楼建筑构件组合、传统木作技艺认知等四个学习模块。为学生提供了文化表现形式和文化空间的匹配功能、鼓楼营建技艺的拆解功能，对传统学习进行了良好的补充。村落文化表现形式和文化空间的匹配模块可以让学生自主选择匹配顺序，鼓楼营建构件的拆解组装可以让学生反复练习组建步骤，培养学生的实验设计能力和科研思路，增强学生的自主学习能力。采用多维度的交互方式进行教学、学习和考核；采用沉浸式 VR 交互，进行小班研讨式教学；支撑自主实验设计中的小组合作式讨论；通过线上自学考核系统，实现学生探究式自主学习，培养学生的创新意识与技能。克服了学生在基础学习阶段进行田野观察的困难，同时可以反复练习，使学生获得充分的学习机会，充分加强城乡规划基本知识、基本操作的锻炼，为将来规划设计课程学习打下坚实的基础。

1. 通过传统资源要素解读和村落文化空间识别，学习和掌握以下内容：

（1）观察传统村落的传统资源——选址格局特点，重点感受高空倾斜视角下传统村落的山体、河流、梯田、林地和建筑群的整体构成关系。

（2）掌握传统村落中的传统资源——传统建筑和历史环境要素，观察传统建筑集中分布的特点和空间形态，观察历史环境要素的散点分布特点和形态特征。

（3）掌握传统村落中非物质文化遗产两大类型——文化空间和文化表现形式，观察文化空间的分布特点，了解文化表现形式的具体类别和活动方式。

（4）学习文化空间和文化表现形式的匹配关系，了解二者之间复合对应关系，了解某文化表现形式的活动场所空间分布，或某文化空间中所承载的多种文化表现形式。

2. 通过学习鼓楼建筑构建组合和传统木作技艺认知，学习和掌握以下内容：

（1）掌握传统木作的榫卯结构原理，了解木作构件的组合技艺和关键工序；

（2）侗族村寨中的核心节点——鼓楼建筑的空间形态和构成特征，360度旋转视角下观察建筑构成特点；

（3）观察鼓楼建筑的25组构件的特定位置及其与其他构件的组合关系；

（4）了解鼓楼搭建的基本过程，学习木结构建筑的大木作、小木作、瓦作及装饰等营建程序和营建技艺。

三、文化空间虚拟仿真实验案例——贵州省黔东南州大利村

文化空间虚拟仿真实验案例选自贵州省。贵州省是入选国家级传统村落和国家级少数民族特色村寨数量最多的省份，总量居全国之首。贵州民族特色村寨拥有各美其美的山水、美人之美的文化和美美与共的乡愁，地理环境独特、文化底蕴深藏，有18个世居民族、百余个文化支系，占全国九成以上的仡佬族、布依族、水族，约半数的侗族、苗族在这里生存。传统工匠用一把鲁班尺、几片墨字天书建造村寨，濒临失传的技艺神秘而让人敬畏，形成了传统村落丰富多彩的民族特点，非物质文化遗产表现形式和文化空间十分丰富。

大利村是中国传统村落、中国历史文化名村、世界文化遗产预备名录预选地、全国重点文物保护单位，始建于明末清初，为侗族聚居村（图4-2-2）。该村于2006年被列入世界文化遗产预备名录，2012年被列入第一批中国传统村落名录，2013年被国务院公布为第七批全国重点文物保护单位，2014年被列入第六批中国历史文化名村，2018年被选入"贵州省传统村落保护发展示范村"，是典型的侗族传统村落，侗族传统村落也是中国传统村落中聚族而居数量最多的村落类型之一。大利村作为著名的"侗族大歌之乡"，是世界非物质文化遗产贵州侗族大歌的空间载体。

选择榕江县大利村侗族传统村落作为文化空间虚拟仿真实验教学案例，具有地域代表

图4-2-2 贵州省黔东南州榕江县大利村全景（资料来源：《记载乡愁——中国传统村落·贵州省黔东南篇（一）》）

性、典型性和趣味性，有利于项目的后期推广和延伸建设。大利村的文化空间识别结果在第三章第四节有详细表述，为方便读者，本节以图片形式再次介绍其核心知识（图4-2-3～图4-2-5）。

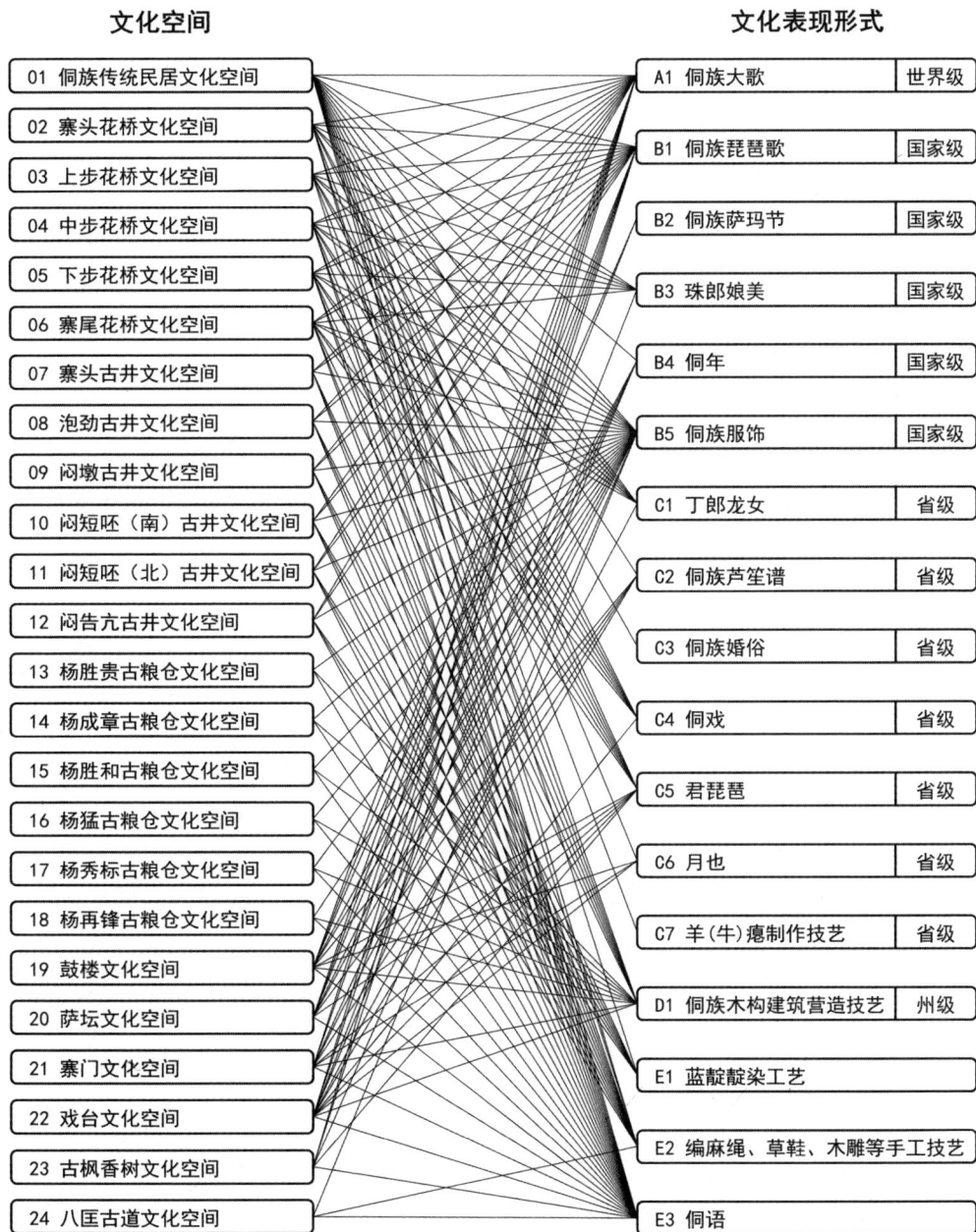

文化空间	文化表现形式	
01 侗族传统民居文化空间	A1 侗族大歌	世界级
02 寨头花桥文化空间	B1 侗族琵琶歌	国家级
03 上步花桥文化空间	B2 侗族萨玛节	国家级
04 中步花桥文化空间	B3 珠郎娘美	国家级
05 下步花桥文化空间	B4 侗年	国家级
06 寨尾花桥文化空间	B5 侗族服饰	国家级
07 寨头古井文化空间	C1 丁郎龙女	省级
08 泡劲古井文化空间	C2 侗族芦笙谱	省级
09 闷墩古井文化空间	C3 侗族婚俗	省级
10 闷短呸（南）古井文化空间	C4 侗戏	省级
11 闷短呸（北）古井文化空间	C5 君琵琶	省级
12 闷告亢古井文化空间	C6 月也	省级
13 杨胜贵古粮仓文化空间	C7 羊（牛）瘪制作技艺	省级
14 杨成章古粮仓文化空间	D1 侗族木构建筑营造技艺	州级
15 杨胜和古粮仓文化空间	E1 蓝靛靛染工艺	
16 杨猛古粮仓文化空间	E2 编麻绳、草鞋、木雕等手工技艺	
17 杨秀标古粮仓文化空间	E3 侗语	
18 杨再锋古粮仓文化空间		
19 鼓楼文化空间		
20 萨坛文化空间		
21 寨门文化空间		
22 戏台文化空间		
23 古枫香树文化空间		
24 八匡古道文化空间		

图4-2-3 大利村文化空间和文化表现形式对应连线图

图4-2-4 大利村文化表现形式节选

图4-2-5 大利村文化空间单元节选

四、文化空间虚拟仿真实验内容及操作步骤

1. 文化空间虚拟仿真实验的整体架构

实验内容包括涵盖传统资源要素解读、村落文化空间识别、鼓楼建筑构件组合、传统木作技艺认知、知识考核、实验总结、扩展学习等7个知识单元，学生需开展至少15步视角转换、空间定义、模块匹配、拆解组合、练习考核等类别的交互性操作，通过4学时的实验操作，可以了解传统村落的基本概念，领略到西南地区山地村落的空间肌理、侗族文化的民族特色，解密鼓楼建筑的营造技艺等（图4-2-6）。

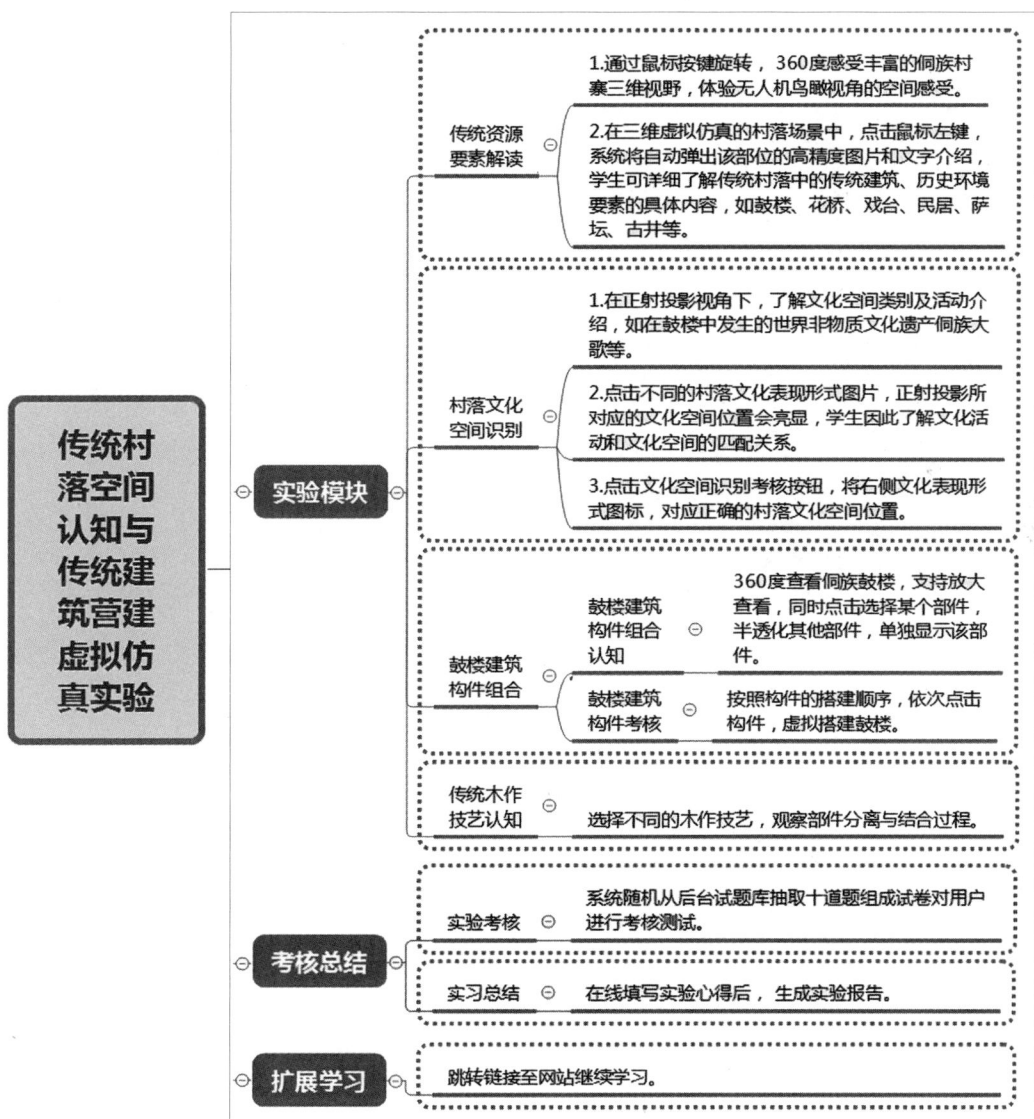

图4-2-6 传统村落空间认知与传统建筑营建虚拟仿真实验系统架构图

2. 实验内容及操作步骤

整个项目的实验内容完整饱满、交互维度多、效果逼真，实现了互动式、研讨式教学；倡导自主式、合作式、探究式学习。线上系统为 Web 端提供了登录界面，所有的学生账号和老师账号都是连接校园学生管理平台的，对人员信息和实验过程进行管理。实验方法以自主实验为基础，学生在系统提示下，可独立开展实验。整个实验的交互性强，操作界面简单有趣，学生在一台普通电脑前即可开展实验，实验操作方法分为演示示例和练习考核两大类别，在不同的实验模块中，学生均可点击不同的实验模块，选择示例学习或者联系考核单元，开展实验（图4-2-7）。

图4-2-7 文化空间虚拟仿真实验交互界面一

（1）实验模块一：传统资源要素解读

操作步骤：按住鼠标右键旋转村落模型，感受丰富的侗族村寨三维视野，体验无人机鸟瞰视角的空间感受（图4-2-8）。

操作步骤：配合鼠标滚轮滑动，可调整鸟瞰视角的不同方位、不同倾斜角，观察村落远景或近景。在三维虚拟仿真的村落场景中，通过鼠标左键点击地图上标点，系统将自动弹出该点的高精度图片和文字介绍，学生可详细了解传统村落中的传统建筑、历史环境要素的具体内容，如鼓楼、花桥、戏台、民居、萨坛、古井等（图4-2-9）。

（2）实验模块二：村落文化空间识别与匹配

1）文化空间识别

操作步骤：在三维村落场景中，按住鼠标右键，可以360度旋转村落模型，了解文化空间分布。鼠标点击文化空间相应标点，了解文化空间类别及活动介绍，如在鼓楼中发生的世界非物质文化遗产侗族大歌等（图4-2-10）。

图4-2-8 文化空间虚拟仿真实验交互界面二

图4-2-9 文化空间虚拟仿真实验交互界面三

图4-2-10 文化空间虚拟仿真实验交互界面四

2）文化表现形式识别

操作步骤：鼠标悬停不同的村落文化表现形式图片，正射投影图上所对应的文化空间原点变成红色显示，鼠标左键点击文化表现形式，弹窗显示文化表现形式的内容（图4-2-11）。

图4-2-11 文化空间虚拟仿真实验交互界面五

3）文化空间识别考核

操作步骤：通过鼠标按键将右侧文化表现形式拖至对应正确的村落文化空间位置，选择完成后提交显示考核成绩（图4-2-12）。

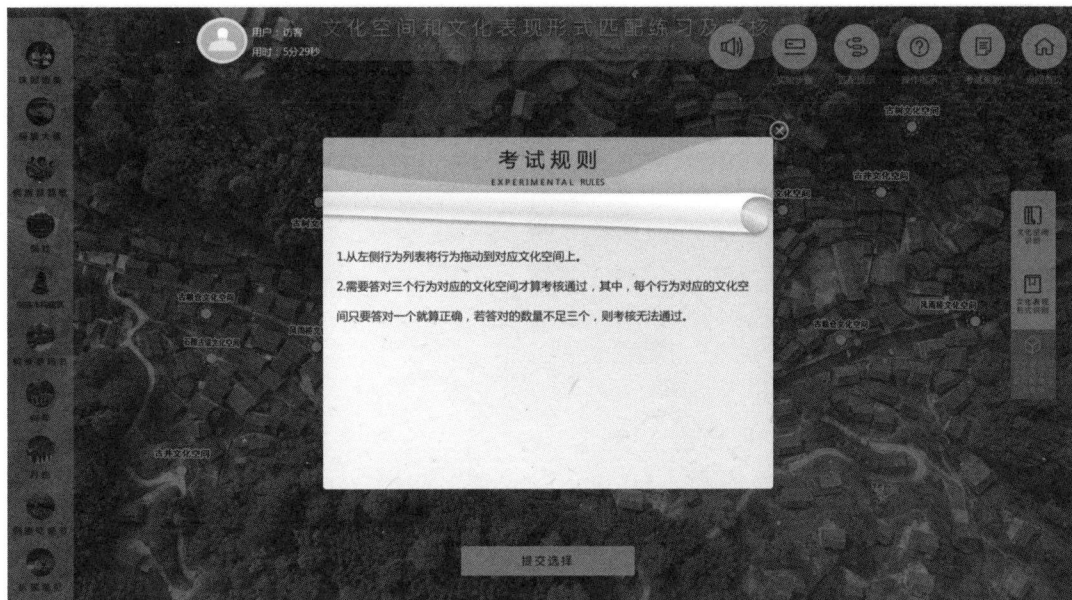

图4-2-12 文化空间虚拟仿真实验交互界面六

（3）实验模块三：鼓楼建筑构件组合

该模块分为鼓楼认知、鼓楼搭建认知和鼓楼搭建考核功能。

1）鼓楼认知

操作步骤：按住鼠标右键旋转鼓楼三维仿真模型，通过鼠标滚轮可放大观察鼓楼建筑形态、构成与空间特点。点击不同的构件图标，观察20多组构件的不同位置，移动鼠标感受360度视角体验，记忆构件组合顺序（图4-2-13）。

2）鼓楼搭建认知

操作步骤：通过鼠标左键点击查看各个搭建步骤的过程，按住鼠标右键可360度旋转查看，鼠标中键可以放大查看（图4-2-14）。

3）鼓楼搭建考核

操作步骤：根据系统提示的构件搭建顺序，从构件库中选择相应构件，选择错误，扣除该步骤的分数，选择正确后才能进行下一步搭建，虚拟搭建完成后，给出搭建成绩（图4-2-15）。

（4）实验模块四：传统木作技艺认知

操作步骤：选择不同的鼓楼木作构件技艺，点击分离按钮，通过鼠标右键可以360度旋转查看木作构件技艺分离过程，鼠标中键放大观察部件细节。点击结合按钮，通过鼠标右键可以360度旋转查看木作构件技艺过程，鼠标中键放大观察木构拼接过程（图4-2-16）。

图4-2-13 文化空间虚拟仿真实验交互界面七

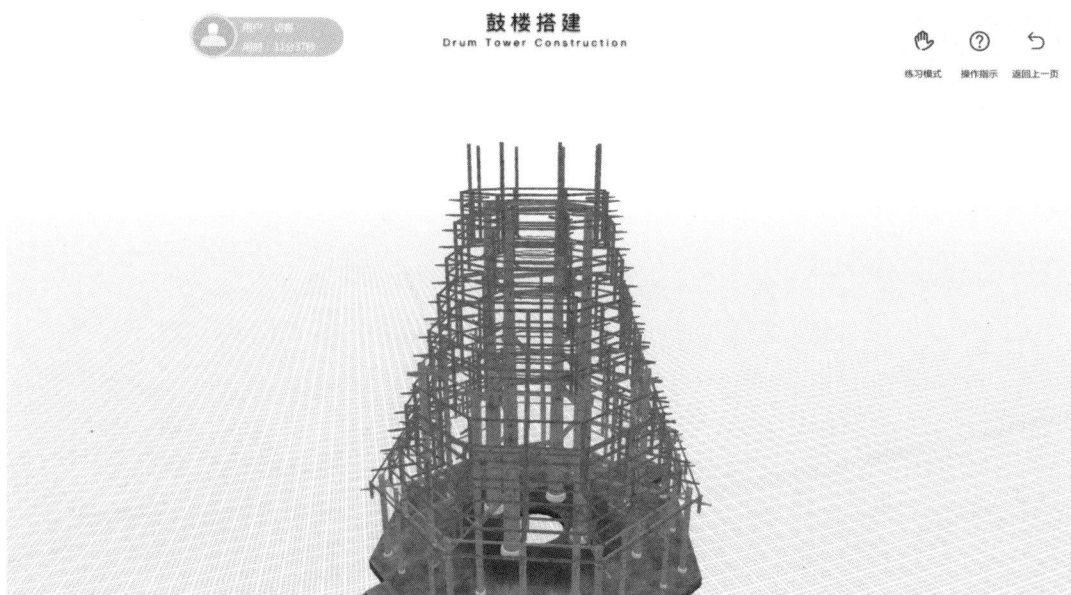

图4-2-14 文化空间虚拟仿真实验交互界面八

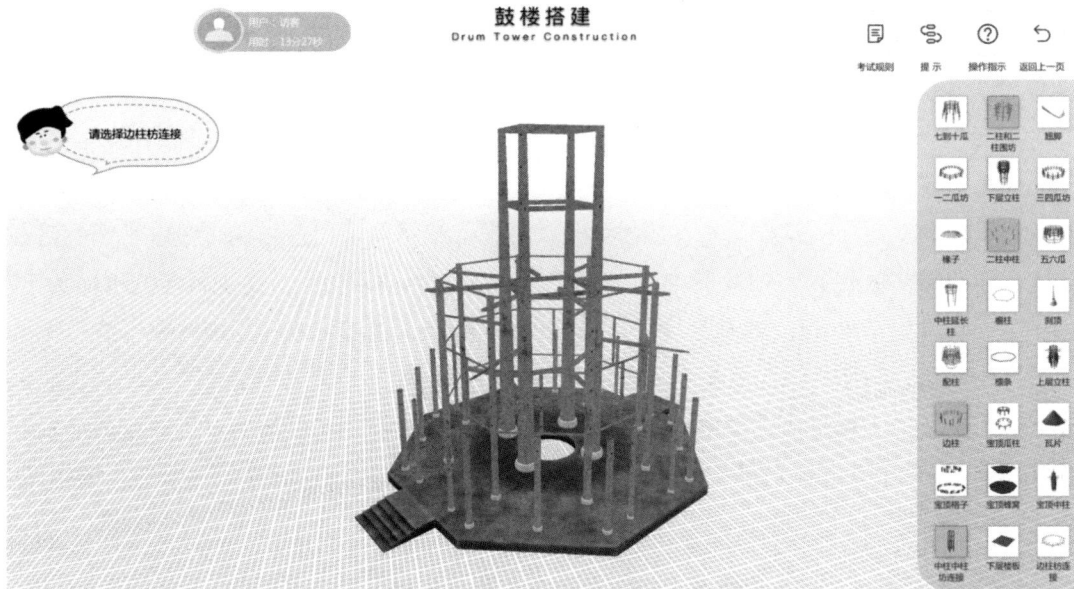

图4-2-15 文化空间虚拟仿真实验交互界面九

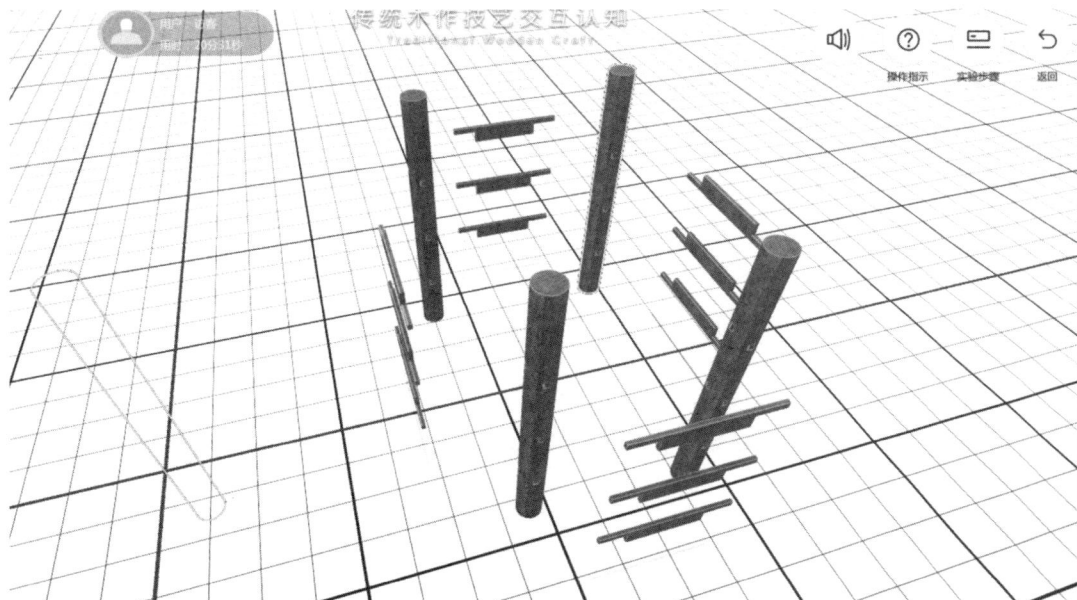

图4-2-16 文化空间虚拟仿真实验交互界面十

五、文化空间虚拟仿真实验特色总结

1. 虚拟仿真实验将文化空间的抽象信息转化为生动的实验篇章

人类赖以生存的环境包括城市和乡村两大组成部分，城乡规划学科的实践性很强，城乡规划设计是全国教学指导委员会发布的城乡规划本科专业指导性教学文件明确要求的核心主干课程。党的十九大提出了乡村振兴战略，《城乡规划设计四（乡村规划设计）》课程教学担负着更为紧迫的时代使命：如何强化乡村规划中的社会科学属性，更深入理解乡土文化、地域文化、民族文化与自然的共生关系。文化空间虚拟仿真实验提供了虚实匹配的文化空间和文化表现形式、文化信息交互实验，比传统教学更生动地呈现村落的传统文化。除了让知识点更形象，让传统村落空间的认知更方便，学生还可以在虚拟实习系统中了解传统村落物质空间所承载的非物质文化遗产活动，通过对文化空间和文化表现形式之间的虚实匹配练习，了解非物质文化遗产在传统村落中的活动机理，继而通对宏观村落环境、围观建筑节点和村民活动的认知，使同学们建立起"空间—节点—活动"的完整知识链体系，探究传统村落演变过程，初步培养学生的科研观念及兴趣。

2. 虚拟仿真实验让学生短时间内了解传统村落的文化内涵

城乡规划的优秀样本资源分布广泛，横跨全国，实习实验教学一直存在教学成本高、实验消耗高的问题。传统村落作为乡村规划的优秀样本，汇聚着重要的选址与格局、传统建筑、历史环境要素、非物质文化遗产等丰富信息，也是教学大纲中要求学生掌握的知识内容。由于到村落所在地开展实地观察路途遥远、耗时长、花费高，且现场调研中对高空倾斜视角图片获取存在一定难度、对村落文化信息的获取存在偶然性和随机性。因此，该实验可以提供独特的传统村落高空观察视角 3D 模型，比传统教学图片或视频相比可以更好地展示村寨空间格局、特征和要素构成，解决传统实验无法真实还原复杂的传统村落空间意向的根本问题。

3. 可激发建筑类学生的学习兴趣，培养知行合一思路

以城乡规划学本科专业核心课程中的实验教学信息化内容为指向，将虚拟仿真技术应用于城乡规划学实验中。此时学生已经学习了建筑类的基础课程，开始进入规划设计学习阶段，是城乡规划专业学生从建筑类大类视野向城乡规划领域过渡、从理论走向实践的阶段，是为逐渐掌握城乡规划各层次领域的规划方法学习打下坚实基础的关键时期。通过村寨文化空间的实验探索，既可培养建筑类学生学习的浓厚兴趣，又促使学生以更加扎实的基础知识及技能、更明确的学习目的进入规划设计学习，使得实习认知更加到位，为更好地把实习认知应用到规划设计课程中奠定基础。

第三节 文化空间识别应用于传统村落示范村建设案例

一、非遗扶贫就业工坊及重点支持地区概况

2018 年 7 月 18 日，文化和旅游部办公厅、国务院扶贫办综合司关于支持设立非遗扶贫就业工坊的通知（办非遗发〔2018〕46 号）[①]指出："非物质文化遗产"（以下简称"非遗"）特别是传统工艺与人民群众生产生活密切相关，具有促进就业增收的独特优势。为深入贯彻落实党的十九大精神和习近平扶贫思想，全面贯彻落实党中央关于深度贫困地区脱贫攻坚的总体部署，进一步推进文化扶贫工作，文化和旅游部、国务院扶贫办以深度贫困地区"三区三州"为重点，兼顾部分少数民族地区国家级贫困县，选取确定了第一批"非遗＋扶贫"重点支持地区，支持设立非遗扶贫就业工坊。其基本路径是"支持设立非遗扶贫就业工坊；组织传统工艺手艺培训，帮助当地建档立卡贫困户学习传统工艺，掌握相关技能；组织专家团队，对传统工艺产品进行专业设计和改造提升；搭建平台，支持电商企业等通过订单生产、以销定产等方式，帮助销售非遗扶贫就业工坊生产的传统工艺产品，形成扶贫就业、产业发展和文化振兴的多赢格局。"

第一批公布的"非遗＋扶贫"重点支持地区包括：四川省凉山彝族自治州（以昭觉县、布拖县为重点）；甘肃省临夏回族自治州（以临夏县、积石山县为重点）；云南省怒江傈僳族自治州（以福贡县、贡山县为重点）；西藏自治区拉萨市尼木县；新疆维吾尔自治区和田地区墨玉县；青海省黄南藏族自治州同仁县；河北省承德市丰宁满族自治县；广西壮族自治区崇左市龙州；湖南省湘西土家族苗族自治州花垣县；贵州省黔东南苗族侗族自治州雷山县。上述 10 个地区中，有 50% 位于西南地区，可见西南地区的非物质文化遗产广泛分布的显著特点。

二、麻料村"非遗+扶贫"试点简况

贵州省黔东南苗族侗族自治州雷山县是我国 2018 年第一批公布的"非遗＋扶贫"10 个重点支持地区之一（图 4-3-1）。雷山县西江镇麻料银匠村在 2017 ～ 2019 年间经历了传统工艺振兴，经历了让"空心村"变"人气村"、"旅游村"的发展。2017 年，在传统工艺贵州工作站等部门的共同发力下，麻料传统银匠村经历提议、建议、构思、改造、创新、发展，成为文化和旅游部非遗司传统工艺振兴的观测点、非遗扶贫的试点。从 2017 年开始，麻料村全村 113 户入股近 100 万元成立麻料村银饰公司，申请了 58 万元扶贫资金，将村里废弃的小学改造成银饰加工坊、银饰刺绣传习馆。村民联合成立百匠银器合作社、

---

① 资料来源：http://www.ihchina.cn/news_2_details/8862.html.

银绣旅游发展有限公司、银匠协会等，吸引在外经营的银匠回到村里抱团创业，并采取"公司＋合作社＋贫困户"的经营模式振兴乡村。2018年，带动全村46户贫困户加入合作社，村寨恢复"银匠天天作"的景象。到2019年底，获得住房和城乡建设建部确定为美好环境与幸福生活共同缔造活动第一批精选试点村，同期，获得贵州省传统村落示范村。依托国家级非物质文化遗产"苗族银饰锻造技艺"设立的"非遗扶贫就业工坊"，在全村形成了规模化扩展趋势，目前已有14家在开展文化传习和工坊运作活动。[①]

图4-3-1 麻料村全景（资料来源：麻料村村委会）

麻料村位于雷山县西江镇东北部，距西江千户苗寨车程约30分钟，主要以苗族聚居。全村世代以银饰加工为生，据传约有800年历史，是远近闻名的"银匠村"，西江千户苗寨的银饰产品，大部分来自麻料村。

2006年苗族银饰锻制技艺被列入第一批国家级非物质文化遗产。2009年雷山县被评为"中国银饰之乡"，麻料与控拜、乌高三个村寨素有"银匠之村"的美誉，三村相连且均为中国传统村落。2013年麻料村被列入第二批中国传统村落名录，2017年被列入第二批中国少数民族特色村寨。村寨名人银匠李光雄，是李氏银匠的第16代嫡传弟子，也是走出大山第一人，领导和组织了现代苗族银饰改革，2007年被评为中国民族博物馆工艺大师。2018年麻料村挂牌为"传统工艺贵州工作站麻料银饰传承基地"，同年建设麻料银饰刺绣

①资料来源：传统工艺贵州工作站官网（2020/01/05），国家文化和旅游部非物质文化遗产司支持https://mp.weixin.qq.com/s?__biz=MzUyMzk2MzE2Mw==&mid=2247489152&idx=1&sn=e6c5b266d20fc1fd1be3c2fbc25d8ee1&chksm=fa35c8f4cd4241e2471d4e9d24fd3ff7f58d1dc6e4b495fc501b323e2fe5c1a039bbfabedc9f&mpshare=1&scene=23&srcid=0207w3bZqceV51yedQ4vcyPB&sharer_sharetime=1581066679428&sharer_shareid=e7556cbbebf7f6416fe8d9f2166078fd#rd

传习馆，同时挂牌作为全国第一所银匠免费培训学校、麻料银绣博物馆、雷山县西江镇麻料村银匠协会等，目前已经吸引了各大高校来此实践（图 4-3-2 ～图 4-3-4）。

图4-3-2 麻料村苗族银饰锻制拉丝工艺典型作品(资料来源：麻料村村委会)

图4-3-3 麻料村银饰精品一(资料来源：麻料村村委会)

图4-3-4 麻料村银饰精品二(资料来源：麻料村村委会)

三、麻料村的文化空间识别结果回顾

麻料村的非物质文化遗产非常丰富，拥有国家级非物质文化遗产7项：苗族银饰锻制技艺、苗绣、苗寨吊脚楼营造技艺、苗族牯藏节、苗年、苗族芦笙舞、苗族飞歌；省级非物质文化遗产3项：苗族服饰文化、苗族吃新节、苗族酒礼歌；州级非物质文化遗产3项：苗族古歌、苗族米酒酿造技艺、雷山苗族婚俗。运用本书前述的识别技术，麻料村的文化空间识别结果在第三章有详细介绍，本节只索引重要图片和内容，详细内容参见第三章第二节（图4-3-5、图4-3-6）。

01 苗族传统民居文化空间	07 土地庙文化空间	13 三号古树文化空间	19 一号桥文化空间
02 一号古井文化空间	08 银饰刺绣传习馆文化空间	14 四号古树文化空间	20 二号桥文化空间
03 二号古井文化空间	09 芦笙场文化空间	15 五号古树文化空间	
04 三号古井文化空间	10 宝山文化空间	16 一号古树群文化空间	
05 古塘文化空间	11 一号古树文化空间	17 二号古树群文化空间	
06 寨门文化空间	12 二号古树文化空间	18 三号古树群文化空间	

| 文化空间单元鸟瞰分布图 | 贵州省雷山县麻料村 | 第二批中国传统村落 | 2019/10采集 |

图4-3-5 麻料村文化空间鸟瞰分布图

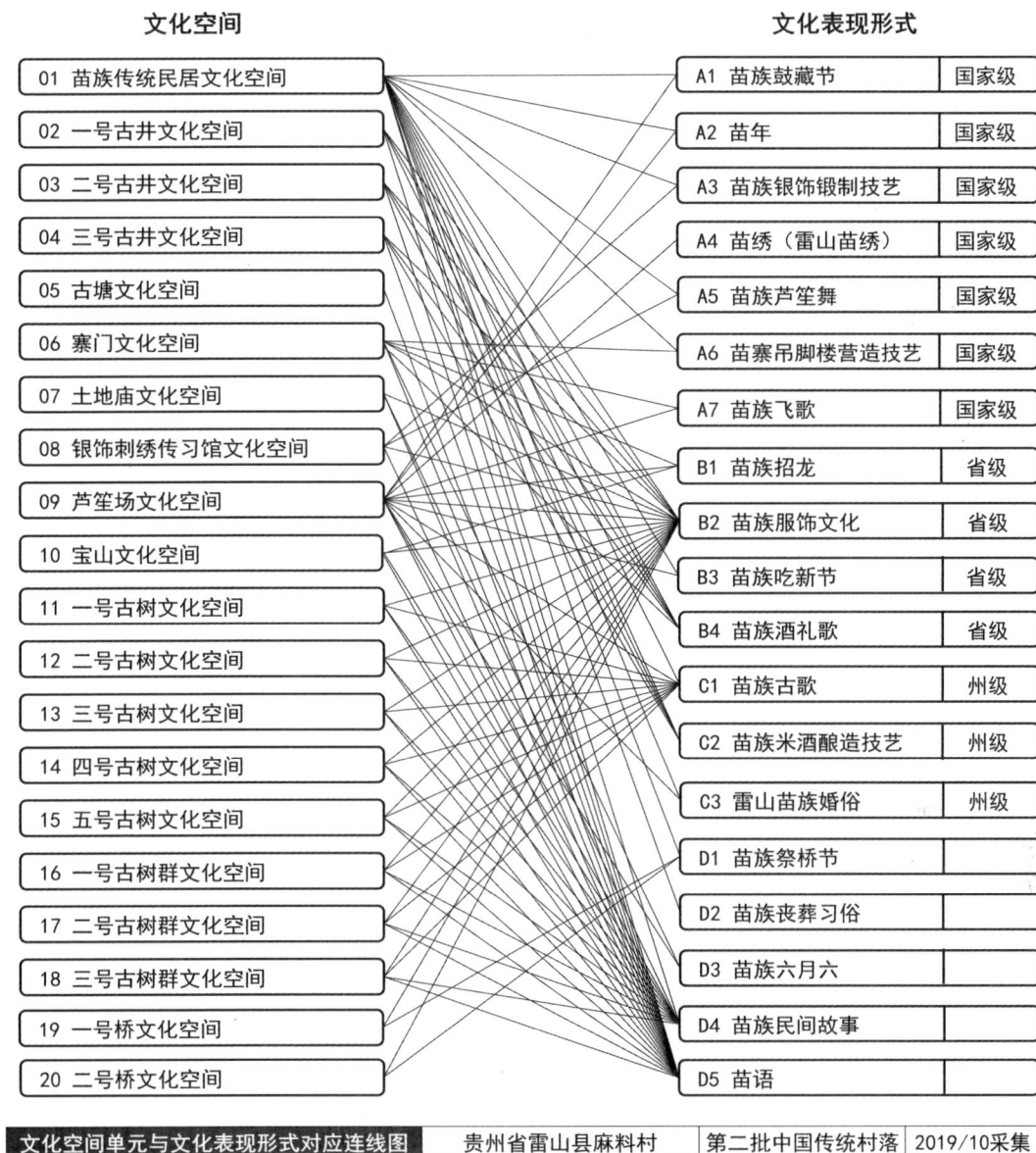

文化空间

01 苗族传统民居文化空间		A1 苗族鼓藏节	国家级
02 一号古井文化空间		A2 苗年	国家级
03 二号古井文化空间		A3 苗族银饰锻制技艺	国家级
04 三号古井文化空间		A4 苗绣（雷山苗绣）	国家级
05 古塘文化空间		A5 苗族芦笙舞	国家级
06 寨门文化空间		A6 苗寨吊脚楼营造技艺	国家级
07 土地庙文化空间		A7 苗族飞歌	国家级
08 银饰刺绣传习馆文化空间		B1 苗族招龙	省级
09 芦笙场文化空间		B2 苗族服饰文化	省级
10 宝山文化空间		B3 苗族吃新节	省级
11 一号古树文化空间		B4 苗族酒礼歌	省级
12 二号古树文化空间		C1 苗族古歌	州级
13 三号古树文化空间		C2 苗族米酒酿造技艺	州级
14 四号古树文化空间		C3 雷山苗族婚俗	州级
15 五号古树文化空间		D1 苗族祭桥节	
16 一号古树群文化空间		D2 苗族丧葬习俗	
17 二号古树群文化空间		D3 苗族六月六	
18 三号古树群文化空间		D4 苗族民间故事	
19 一号桥文化空间		D5 苗语	
20 二号桥文化空间			

文化表现形式

文化空间单元与文化表现形式对应连线图　贵州省雷山县麻料村　第二批中国传统村落　2019/10采集

图4-3-6 麻料村文化空间单元与文化表现形式对应连线图

四、麻料村传统村落保护发展示范村实施方案创新思路

2019 年，麻料村被作为列入贵州省传统村落示范村候选名单后，需要编制针对性的实施方案，开展持续建设以巩固麻料村的特色发展，本课题组作为驻村专家团队，应邀开展专题研究，通过实地考察、互动交流、现场体验，思考探索如何致力于让传统文化和技艺在当下社会展现出新的时代魅力，使非物质文化遗产助力脱贫攻坚、助力乡村振兴，充分

利用文化空间识别结果，制定了以文化空间活力提升为核心的麻料村整村保护和活化利用实施方案，该方案在贵州省 2019 年度传统村落示范村项目评选中名列榜首。

1. 麻料银匠村现状问题总结

（1）村内银匠外出务工趋势日渐加剧，银饰锻制技艺传承式微；

（2）针对历史环境要素的保护不够到位，部分文化空间亟需修缮；

（3）苗族银饰锻制技艺、苗绣（雷山苗绣）技艺传承式微；

（4）分散式的银饰工坊因产量小、样式单一，缺乏市场竞争力；

（5）银饰产业发展局限、银匠外出务工；

（6）村寨接待条件薄弱。

2. 示范方案主题和目标

"西江银饰天下知，麻料古村银匠集——基于苗族银饰锻制技艺非物质文化遗产活化利用的传统村落保护发展模式探索"。项目通过激活国家级非物质文化遗产苗族银饰锻制技艺的文化空间，实现两个目标：银饰加工特色产业发展收益优，苗族银饰锻制非遗技艺传承好（图 4-3-7）。

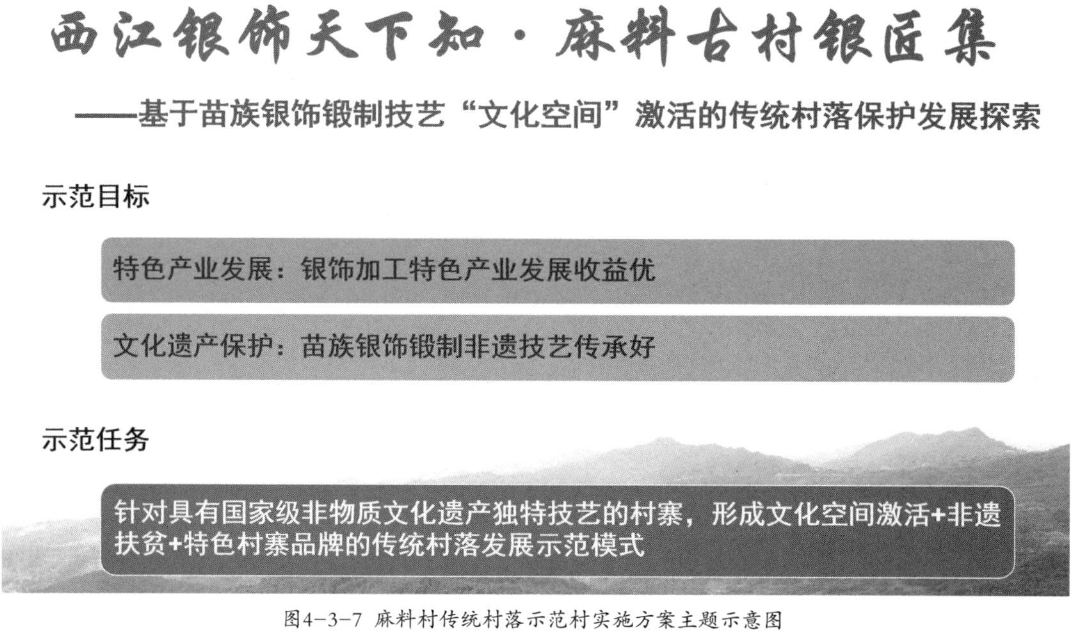

图4-3-7 麻料村传统村落示范村实施方案主题示意图

3. 示范方案示范思路（图4-3-8）

总思路 ◁ 两极一淳   两银两匠 ▷ 主抓手

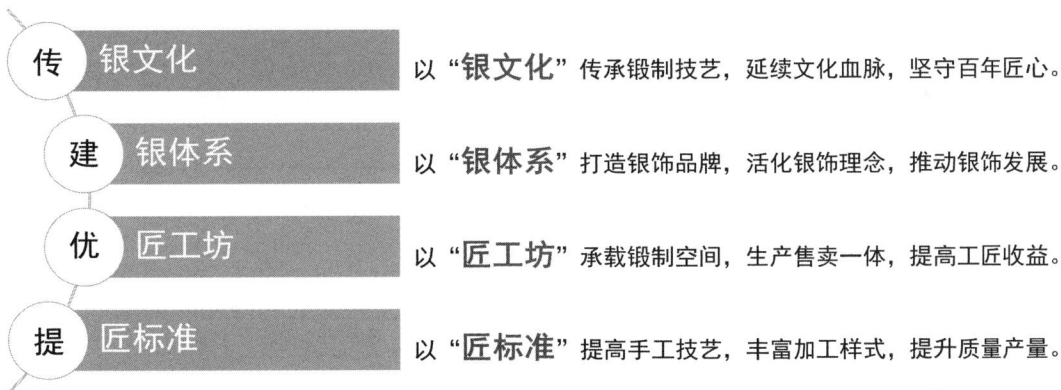

"两极一淳"——古今两极

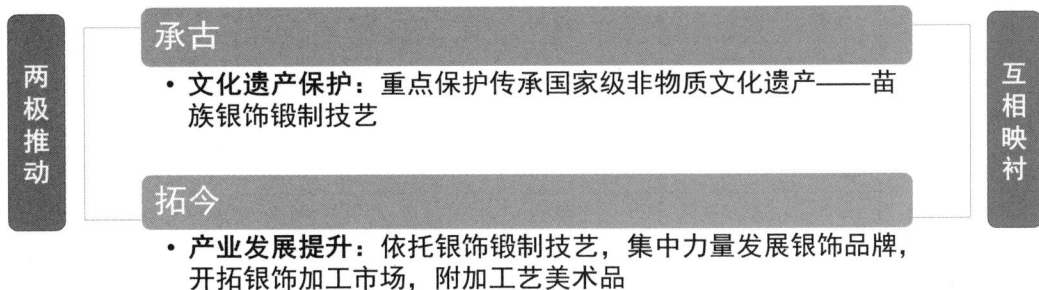

两极推动

承古

- **文化遗产保护**：重点保护传承国家级非物质文化遗产——苗族银饰锻制技艺

拓今

- **产业发展提升**：依托银饰锻制技艺，集中力量发展银饰品牌，开拓银饰加工市场，附加工艺美术品

互相映衬

"两银两匠"——主抓手

传　银文化　　以"**银文化**"传承锻制技艺，延续文化血脉，坚守百年匠心。

建　银体系　　以"**银体系**"打造银饰品牌，活化银饰理念，推动银饰发展。

优　匠工坊　　以"**匠工坊**"承载锻制空间，生产售卖一体，提高工匠收益。

提　匠标准　　以"**匠标准**"提高手工技艺，丰富加工样式，提升质量产量。

图4-3-8 麻料村传统村落示范村实施方案主题框架图

4. 核心保护内容

重点保护传承国家级非物质文化遗产——苗族银饰锻制技艺。通过保护苗族银饰锻制化空间，促进苗族银饰锻制技艺的活态传承（图4-3-9、图4-3-10）。

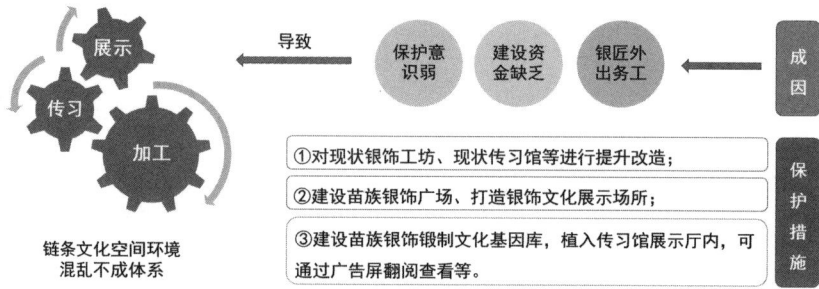

图4-3-9 麻料村传统村落示范村实施方案核心保护内容

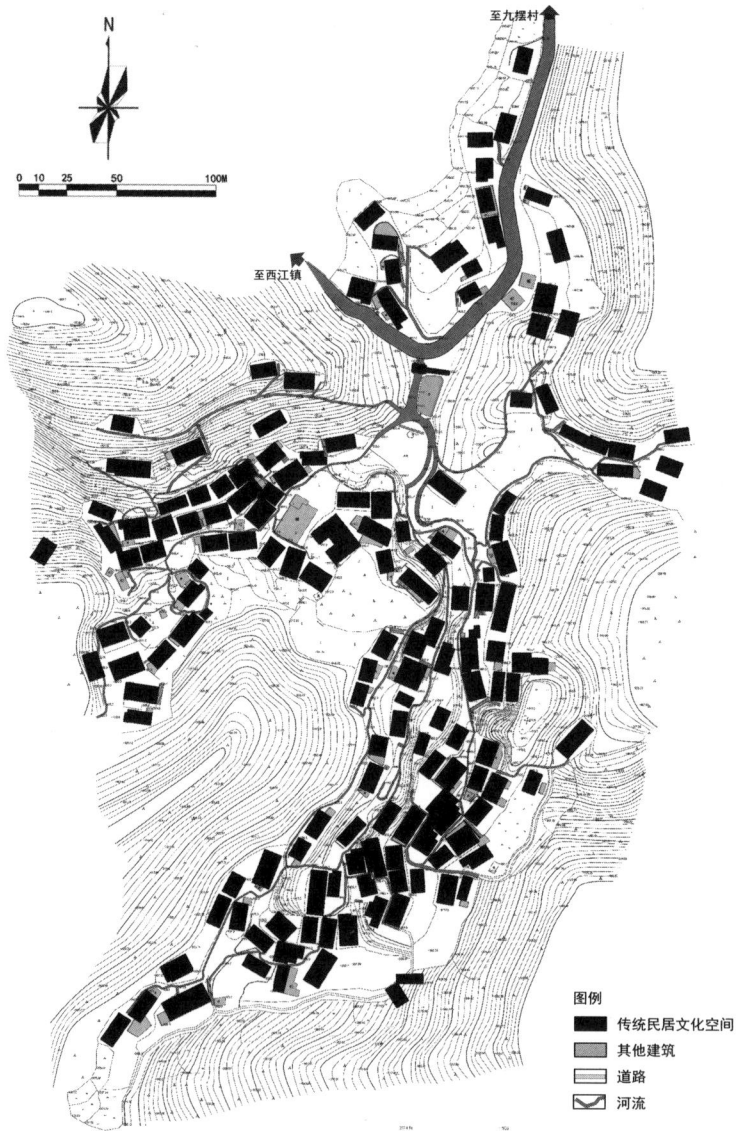

图4-3-10 麻料村苗族传统民居文化空间

5. 核心主导发展方向（图4-3-11～图4-3-13）

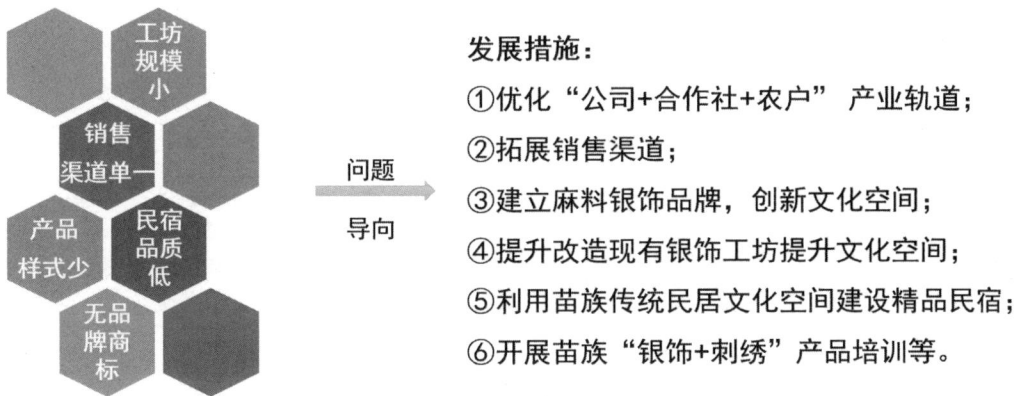

发展措施：

①优化"公司+合作社+农户"产业轨道；

②拓展销售渠道；

③建立麻料银饰品牌，创新文化空间；

④提升改造现有银饰工坊提升文化空间；

⑤利用苗族传统民居文化空间建设精品民宿；

⑥开展苗族"银饰+刺绣"产品培训等。

图4-3-11 麻料村传统村落示范村实施方案主导发展方向示意图一

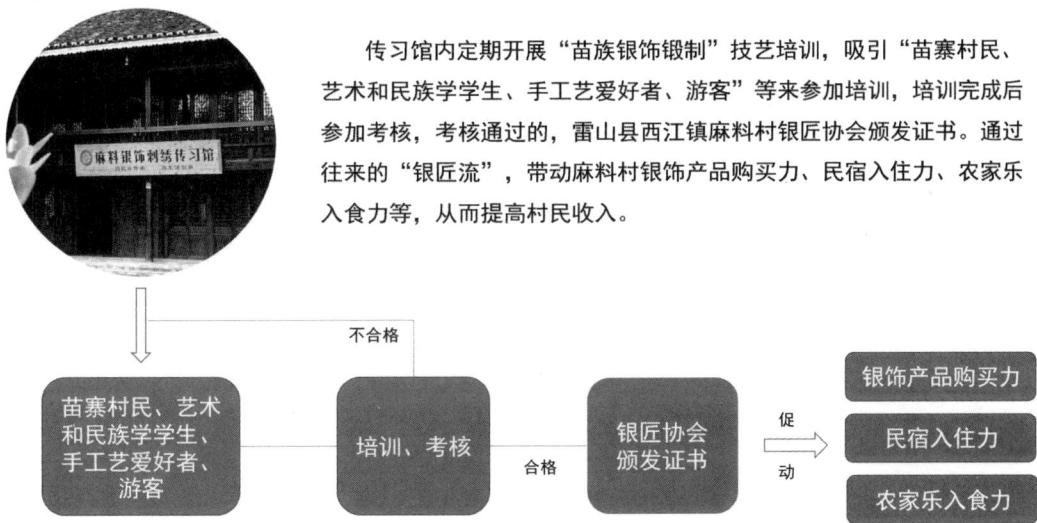

传习馆内定期开展"苗族银饰锻制"技艺培训，吸引"苗寨村民、艺术和民族学学生、手工艺爱好者、游客"等来参加培训，培训完成后参加考核，考核通过的，雷山县西江镇麻料村银匠协会颁发证书。通过往来的"银匠流"，带动麻料村银饰产品购买力、民宿入住力、农家乐入食力等，从而提高村民收入。

图4-3-12 麻料村传统村落示范村实施方案主导发展方向示意图二

充分激活传习馆文化空间

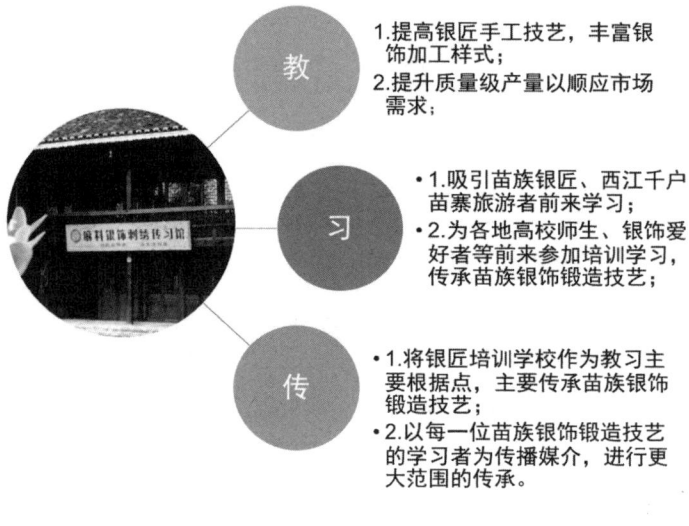

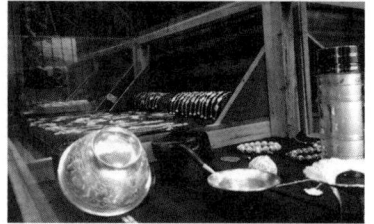

教
1.提高银匠手工技艺，丰富银饰加工样式；
2.提升质量级产量以顺应市场需求；

习
· 1.吸引苗族银匠、西江千户苗寨旅游者前来学习；
· 2.为各地高校师生、银饰爱好者等前来参加培训学习，传承苗族银饰锻造技艺；

传
· 1.将银匠培训学校作为教习主要根据点，主要传承苗族银饰锻造技艺；
· 2.以每一位苗族银饰锻造技艺的学习者为传播媒介，进行更大范围的传承。

图4-3-13 麻料村传统村落示范村实施方案主导发展方向示意图三

第五章

结语

西南少数民族村寨中的"文化空间"包含了时间意义的地域概念，兼具空间属性和时间属性，就空间属性看，文化空间涉及的区域往往是村寨整体保护中最为敏感的区域；就时间属性上看，文化空间涉及的活动规律的变化往往是村寨保护工作中容易忽略的现象。在环境复杂、多民族文化交织导致文化空间的多义性和认知模糊性下，"文化空间在哪里？"始终是一个模糊而又复杂问题，如何快速精准识别民族特色村寨中的文化空间，意义逐渐凸显。

2011 年开始，本研究团队提出了西南传统乡土聚落中的文化空间问题，属于早期认识，开展了西南传统乡土聚落文化空间变迁的研究，之后应用于贵州传统村落的保护发展规划中，实践证明，文化空间识别后进行保护发展规划工作，不仅能够保护文化空间本身，而且对于解决同质化问题，产生村落名片，独辟蹊径。文化空间的识别如果仅仅依靠调研者的个人文化素养和责任心，依赖调研过程中的偶然性，在部门走访、村民访谈、现场调研中发现文化空间后随机补充到基础调研数据中，采集到的文化空间信息往往具有一定典型性，但是缺乏全面性和历时性，且识别过程耗时长、见效慢、遗漏多，阻碍了文化空间的数据采集、规划导控等规范的进一步制定。技术瓶颈严重地阻碍了相关部门指引寻找、认定、保护文化空间的规划前端数据采集、过程导控等规范化进程。因此，研究一种高效、便捷、准确的文化空间识别技术，十分关键。

文化空间是一个轻松而又沉重的话题，轻松之处在于，自世界非物质文化遗产保护公约推出，就对其有了明确的定义，沉重之处在于，我国至今没有以文化空间类别的非物质文化遗产列入各级名录，文化空间的保护还没有步入名录化、制度化、法定化的轨道。过去的十年间，笔者开展的近百个村落的文化空间的调研识别活动，试图对其挖掘整理，提出了识别技术、方法和应用前景，以期对文化空间的研究提供一个窗口，抛砖引玉，若能为文化空间的研究学者提供资料参考，倍感欣喜，希望有更多的学者研究、品鉴文化空间，研究传统村落的文化空间。

鉴于民族特色存在文化空间识别理论和技术瓶颈突出，目前急需建构西南地区民族特色传统村落文化空间识别价值理论体系、技术执行体系、规划应用体系。尤其是在乡村振兴战略和全面复兴传统文化国策的实施过程中，文化空间的识别可以有效促进民族特色村寨文化自信的培育，进而实现扶志扶智基础上的村寨整体保护发展。因为文化空间的识别过程是一个综合技术应用、广泛公众参与的过程，一旦实现预期目标，有了通识性的文化空间识别方法，规划师、村民、文化遗产保护工作者均可灵活运用识别文化空间，对于摸清文化家底，树立文化自信，帮助村民找到文化线索，均具有较大的文化普及教育、潜移默化的文化滋养和文化传播的公益性意义。长此以往，将唤醒公众的"文化自觉"，使西南地区典型的特色民族传统文化真正成为助推乡村振兴战略和优秀传统文化复兴战略的有力武器。

处于西部欠发达地区的西南地区正在加速发展，现代文明正加速向农村地区渗透。传统村落所依赖的平衡环境正在被逐步打破，许多典型传统村落文化空间的存续面临挑战，亟需研究可行解决方案，加快传统村落文化空间的抢救性保护进程迫在眉睫。应对于山地民族地区文化空间多义性、认知模糊性，建议以文化空间的识别、解析与传承为主线，不断优化兼具系统、快速、有效特点的文化空间识别的理论和技术方法，突破西南地区民族特色传统村落文化空间识别难的理论和技术瓶颈，可依托 WEBGIS 等常见平台，建构交互式的过程可控、适时动态反馈的传统村落文化空间参数化识别框架，将文化空间分解为可感知、易测度的参数集合，深入剖析参数变量表征意义、活力状态和结构关系，实现同一平台上文化空间认定、文化空间属性甄别、文化空间活跃状态的综合判定，在文化空间传统特征因子采集、核心参数筛选、综合识别验证三阶段形成传统村落文化空间参数化识别技术，并经参数化推导假设与技术试验，探讨文化空间参数化识别要点与传统村落法定规划编制有效衔接的规划导控方向。

附录1 中国入选联合国教科文组织非物质文化遗产名录

序号	项目名称	类型	公布年份
1	昆曲	人类非物质文化遗产代表作名录	2008
2	古琴艺术	人类非物质文化遗产代表作名录	2008
3	新疆维吾尔木卡姆艺术	人类非物质文化遗产代表作名录	2008
4	蒙古族长调民歌	人类非物质文化遗产代表作名录	2008
5	中国篆刻	人类非物质文化遗产代表作名录	2009
6	中国雕版印刷技艺	人类非物质文化遗产代表作名录	2009
7	中国书法	人类非物质文化遗产代表作名录	2009
8	中国剪纸	人类非物质文化遗产代表作名录	2009
9	中国传统木结构建筑营造技艺	人类非物质文化遗产代表作名录	2009
10	南京云锦织造技艺	人类非物质文化遗产代表作名录	2009
11	端午节	人类非物质文化遗产代表作名录	2009
12	中国朝鲜族农乐舞	人类非物质文化遗产代表作名录	2009
13	妈祖信俗	人类非物质文化遗产代表作名录	2009
14	蒙古族呼麦歌唱艺术	人类非物质文化遗产代表作名录	2009
15	南音	人类非物质文化遗产代表作名录	2009
16	热贡艺术	人类非物质文化遗产代表作名录	2009
17	中国传统桑蚕丝织技艺	人类非物质文化遗产代表作名录	2009
18	龙泉青瓷传统烧制技艺	人类非物质文化遗产代表作名录	2009
19	宣纸传统制作技艺	人类非物质文化遗产代表作名录	2009
20	西安鼓乐	人类非物质文化遗产代表作名录	2009
21	粤剧	人类非物质文化遗产代表作名录	2009
22	花儿	人类非物质文化遗产代表作名录	2009
23	玛纳斯	人类非物质文化遗产代表作名录	2009
24	格萨（斯）尔	人类非物质文化遗产代表作名录	2009
25	侗族大歌	人类非物质文化遗产代表作名录	2009
26	藏戏	人类非物质文化遗产代表作名录	2009
27	羌年	急需保护的非物质文化遗产名录	2009
28	黎族传统纺染织绣技艺	急需保护的非物质文化遗产名录	2009
29	中国木拱桥传统营造技艺	急需保护的非物质文化遗产名录	2009
30	中医针灸	人类非物质文化遗产代表作名录	2010
31	京剧	人类非物质文化遗产代表作名录	2010
32	麦西热甫	急需保护的非物质文化遗产名录	2010

续表

序号	项目名称	类型	公布年份
33	中国水密隔舱福船制造技艺	急需保护的非物质文化遗产名录	2010
34	中国活字印刷术	急需保护的非物质文化遗产名录	2010
35	中国皮影戏	人类非物质文化遗产代表作名录	2011
36	赫哲族伊玛堪	急需保护的非物质文化遗产名录	2011
37	福建木偶戏后继人才培养计划	优秀实践名册	2012
38	中国珠算	人类非物质文化遗产代表作名录	2013
39	二十四节气——中国人通过观察太阳周年运动而形成的时间知识体系及其实践	人类非物质文化遗产代表作名录	2016
40	藏医药浴法——中国藏族有关生命健康和疾病防治的知识与实践	人类非物质文化遗产代表作名录	2018

资料来源：中国非物质文化遗产网·中国非物质文化遗产数字博物馆 http://www.ihchina.cn/）
数据截至时间 2020 年 2 月，经作者整理。

附录2 国家级非物质文化遗产代表性项目名录（西南地区节选）

一、民间文学（共36项）				
序号	项目编号	项目名称	申报地区或单位	公布批次	公布时间
1	I—1	苗族古歌	贵州省台江县、黄平县	第一批	2006.05
2	I—2	布洛陀	广西壮族自治区田阳县	第一批	2006.05
3	I—3	遮帕麻和遮咪麻	云南省梁河县	第一批	2006.05
4	I—4	牡帕密帕	云南省普洱市	第一批	2006.05
5	I—5	刻道	贵州省施秉县	第一批	2006.05
6	I—17	走马镇民间故事	重庆市九龙坡区	第一批	2006.05
7	I—23	刘三姐歌谣	广西壮族自治区宜州市	第一批	2006.05
8	I—27	格萨（斯）尔	西藏自治区，四川省，云南省，青海省，甘肃省，内蒙古自治区、巴林右旗，新疆维吾尔自治区，中国社会科学院《格萨（斯）尔》办公室	第一批	2006.05
9	I—28	阿诗玛	云南省石林彝族自治县	第一批	2006.05
10	I—61	仰阿莎	贵州省黔东南苗族侗族自治州	第二批	2008.06
11	I—62	布依族盘歌	贵州省盘县	第二批	2008.06
12	I—63	梅葛	云南省楚雄彝族自治州	第二批	2008.06
13	I—64	查姆	云南省双柏县	第二批	2008.06
14	I—65	达古达楞格莱标	云南省德宏傣族景颇族自治州	第二批	2008.06
15	I—66	哈尼哈吧	云南省元阳县	第二批	2008.06
16	I—67	召树屯与喃木诺娜	云南省西双版纳傣族自治州	第二批	2008.06

序号	项目编号	项目名称	申报地区或单位	公布批次	公布时间
一、民间文学（共36项）					
17	I—73	珠郎娘美	贵州省榕江县、从江县	第二批	2008.06
18	I—74	司岗里	云南省沧源佤族自治县、西盟佤族自治县	第二批	2008.06
19	I—75	彝族克智	四川省美姑县	第二批	2008.06
20	I—76	苗族贾理	贵州省黔东南苗族侗族自治州	第二批	2008.06
21	I—82	壮族嘹歌	广西壮族自治区平果县	第二批	2008.06
22	I—91	禹的传说	四川省汶川县、北川羌族自治县	第三批	2011.05
23	I—107	珞巴族始祖传说	西藏自治区米林县	第三批	2011.05
24	I—110	嘉黎民间故事	西藏自治区嘉黎县	第三批	2011.05
25	I—117	密洛陀	广西壮族自治区都安瑶族自治县	第三批	2011.05
26	I—118	亚鲁王	贵州省紫云苗族布依族自治县	第三批	2011.05
27	I—119	目瑙斋瓦	云南省德宏傣族景颇族自治州	第三批	2011.05
28	I—120	洛奇洛耶与扎斯扎依	云南省墨江哈尼族自治县	第三批	2011.05
29	I—121	阿细先基	云南省弥勒县	第三批	2011.05
30	I—122	羌戈大战	四川省汶川县	第三批	2011.05
31	I—124	酉阳古歌	重庆市酉阳土家族苗族自治县	第三批	2011.05
32	I—141	毕阿史拉则传说	四川省金阳县	第四批	2014.11
33	I—147	壮族百鸟衣故事	广西壮族自治区横县	第四批	2014.11
34	I—149	广阳镇民间故事	重庆市南岸区	第四批	2014.11
35	I—152	玛牧	四川省喜德县	第四批	2014.11
36	I—153	黑白战争	云南省丽江市古城区	第四批	2014.11
二、传统音乐（共43项）					
序号	项目编号	项目名称	申报地区或单位	公布批次	公布时间
37	II—15	石柱土家啰儿调	重庆市石柱土家族自治县	第一批	2006.05
38	II—16	巴山背二歌	四川省巴中市	第一批	2006.05
39	II—17	傈僳族民歌	云南省怒江傈僳族自治州、泸水县	第一批	2006.05
40	II—24	川江号子	重庆市、四川省	第一批	2006.05
41	II—25	南溪号子	重庆市黔江区	第一批	2006.05
42	II—26	木洞山歌	重庆市巴南区	第一批	2006.05
43	II—27	川北薅草锣鼓（武宁打鼓歌、宜昌薅草锣鼓、五峰土家族薅草锣鼓、兴山薅草锣鼓、宣恩薅草锣鼓、长阳山歌、川东土家族薅草锣鼓）	四川省青川县、宣汉县，江西省武宁县，湖北省宜昌市、五峰土家族自治县、兴山县、宣恩县、长阳土家族自治县，江苏省金湖县	第一批	2006.05

续表

二、传统音乐（共43项）					
序号	项目编号	项目名称	申报地区或单位	公布批次	公布时间
44	Ⅱ—28	侗族大歌	贵州省黎平县、从江县、榕江县，广西壮族自治区柳州市、三江侗族自治县	第一批	2006.05
45	Ⅱ—29	侗族琵琶歌	贵州省榕江县、黎平县、从江县	第一批	2006.05
46	Ⅱ—30	哈尼族多声部民歌（潮尔道—蒙古族合声演唱、瑶族蝴蝶歌、壮族三声部民歌、羌族多声部民歌、硗碛多声部民歌、苗族多声部民歌）	云南省红河哈尼族彝族自治州，广西壮族自治区富川，贵州省台江县、剑河县，四川省西昌市、黑水县，内蒙古自治区阿巴嘎旗	第一批	2006.05
47	Ⅱ—31	彝族海菜腔	云南省红河哈尼族彝族自治州	第一批	2006.05
48	Ⅱ—32	那坡壮族民歌	广西壮族自治区那坡县	第一批	2006.05
49	Ⅱ—37	唢呐艺术（唐山花吹、丰宁满族吵子会、晋北鼓吹、上党八音会、上党乐户班社、丹东鼓乐、杨小班鼓吹乐棚、于都唢呐公婆吹、万载得胜鼓、邹城平派鼓吹乐、沮水呜音、鸣音喇叭、远安呜音、青山唢呐、永城吹打、绥米唢呐）	河北省唐海县、丰宁满族自治县，山西省阳高县、忻州市、长子县、壶关县，辽宁省丹东市，黑龙江省肇州县，江西省于都县、万载县，山东省邹城市，湖北省保康县、南漳县、远安县，湖南省湘潭县，重庆市綦江县，陕西省绥德县、米脂县，江苏省徐州市，安徽省宿州市，福建省长汀县	第一批扩展项目	2008.06
50	Ⅱ—38	羌笛演奏及制作技艺	四川省茂县	第一批	2006.05
51	Ⅱ—52	吹打(接龙吹打、金桥吹打、广西八音)	重庆市巴南区、万盛区，广西壮族自治区玉林市	第一批	2006.05
52	Ⅱ—53	梁平癞子锣鼓	重庆市梁平县	第一批	2006.05
53	Ⅱ—60	铜鼓十二调	贵州省镇宁布依族苗族自治县、贞丰县	第一批	2006.05
54	Ⅱ—84	秀山民歌	重庆市秀山土家族苗族自治县	第二批	2008.06
55	Ⅱ—85	酉阳民歌	重庆市酉阳土家族苗族自治县	第二批	2008.06
56	Ⅱ—88	南坪曲子	四川省九寨沟县	第二批	2008.06
57	Ⅱ—96	姚安坝子腔	云南省姚安县	第二批	2008.06
58	Ⅱ—101	搬运号子（梁平抬儿调、龙骨坡抬工号子）	重庆市梁平县、巫山县	第二批	2008.06
59	Ⅱ—102	制作号子（竹麻号子）	四川省邛崃市	第二批	2008.06
60	Ⅱ—109	苗族民歌（湘西苗族民歌、苗族飞歌）	贵州省雷山县、剑河县，湖南省吉首市	第二批	2008.06
61	Ⅱ—112	布依族民歌（好花红调）	贵州省惠水县	第二批	2008.06
62	Ⅱ—113	彝族民歌（彝族酒歌）	云南省武定县，贵州盘县	第二批	2008.06
63	Ⅱ—114	布朗族民歌（布朗族弹唱）	云南省勐海县	第二批	2008.06
64	Ⅱ—115	藏族民歌（川西藏族山歌、玛达咪山歌、华锐藏族民歌、甘南藏族民歌、玉树民歌）	四川省甘孜藏族自治州、阿坝藏族羌族自治州、炉霍县、九龙县、冕宁县，青海省玉树藏族自治州，甘肃省天祝藏族自治县、甘南藏族自治州，西藏自治区班戈县	第二批	2008.06
65	Ⅱ—123	锣鼓艺术（汉沽飞镲、常山战鼓、太原锣鼓、泗泾什锦细锣鼓、大铜器、开封盘鼓、宜昌堂调、韩城行鼓、云胜锣鼓、中州大鼓、鄂州牌子锣、小河锣鼓）	重庆市渝北区，天津市汉沽区，河北省正定县，山西省太原市，上海市松江区，河南省西平县、郏县、开封市，湖北省宜昌市，陕西省韩城市，山西省原平市，河南省新乡县，湖北省鄂州市	第二批扩展项目	2011.05
66	Ⅱ—128	洞经音乐（文昌洞经古乐、妙善学女子洞经音乐）	四川省梓潼县、西昌市，云南省通海县	第二批	2008.06
67	Ⅱ—129	芦笙音乐（侗族芦笙、苗族芒筒芦笙）	贵州省丹寨县，湖南省通道侗族自治县	第二批	2008.06
68	Ⅱ—130	布依族勒尤	贵州省贞丰县、兴义市、镇宁布依族苗族自治县	第二批	2008.06

序号	项目编号	项目名称	申报地区或单位	公布批次	公布时间
二、传统音乐（共43项）					
69	Ⅱ—136	口弦音乐	四川省布拖县、北川羌族自治县	第二批	2008.06
70	Ⅱ—138	佛教音乐（天宁寺梵呗唱诵、鱼山梵呗、大相国寺梵乐、直孔噶举派音乐、拉卜楞寺佛殿音乐道得尔、青海藏族唱经调、北武当庙寺庙音乐）	西藏自治区墨竹工卡县，四川省壤塘县，江苏省常州市，山东省东阿县，河南省开封市，甘肃省夏河县，青海省兴海县、湟中县，宁夏回族自治区平罗县，陕西省洋县，山西省左云县	第二批	2008.06
71	Ⅱ—139	道教音乐（广宗太平道乐、恒山道乐、上海道教音乐、无锡道教音乐、齐云山道场音乐、崂山道教音乐、泰山道教音乐、胶东全真道教音乐、腊山道教音乐、海南斋醮科仪音乐、成都道教音乐、白云山道教音乐、清水道教音乐）	四川省成都市，河北省广宗县，山西省阳高县，上海市道教协会，江苏省无锡市，安徽省休宁县，山东省青岛市崂山区、泰安市、烟台市、东平县，海南省定安县，陕西省佳县，甘肃省清水县，浙江省平阳县，澳门特别行政区	第二批	2008.06
72	Ⅱ—145	弥渡民歌	云南省弥渡县	第三批	2011.05
73	Ⅱ—152	纳西族白沙细乐	云南省丽江市古城区	第三批	2011.05
74	Ⅱ—154	京族独弦琴艺术	广西壮族自治区东兴市	第三批	2011.05
75	Ⅱ—156	土家族民歌	湖南省湘西土家族苗族自治州，贵州省沿河土家族自治县	第四批	2014.11
76	Ⅱ—158	西岭山歌	四川省大邑县	第四批	2014.11
77	Ⅱ—162	凌云壮族七十二巫调音乐	广西壮族自治区凌云县	第四批	2014.11
78	Ⅱ—163	毕摩音乐	四川省美姑县	第四批	2014.11
79	Ⅱ—164	剑川白曲	云南省大理白族自治州	第四批	2014.11
三、传统舞蹈（共63项）					
序号	项目编号	项目名称	申报地区或单位	公布批次	公布时间
80	Ⅲ—4	龙舞（易县摆字龙灯、曲周龙灯、金州龙舞、舞草龙、骆山大龙、兰溪断头龙、大田板灯龙、高龙、汝城香火龙、九龙舞、埔寨火龙、人龙舞、荷塘纱龙、乔林烟花火龙、醉龙、黄龙溪火龙灯舞、铜梁龙舞、泸州雨坛彩龙）	重庆市，四川省泸县、双流县，山东省商河县、胶州市、海阳市、临沂市，陕西省绥德县，辽宁省抚顺市、大连市金州区，河北省易县、曲周县，上海市松江区、浦东新区，江苏省溧水县、金坛市，浙江省兰溪市、泰顺县、开化县、玉环县，福建省大田县，湖北省武汉市汉阳区，湖南省汝城县、平江县，广东省丰顺县、佛山市、江门市蓬江区、揭阳市、中山市，河南省孟州市，湖北省云梦县，湖北省来凤县，湖南省芷江侗族自治县，湖南省城步苗族自治县，广东省南雄市，广东省中山市	第一批	2006.05
81	Ⅲ—5	狮舞（白纸坊太狮、沧县狮舞、小相狮舞、槐店文狮子、席狮舞、丰城岳家狮、布依族高台狮灯舞、易县摆字龙灯、曲周龙灯、金州龙舞、舞草龙、骆山大龙、兰溪断头龙、大田板灯龙高龙、汝城香火龙、九龙舞、埔寨火龙、人龙舞、荷塘纱龙、乔林烟花火龙、醉龙、黄龙溪火龙灯舞）	贵州省兴义市，辽宁省抚顺市，山西省襄汾县，浙江省临海市，广东省佛山市、遂溪县、广州市、梅州市，河北省沧县，河南省巩义市、沈丘县，江西省丰城市，上海市闵行区，江西省信丰县，广东省揭阳市，广东省深圳市	第一批扩展项目	2008.06
82	Ⅲ—17	土家族摆手舞（恩施摆手舞、酉阳摆手舞）	重庆市酉阳，湖北省来凤县	第一批扩展项目	2008.06
83	Ⅲ—19	弦子舞（芒康弦子舞、巴塘弦子舞）	西藏自治区，四川省巴塘县，青海省玉树藏族自治州	第一批	2006.05
84	Ⅲ—20	锅庄舞（迪庆锅庄舞、昌都锅庄舞、玉树卓舞）	云南省迪庆藏族自治州，西藏自治区，四川省石渠县、雅江县、新龙县、德格县、金川县，青海省玉树藏族自治州、称多县、囊谦县	第一批	2006.05

		三、传统舞蹈（共63项）			
序号	项目编号	项目名称	申报地区或单位	公布批次	公布时间
85	Ⅲ—21	热巴舞（丁青热巴、那曲比如丁嘎热巴）	西藏自治区，云南省迪庆藏族自治州	第一批	2006.05
86	Ⅲ—22	日喀则扎什伦布寺羌姆	西藏自治区扎囊县、错那县、日喀则市、林芝县	第一批	2006.05
87	Ⅲ—23	苗族芦笙舞（锦鸡舞、鼓龙鼓虎—长衫龙、滚山珠）	贵州省丹寨县、贵定县、纳雍县、雷山县、关岭布依族苗族自治县、普安县	第一批	2006.05
88	Ⅲ—25	木鼓舞（反排苗族木鼓舞、沧源佤族木鼓舞）	贵州省台江县，云南省沧源佤族自治县	第一批	2006.05
89	Ⅲ—26	铜鼓舞（文山壮族、彝族铜鼓舞、田林瑶族铜鼓舞、雷山苗族铜鼓舞）	云南省文山壮族苗族自治州，广西壮族自治区田林县、南丹县，贵州省雷山县	第一批	2006.05
90	Ⅲ—27	傣族孔雀舞	云南省瑞丽市	第一批	2006.05
91	Ⅲ—33	卡斯达温舞	四川省黑水县	第一批	2006.05
92	Ⅲ—34	㑇舞	四川省九寨沟县	第一批	2006.05
93	Ⅲ—35	傈僳族阿尺木刮	云南省维西傈僳族自治县	第一批	2006.05
94	Ⅲ—36	彝族葫芦笙舞	云南省文山壮族苗族自治州	第一批	2006.05
95	Ⅲ—37	彝族烟盒舞	云南省红河哈尼族彝族自治州	第一批	2006.05
96	Ⅲ—38	基诺大鼓舞	云南省景洪市	第一批	2006.05
97	Ⅲ—39	山南昌果卓舞	西藏自治区	第一批	2006.05
98	Ⅲ—55	翻山铰子	四川省平昌县	第二批	2008.06
99	Ⅲ—60	瑶族长鼓舞	广西壮族自治区富川瑶族自治县、金秀瑶族自治县，湖南省江华瑶族自治县，广东省连南瑶族自治县，广东省连山壮族瑶族自治县	第二批	2008.06
100	Ⅲ—61	傣族象脚鼓舞	云南省潞西市、西双版纳傣族自治州	第二批	2008.06
101	Ⅲ—62	羌族羊皮鼓舞	四川省汶川县	第一批	2008.06
102	Ⅲ—63	毛南族打猴鼓舞	贵州省平塘县	第二批	2008.06
103	Ⅲ—64	瑶族猴鼓舞	贵州省荔波县	第一批	2008.06
104	Ⅲ—66	得荣学羌	四川省得荣县	第二批	2008.06
105	Ⅲ—67	甲搓	四川省盐源县	第二批	2008.06
106	Ⅲ—68	博巴森根	四川省理县	第二批	2008.06
107	Ⅲ—69	彝族铃铛舞	贵州省赫章县	第二批	2008.06
108	Ⅲ—70	彝族打歌	云南省巍山彝族回族自治县	第二批	2008.06
109	Ⅲ—71	彝族跳菜	云南省南涧彝族自治县	第二批	2008.06
110	Ⅲ—72	彝族老虎笙	云南省双柏县	第二批	2008.06
111	Ⅲ—73	彝族左脚舞	云南省牟定县	第二批	2008.06
112	Ⅲ—74	乐作舞	云南省红河县	第二批	2008.06
113	Ⅲ—75	彝族三弦舞（阿细跳月、撒尼大三弦）	云南省弥勒县、石林彝族自治县	第二批	2008.06
114	Ⅲ—76	纳西族热美蹉	云南省丽江市古城区	第二批	2008.06

序号	项目编号	项目名称	申报地区或单位	公布批次	公布时间
三、传统舞蹈（共63项）					
115	Ⅲ—77	布朗族蜂桶鼓舞	云南省双江拉祜族佤族布朗族傣族自治县	第二批	2008.06
116	Ⅲ—78	普米族搓蹉	云南省兰坪白族普米族自治县	第二批	2008.06
117	Ⅲ—79	拉祜族芦笙舞	云南省澜沧拉祜族自治县	第二批	2008.06
118	Ⅲ—80	宣舞（古格宣舞、普堆巴宣舞）	西藏自治区札达县、墨竹工卡县、阿里地区	第二批	2008.06
119	Ⅲ—81	拉萨囊玛	西藏自治区拉萨市	第二批	2008.06
120	Ⅲ—82	堆谐（拉孜堆谐、甘孜踢踏）	西藏自治区拉孜县，四川省甘孜县	第二批	2008.06
121	Ⅲ—83	谐钦（拉萨纳如谐钦、南木林土布加谐钦）	西藏自治区拉萨市城关区、南木林县	第二批	2008.06
122	Ⅲ—84	阿谐（达布阿谐）	西藏自治区比如县	第二批	2008.06
123	Ⅲ—85	嘎尔	西藏自治区	第二批	2008.06
124	Ⅲ—86	芒康三弦舞	西藏自治区芒康县	第二批	2008.06
125	Ⅲ—87	定日洛谐	西藏自治区定日县	第二批	2008.06
126	Ⅲ—88	旦嘎甲谐	西藏自治区萨嘎县	第二批	2008.06
127	Ⅲ—89	廓孜	西藏自治区曲水县	第二批	2008.06
128	Ⅲ—102	跳曹盖	四川省平武县	第三批	2011.05
129	Ⅲ—103	棕扇舞	云南省元江哈尼族彝族傣族自治县	第三批	2011.05
130	Ⅲ—105	协荣仲孜	西藏自治区曲水县	第三批	2011.05
131	Ⅲ—106	普兰果尔孜	西藏自治区阿里地区	第三批	2011.05
132	Ⅲ—107	陈塘夏尔巴歌舞	西藏自治区定结县	第三批	2011.05
133	Ⅲ—120	瑶族金锣舞	广西壮族自治区田东县	第四批	2014.11
134	Ⅲ—121	玩牛	重庆市石柱土家族自治县	第四批	2014.11
135	Ⅲ—122	古蔺花灯	四川省古蔺县	第四批	2014.11
136	Ⅲ—123	登嘎甘㑇（熊猫舞）	四川省九寨沟县	第四批	2014.11
137	Ⅲ—124	阿妹戚托	贵州省晴隆县	第四批	2014.11
138	Ⅲ—125	布依族转场舞	贵州省册亨县	第四批	2014.11
139	Ⅲ—126	耳子歌	云南省大理白族自治州	第四批	2014.11
140	Ⅲ—127	铓鼓舞	云南省建水县	第四批	2014.11
141	Ⅲ—128	水鼓舞	云南省瑞丽市	第四批	2014.11
142	Ⅲ—129	怒族达比亚舞	云南省福贡县	第四批	2014.11
四、传统戏剧（共26项）					
序号	项目编号	项目名称	申报地区或单位	公布批次	公布时间
143	Ⅳ—12	川剧	四川省，重庆市	第一批	2006.05

续表

序号	项目编号	项目名称	申报地区或单位	公布批次	公布时间
		四、传统戏剧（共26项）			
144	Ⅳ—36	粤剧	广东省吴川市，广西壮族自治区南宁市	第一批扩展项目	2014.11
145	Ⅳ—37	桂剧	广西壮族自治区	第一批	2006.05
146	Ⅳ—65	采茶戏（赣南采茶戏、桂南采茶戏）	广西壮族自治区博白县，江西省高安市、抚州市临川区，广东省韶关市，湖北省阳新县	第一批	2006.05
147	Ⅳ—76	彩调	广西壮族自治区	第一批	2006.05
148	Ⅳ—77	灯戏（梁山灯戏、川北灯戏）	重庆市梁平县，四川省南充市，湖北省恩施市	第一批	2006.05
149	Ⅳ—78	花灯戏（思南花灯戏、玉溪花灯戏）	贵州省思南县、花灯剧团、独山县，云南省玉溪市、弥渡县、姚安县、元谋县、花灯剧团、弥渡县、姚安	第一批	2006.05
150	Ⅳ—80	藏戏（德格格萨尔藏戏、巴塘藏戏、色达藏戏、青海马背藏戏）	西藏自治区，四川省德格县、巴塘、色达县，青海省黄南藏族自治州、洛藏族自治州，甘肃省甘南藏族自治州	第一批扩展项目	2008.06
151	Ⅳ—81	山南门巴戏	西藏自治区	第一批	2006.05
152	Ⅳ—82	壮剧	广西壮族自治区，云南省文山壮族苗族自治州	第一批	2006.05
153	Ⅳ—83	侗戏	贵州省黎平县，广西壮族自治区三江侗族自治县，湖南省通道侗族自治县	第一批	2006.05
154	Ⅳ—84	布依戏	贵州省册亨县	第一批	2006.05
155	Ⅳ—85	彝族撮泰吉	贵州省威宁彝族回族苗族自治县	第一批	2006.05
156	Ⅳ—86	傣剧	贵州省威宁彝族回族苗族自治县	第一批	2006.05
157	Ⅳ—89	傩戏（武安傩戏、池州傩戏、侗族傩戏、沅陵辰州傩戏、德江傩堂戏、仡佬族傩戏）	贵州省德江县、道真仡佬族苗族自治县，安徽省池州市，湖南省新晃侗族自治县、沅陵县，湖北省鹤峰县、恩施市，山西省曲沃县，江西省德安县，湖南省冷水江市	第一批	2006.05
158	Ⅳ—90	安顺地戏	贵州省安顺市	第一批	2006.05
159	Ⅳ—91	皮影戏（北京皮影戏、河间皮影戏、岫岩皮影戏、盖州皮影戏、望奎县皮影戏、泰山皮影戏、济南皮影戏、定陶皮影、罗山皮影戏、湖南皮影戏、四川皮影戏、河湟皮影戏）	四川省阆中市、南部县，河北省唐山市、邯郸市，山西省孝义市，辽宁省瓦房店市，浙江省海宁市，湖北省潜江市，广东省汕尾市，陕西省渭南市、华阴市、富平县、乾县，甘肃省环县，辽宁省凌源市，河北省昌黎县，内蒙古自治区巴林左旗，黑龙江省哈尔滨市，河南省桐柏县，湖北省云梦县，云南省腾冲县	第一批扩展项目	2008.06
160	Ⅳ—92	木偶戏（泉州提线木偶戏、晋江布袋木偶戏、漳州布袋木偶戏、辽西木偶戏、邵阳布袋戏、高州木偶戏、潮州铁枝木偶戏、临高人偶戏、川北大木偶戏、石阡木偶戏、邳阳提线木偶戏、泰顺药发木偶戏）	福建省泉州市、晋江市、漳州市，辽宁省锦州市，湖南省邵阳县、潮州市、梅州市，海南省临高县偶皮影艺术剧院，陕西省，浙江省泰顺县，四川省，贵州省石阡县，海南省文昌市、海口市，山西省孝义市，江苏省扬州市，浙江省平阳县、苍南县，上海木偶剧团，江苏省演艺集团，浙江省江山市，广东省木偶艺术剧院有限公司，广东省揭阳市	第一批	2006.05
161	Ⅳ—131	黔剧	贵州省黔剧团	第二批	2008.06
162	Ⅳ—132	滇剧	云南省滇剧院、玉溪市滇剧团、昆明市	第二批	2008.06
163	Ⅳ—135	佤族清戏	云南省腾冲县	第二批	2008.06
164	Ⅳ—136	彝剧	云南省大姚县	第二批	2008.06

四、传统戏剧（共26项）				
序号	项目编号	项目名称	申报地区或单位	公布批次	公布时间
165	Ⅳ—137	白剧	云南省大理白族自治州	第二批	2008.06
166	Ⅳ—138	邕剧	广西壮族自治区南宁市	第二批	2008.06
167	Ⅳ—151	关索戏	云南省澄江县	第三批	2011.05
168	Ⅳ—157	阳戏（上河阳戏、射箭提阳戏）	湖南省怀化市鹤城区，四川省广元市昭化区	第三批	2011.05

五、曲艺（共9项）				
序号	项目编号	项目名称	申报地区或单位	公布批次	公布时间
169	Ⅴ—44	傣族章哈	云南省西双版纳傣族自治州	第一批	2006.05
170	Ⅴ—46	布依族八音坐唱	贵州省兴义市	第一批	2006.05
171	Ⅴ—75	四川扬琴	四川省曲艺团、四川省音乐舞蹈研究所、成都艺术剧院	第二批	2008.06
172	Ⅴ—76	四川竹琴	重庆市三峡曲艺团，四川省成都艺术剧院	第二批	2008.06
173	Ⅴ—77	四川清音	四川省成都艺术剧院	第二批	2008.06
174	Ⅴ—88	车灯	重庆市曲艺团	第二批	2008.06
175	Ⅴ—91	金钱板	四川省成都市，重庆市万州区	第二批	2008.06
176	Ⅴ—110	四川评书	重庆市曲艺团	第三批	2011.05
177	Ⅴ—125	桂林渔鼓	广西壮族自治区桂林市	第四批	2014.11

六、传统体育、游艺与杂技（共3项）				
序号	项目编号	项目名称	申报地区或单位	公布批次	公布时间
178	Ⅵ—23	峨眉武术	四川省峨眉山市	第二批	2008.06
179	Ⅵ—43	赛马会（当吉仁赛马会、玉树赛马会）	西藏自治区拉萨市，青海省玉树藏族自治州	第二批	2008.06
180	Ⅵ—65	赛龙舟	湖南省沅陵县，广东省东莞市，贵州省铜仁市、镇远县	第三批	2011.05

七、传统美术（共28项）				
序号	项目编号	项目名称	申报地区或单位	公布批次	公布时间
181	Ⅶ—10	梁平木版年画	重庆市梁平县	第一批	2006.05
182	Ⅶ—11	绵竹木版年画	四川省德阳市	第一批	2006.05
183	Ⅶ—13	纳西族东巴画	云南省丽江市	第一批	2006.05
184	Ⅶ—14	藏族唐卡（勉唐画派、钦泽画派、噶玛嘎孜画派）	西藏自治区昌都县、墨竹工卡县，四川省甘孜藏族自治州，甘肃省夏河县	第一批	2006.05

		七、传统美术（共28项）			
序号	项目编号	项目名称	申报地区或单位	公布批次	公布时间
185	VII—16	剪纸（蔚县剪纸、丰宁满族剪纸、中阳剪纸、医巫闾山满族剪纸、扬州剪纸、乐清细纹刻纸、广东剪纸、傣族剪纸、安塞剪纸、静乐剪纸、桐庐剪纸、浦城剪纸、水族剪纸、定西剪纸、回族剪纸）	河北省蔚县、丰宁满族自治县，山西省中阳县、广灵县、静乐县，辽宁省锦州市、庄河市、岫岩满族自治县、建平县、新宾满族自治县，江苏省扬州市、南京市、徐州市、金坛市，浙江省乐清市、浦江县、桐庐县，广东省佛山市、汕头市、潮州市，陕西省安塞县、延川县、旬邑县，云南省潞西市，贵州省黔南布依族苗族自治州，内蒙古自治区和林格尔县，吉林省通化市，黑龙江省方正县，上海市徐汇区，安徽省阜阳市，福建省漳浦县、泉州市、柘荣县、浦城县，江西省瑞昌市、新干县，山东省莒县、滨州市、高密市、烟台市，河南省灵宝市、卢氏县、辉县市，湖北省孝感市孝南区、鄂州市、仙桃市湖南省泸溪县，甘肃省镇原县、会宁县、定西市，内蒙古自治区包头市，宁夏回族自治区	第一批	2006.05
186	VII—21	蜀绣	四川省成都市，重庆市渝中区	第一批	2006.05
187	VII—22	苗绣（雷山苗绣、花溪苗绣、剑河苗绣）	贵州省雷山县、贵阳市、凯里市、剑河县	第一批	2006.05
188	VII—23	水族马尾绣	贵州省三都水族自治县	第一批	2006.05
189	VII—39	藏族格萨尔彩绘石刻	四川省色达县	第一批	2006.05
190	VII—46	竹刻（无锡留青竹刻、常州留青竹刻、黄岩翻簧竹雕、江安竹簧）	四川省江安，湖南省邵阳市，江苏省无锡市、常州市，浙江省台州市黄岩区	第一批扩展项目	2008.06
191	VII—47	泥塑（玉田泥塑、苏州泥塑、聂家庄泥塑、大吴泥塑、徐氏泥彩塑、苗族泥哨、杨氏家庭泥塑）	天津市，江苏省无锡市、苏州市，陕西省凤翔县，河南省浚县，四川省大英县，贵州省黄平县，河北省玉田县，山东省高密市、惠民县，广东省潮安县，宁夏回族自治区隆德县	第一批扩展项目	2008.06
192	VII—48	酥油花（强巴林寺酥油花）	西藏自治区昌都地区，青海省湟中县	第一批扩展项目	2011.05
193	VII—51	竹编（东阳竹编、舒席、瑞昌竹编、梁平竹帘、渠县刘氏竹编、青神竹编、瓷胎竹编、益阳小郁竹艺、嵊州竹编、毛南族花竹帽织技艺）	福建省安溪县，重庆市梁平县，四川省渠县、青神县、邛崃市，广西壮族自治区环江毛南族自治县，浙江省嵊州市、东阳市，安徽省舒城县，江西省瑞昌市，湖南省益阳市	第一批扩展项目	2008.06
194	VII—54	草编（大名草编、徐行草编、莱州草辫、沐川草龙、湖口草龙）	四川省沐川县，河北省大名县，上海市嘉定区，山东省莱州市，江西省湖口县，新疆维吾尔自治区巴里坤县	第二批	2008.06
195	VII—56	石雕（煤精雕刻、鸡血石雕、嘉祥石雕、披县滑石雕刻、方城石猴、大冶石雕、菊花石雕、雷州石狗、白花石刻、安岳石刻、泽库和日寺石刻）	四川省广元市、安岳县，辽宁省抚顺市，浙江省临安市，山东省嘉祥县、莱州市，河南省方城县，湖北省大冶市，湖南省浏阳市，广东省雷州市，青海省泽库县，湖南省工艺美术研究所	第二批	2008.06
196	VII—64	藏文书法（德格藏文书法、果洛德昂洒智）	四川省德格县，青海省果洛藏族自治州，西藏自治区	第二批	2008.06
197	VII—65	木版年画（平阳木版年画、东昌府木版年画、张秋木版年画、夹江年画、滑县木版画）	四川省夹江县，山西省临汾市，山东省聊城市、阳谷县，河南省滑县，湖北省老河口市	第二批	2008.06
198	VII—76	羌族刺绣	四川省汶川县	第二批	2008.06
199	VII—77	民间绣活（高平绣活、麻柳刺绣、西秦刺绣、澄城刺绣、红安绣活、阳新布贴）	四川省广元市，山西省高平市，陕西省宝鸡市、澄城县，湖北省红安县、阳新县	第二批	2008.06
200	VII—78	彝族（撒尼）刺绣	云南省石林彝族自治县	第二批	2008.06

续表

序号	项目编号	项目名称	申报地区或单位	公布批次	公布时间
七、传统美术（共28项）					
201	Ⅶ—88	糖塑（丰县糖人贡、天门糖塑、成都糖画）	四川省成都市，江苏省丰县，湖北省天门市	第二批	2008.06
202	Ⅶ—94	盆景技艺（苏派盆景技艺、川派盆景技艺）	四川省盆景艺术家协会，江苏省扬州市、泰州市，安徽省歙县，广东省英德市	第二批扩展项目	2011.05
203	Ⅶ—96	建筑彩绘（白族民居彩绘、陕北匠艺丹青、炕围画）	云南省大理市，陕西省，山西省襄垣县	第二批	2008.06
204	Ⅶ—97	棕编（新繁棕编）	四川省成都市新都区	第三批	2011.05
205	Ⅶ—106	藏族编织、挑花刺绣工艺	四川省阿坝藏族羌族自治州	第三批	2011.05
206	Ⅶ—107	侗族刺绣	贵州省锦屏县	第三批	2011.05
207	Ⅶ—114	毕摩绘画	四川省美姑县	第四批	2014.11
208	Ⅶ—115	彩砂坛城绘制	西藏自治区日喀则市	第四批	2014.11
八、传统技艺（共56项）					
序号	项目编号	项目名称	申报地区或单位	公布批次	公布时间
209	Ⅷ—5	傣族慢轮制陶技艺	云南省西双版纳傣族自治州	第一批	2006.05
210	Ⅷ—16	蜀锦织造技艺	四川省成都市	第一批	2006.05
211	Ⅷ—21	壮族织锦技艺	广西壮族自治区靖西县	第一批	2006.05
212	Ⅷ—22	藏族邦典、卡垫织造技艺	西藏自治区山南地区	第一批	2006.05
213	Ⅷ—25	蜡染技艺（苗族蜡染技艺、黄平蜡染技艺）	四川省珙县，贵州省黄平县、丹寨县、安顺市	第一批扩展项目	2006.05
214	Ⅷ—26	白族扎染技艺	云南省大理市，四川省自贡市	第一批	2006.05
215	Ⅷ—30	侗族木构建筑营造技艺	广西壮族自治区柳州市、三江侗族自治县，贵州省黎平县、从江县	第一批	2006.05
216	Ⅷ—31	苗寨吊脚楼营造技艺	贵州省雷山县	第一批	2006.05
217	Ⅷ—33	苗族芦笙制作技艺	贵州省雷山县，云南省大关县	第一批	2006.05
218	Ⅷ—34	玉屏箫笛制作技艺	贵州省玉屏侗族自治县	第一批	2006.05
219	Ⅷ—40	苗族银饰锻制技艺	贵州省雷山县、黄平县，四川省布拖县，湖南省凤凰县，福建省福安市、宁德市，云南省鹤庆县	第一批	2006.05
220	Ⅷ—41	阿昌族户撒刀锻制技艺	云南省陇川县	第一批	2006.05
221	Ⅷ—47	拉萨甲米水磨坊制作技艺	西藏自治区	第一批	2006.05
222	Ⅷ—56	成都漆艺	四川省成都市	第一批	2006.05
223	Ⅷ—57	茅台酒酿制技艺	贵州省	第一批	2006.05
224	Ⅷ—58	泸州老窖酒酿制技艺	四川省泸州市	第一批	2006.05
225	Ⅷ—64	自贡井盐深钻汲制技艺	四川省自贡市、大英县	第一批	2006.05
226	Ⅷ—67	皮纸制作技艺	贵州省贵阳市、贞丰县、丹寨县，浙江省龙游县	第一批	2006.05
227	Ⅷ—68	傣族、纳西族手工造纸技艺	云南省临沧市、香格里拉县	第一批	2006.05

续表

序号	项目编号	项目名称	申报地区或单位	公布批次	公布时间
		八、传统技艺（共56项）			
228	Ⅷ—69	藏族造纸技艺	西藏自治区	第一批	2006.05
229	Ⅷ—71	竹纸制作技艺	四川省夹江县，浙江省富阳市，福建省将乐县	第一批	2006.05
230	Ⅷ—80	德格印经院藏族雕版印刷技艺	四川省德格县，西藏自治区江达县	第一批	2006.05
231	Ⅷ—81	制扇技艺(王星记扇、荣昌折扇、龚扇)	重庆市荣昌县，四川省自贡市，浙江省杭州市	第一批扩展项目	2008.06
232	Ⅷ—88	风筝制作技艺（潍坊风筝、南通板鹞风筝、拉萨风筝）	西藏自治区拉萨市，山东省潍坊市，江苏省南通市，天津市南开区，北京市东城区、海淀区	第一批	2006.05
233	Ⅷ—98	陶器烧制技艺(钦州坭兴陶烧制技艺、藏族黑陶烧制技艺、牙舟陶器烧制技艺、建水紫陶烧制技艺、荥经砂器烧制技艺)	广西壮族自治区钦州市，四川省稻城县、荥经县，云南省迪庆藏族自治州，建水县，青海省囊谦县，贵州省平塘县，浙江省杭州市，湖州市南浔区	第二批项目	2008.06
234	Ⅷ—100	传统棉纺织技艺(威县土布纺织技艺、傈僳族火草织布技艺)	河北省威县，四川省德昌县	第二批扩展项目	2014.11
235	Ⅷ—101	毛纺织及擀制技艺（彝族毛纺织及擀制技艺、藏族牛羊毛编织技艺、东乡族擀毡技艺）	四川省昭觉县、色达县，甘肃省东乡族自治县，新疆维吾尔自治区柯坪县	第二批	2008.06
236	Ⅷ—102	夏布织造技艺	重庆市荣昌县，江西省万载县	第二批	2008.06
237	Ⅷ—105	苗族织锦技艺	贵州省麻江县、雷山县、凯里市、台江县	第二批	2008.06
238	Ⅷ—106	傣族织锦技艺	云南省西双版纳傣族自治州	第二批	2008.06
239	Ⅷ—108	枫香印染技艺	贵州省惠水县、麻江县	第二批	2008.06
240	Ⅷ—110	地毯织造技艺（阆中丝毯织造技艺、天水丝毯织造技艺）	四川省阆中市，北京市，内蒙古自治区阿拉善左旗，新疆维吾尔自治区洛浦县，甘肃省天水市秦州区	第二批扩展项目	2014.11
241	Ⅷ—118	斑铜制作技艺	云南省曲靖市	第二批	2008.06
242	Ⅷ—120	藏族金属锻造技艺（藏族锻铜技艺、藏刀锻制技艺）	四川省白玉县，西藏自治区拉孜县、南木林县，青海省玉树藏族自治州	第二批	2008.06
243	Ⅷ—121	成都银花丝制作技艺	四川省成都市青羊区	第二批	2008.06
244	Ⅷ—124	民族乐器制作技艺(扎念琴制作技艺)	西藏自治区拉孜县，北京市海淀区，内蒙古自治区科尔沁右翼中旗，吉林省前郭尔罗斯蒙古族自治县，上海市闵行区，贵州省凯里市，云南省临沧市临翔区	第三批扩展项目	2014.11
245	Ⅷ—127	漆器髹饰技艺（徽州漆器髹饰技艺、重庆漆器髹饰技艺）	重庆市，山西省新绛县，江西省鄱阳县，山东省潍坊市，湖北省荆州市，广东省阳江市	第二批	2008.06
246	Ⅷ—128	彝族漆器髹饰技艺	四川省喜德县，贵州省大方县	第二批	2008.06
247	Ⅷ—140	伞制作技艺（油纸伞制作技艺、西湖绸伞）	四川省泸州市江阳区，浙江省杭州市	第二批	2008.06
248	Ⅷ—141	藏香制作技艺	西藏自治区尼木县、墨竹工卡县	第二批	2008.06
249	Ⅷ—142	贝叶经制作技艺	云南省西双版纳傣族自治州	第二批	2008.06

续表

序号	项目编号	项目名称	申报地区或单位	公布批次	公布时间
八、传统技艺（共56项）					
250	Ⅷ—144	蒸馏酒传统酿造技艺（北京二锅头酒传统酿造技艺、衡水老白干传统酿造技艺、山庄老酒传统酿造技艺、板城烧锅酒传统五甑酿造技艺、梨花春白酒传统酿造技艺、老龙口白酒传统酿造技艺、大泉源酒传统酿造技艺、宝丰酒传统酿造技艺、五粮液酒传统酿造技艺、水井坊酒传统酿造技艺、剑南春酒传统酿造技艺、古蔺郎酒传统酿造技艺、沱牌曲酒传统酿造技艺）	北京红星股份有限公司、北京顺鑫农业股份有限公司，河北省衡水市、平泉县、承德县，山西省朔州市，辽宁省沈阳市，吉林省通化县，河南省宝丰县，四川省宜宾市、成都市、绵竹市、古蔺县、射洪县	第二批	2008.06
251	Ⅷ—148	绿茶制作技艺（赣南客家擂茶制作技艺、婺源绿茶制作技艺、信阳毛尖茶制作技艺、恩施玉露制作技艺、都匀毛尖茶制作技艺）	贵州省都匀市，浙江省杭州市、金华市，安徽省黄山市徽州区、黄山区、六安市裕安区，江苏省苏州市吴中区，浙江省长兴县、安吉县，江西省全南县、婺源县，河南省信阳市，湖北省恩施市	第二批扩展项目	2014.11
252	Ⅷ—149	红茶制作技艺（滇红茶制作技艺）	云南省凤庆县，安徽省祁门县	第二批扩展项目	2014.11
253	Ⅷ—151	普洱茶制作技艺（贡茶制作技艺、大益茶制作技艺）	云南省宁洱县、勐海县	第二批	2008.06
254	Ⅷ—152	黑茶制作技艺（千两茶制作技艺、茯砖茶制作技艺、南路边茶制作技艺）	四川省雅安市，湖南省安化县、益阳市，湖北省赤壁市，广西壮族自治区苍梧县	第二批	2008.06
255	Ⅷ—153	晒盐技艺（海盐晒制技艺、井盐晒制技艺）	西藏自治区芒康县，浙江省象山县，海南省儋州市，江苏省连云港市，山东省寿光市	第二批	2008.06
256	Ⅷ—154	酱油酿造技艺（先市酱油酿造技艺）	四川省合江县，上海市浦东新区	第二批扩展项目	2014.11
257	Ⅷ—155	豆瓣传统制作技艺（郫县豆瓣传统制作技艺）	四川省郫县	第二批	2008.06
258	Ⅷ—156	豆豉酿制技艺（永川豆豉酿制技艺、潼川豆豉酿制技艺）	重庆市，四川省三台县	第二批	2008.06
259	Ⅷ—159	榨菜传统制作技艺（涪陵榨菜传统制作技艺）	重庆市涪陵区	第二批	2008.06
260	Ⅷ—186	藏族碉楼营造技艺	四川省丹巴县、汶川县、茂县，青海省班玛县	第二批	2008.06
261	Ⅷ—195	乌铜走银制作技艺	云南省石屏县	第三批	2011.05
262	Ⅷ—199	藏族矿植物颜料制作技艺	西藏自治区拉萨市	第三批	2011.05
263	Ⅷ—211	土家族吊脚楼营造技艺	湖北省咸丰县，湖南省永顺县，重庆市石柱土家族自治县	第三批	2011.05
264	Ⅷ—235	蒙自过桥米线制作技艺	云南省蒙自市	第四批	2014.11
九、传统医药（共12项）					
序号	项目编号	项目名称	申报地区或单位	公布批次	公布时间
265	Ⅸ—3	中药炮制技术（四大怀药种植与炮制、中药炮制技艺）	中国中医科学院，中国中药协会，四川省成都市，河南省焦作市	第一批扩展项目	2008.06
266	Ⅸ—4	中医传统制剂方法（龟龄集传统制作技艺、雷允上六神丸制作技艺、东阿阿胶制作技艺、廖氏化风丹制作技艺）	中国中医科学院，中国中药协会，贵州省遵义市红花岗区、汇川区，山西省太谷县、新绛县、太谷县，江苏省苏州市，山东省东阿县、平阴县、济宁市任城区，天津中新药业集团股份有限公司达仁堂制药厂，天津市南开区、红桥区、西青区，上海市黄浦区，江苏省江阴市、南通市，浙江省杭州市，福建省漳州市，湖北省京山县、武汉市武昌区，广东省博罗县、汕头市，广东省医药行业协会，重庆市南岸区，北京市东城区，河北省定州市，内蒙古自治区凉城县，吉林省长春市九台区，黑龙江省哈尔滨市南岗区、道外区，云南省昆明市，陕西省西安市碑林区	第一批扩展项目	2008.06

续表

序号	项目编号	项目名称	申报地区或单位	公布批次	公布时间
九、传统医药（共12项）					
267	IX—5	针灸（刘氏刺熨疗法）	中国中医科学院，中国针灸协会，重庆市渝中区，上海市	第一批扩展项目	2008.06
268	IX—9	藏医药（拉萨北派藏医水银洗炼法和藏药仁青常觉配伍技艺、甘孜州南派藏医药、藏医骨伤疗法）	西藏自治区，四川省甘孜藏族自治州，云南省迪庆藏族自治州，青海省藏医院、金诃藏药药业股份有限公司，甘肃省碌曲县	第一批	2006.05
269	IX—11	传统中医药文化（鹤年堂中医药养生文化、九芝堂传统中药文化、潘高寿传统中药文化、陈李济传统中药文化、同济堂传统中药文化）	贵州省同济堂制药有限公司，北京鹤年堂医药有限责任公司，湖南省九芝堂股份有限公司，广东省广州潘高寿药业股份有限公司、广州陈李济制药厂	第二批	2008.06
270	IX—14	瑶族医药（药浴疗法）	贵州省从江县	第二批	2008.06
271	IX—15	苗医药（骨伤蛇伤疗法、九节茶药制作工艺）	贵州省雷山县、黔东南苗族侗族自治州，湖南省凤凰县、花垣县	第二批	2008.06
272	IX—16	侗医药（过路黄药制作工艺）	贵州省黔东南苗族侗族自治州	第二批	2008.06
273	IX—18	壮医药（壮医药线点灸疗法）	广西中医学院	第三批	2011.05
274	IX—19	彝医药（彝医水膏药疗法）	云南省楚雄彝族自治州	第三批	2011.05
275	IX—20	傣医药（睡药疗法）	云南省西双版纳傣族自治州、德宏傣族景颇族自治州	第三批	2011.05
276	IX—22	布依族医药（益肝草制作技艺）	贵州省贵定县	第四批	2014.11
十、民俗（共63项）					
277	X—7	京族哈节	广西壮族自治区东兴市	第一批	2006.05
278	X—8	傣族泼水节	云南省西双版纳傣族自治州、德宏傣族景颇族自治州	第一批	2006.05
279	X—10	火把节（彝族火把节）	四川省凉山彝族自治州，云南省楚雄彝族自治州，贵州赫章县	第一批	2006.05
280	X—11	景颇族目瑙纵歌	云南省陇川县	第一批	2006.05
281	X—12	三月三（壮族三月三、报京三月三）	广西壮族自治区武鸣县，贵州省镇远县	第三批扩展项目	2014.11
282	X—14	瑶族盘王节	广西壮族自治区贺州市，广东省韶关市	第一批	2006.05
283	X—15	壮族蚂虫另（虫字旁加另）节	广西壮族自治区河池市	第一批	2006.05
284	X—16	仫佬族依饭节	广西壮族自治区罗城仫佬族自治县	第一批	2006.05
285	X—17	毛南族肥套	广西壮族自治区环江毛南族自治县	第一批	2006.05
286	X—18	羌族瓦尔俄足节	四川省阿坝藏族羌族自治州	第一批	2006.05
287	X—19	苗族鼓藏节	贵州省雷山县、榕江县	第一批	2006.05
288	X—20	水族端节	贵州省三都水族自治县	第一批	2006.05
289	X—21	布依族查白歌节	贵州省	第一批	2006.05
290	X—22	苗族姊妹节	贵州省台江县	第一批	2006.05
291	X—23	独龙族卡雀哇节	云南省贡山独龙族怒族自治县	第一批	2006.05
292	X—24	怒族仙女节	云南省贡山独龙族怒族自治县	第一批	2006.05
293	X—25	侗族萨玛节	贵州省榕江县、黎平县	第一批	2006.05

十、民俗（共63项）					
序号	项目编号	项目名称	申报地区或单位	公布批次	公布时间
294	X—26	仡佬毛龙节	贵州省石阡县	第一批	2006.05
295	X—27	傈僳族刀杆节	云南省泸水县	第一批	2006.05
296	X—30	都江堰放水节	四川省都江堰市	第一批	2006.05
297	X—31	雪顿节	西藏自治区	第一批	2006.05
298	X—41	白族绕三灵	云南省大理白族自治州	第一批	2006.05
299	X—46	壮族歌圩	广西壮族自治区南宁市	第一批	2006.05
300	X—47	苗族系列坡会群	广西壮族自治区融水苗族自治县	第一批	2006.05
301	X—61	壮族铜鼓习俗	广西壮族自治区河池市	第一批	2006.05
302	X—65	苗族服饰（昌宁苗族服饰）	云南省保山市，贵州省桐梓县、安顺市西秀区、关岭布依族苗族自治县、纳雍县、剑河县、台江县、榕江县、六盘水市六枝特区、丹寨县	第一批	2006.05
303	X—67	瑶族服饰	广西壮族自治区南丹县、贺州市、龙胜各族自治县	第一批	2006.05
304	X—68	农历二十四节气（三门祭冬、安仁赶分社、苗族赶秋、壮族霜降节）	中国农业博物馆，广西壮族自治区天等县	第三批扩展项目	2014.11
305	X—70	水书习俗	贵州省黔南苗族布依族自治州	第一批	2006.05
306	X—74	宾阳炮龙节	广西壮族自治区宾阳县	第二批	2008.06
307	X—75	苗族独木龙舟节	贵州省台江县	第二批	2008.06
308	X—76	苗族跳花节	贵州省安顺市	第二批	2008.06
309	X—78	德昂族浇花节	云南省德宏傣族景颇族自治州	第二批	2008.06
310	X—79	江孜达玛节	西藏自治区江孜县	第二批	2008.06
311	X—81	灯会（苇子灯阵、胜芳灯会、河曲河灯会、肥东洋蛇灯、南安英都拔拔灯、石城灯会、渔灯节、泮村灯会、自贡灯会）	四川省自贡市，河北省邯郸市、霸州市，山西省河曲县，安徽省肥东县，福建省南安市，江西省石城县，山东省烟台市，广东省开平市	第二批	2008.06
312	X—82	羌年	四川省茂县、汶川县、理县、北川羌族自治县	第二批	2008.06
313	X—83	苗年	贵州省丹寨县、雷山县	第二批	2008.06
314	X—84	庙会（蒲县朝山会、泰伯庙会、苏州轧神仙庙会、金村庙会、浚县正月古庙会、宝顶架香庙会、丰都庙会）	重庆市大足区、丰都县，北京市门头沟区、朝阳区，山西省太原市晋源区、蒲县，上海市徐汇区，浙江省磐安县，山东省泰安市，湖北省十堰市、当阳市，武汉市汉阳区，湖南省长沙市，广东省佛山市，陕西省铜川，吉林省吉林市，浙江省缙云县、永康市，安徽省池州市九华山风景区，江西省新建县，江苏省无锡市、苏州市姑苏区、张家港市，河南省浚县	第二批扩展项目	2014.11

序号	项目编号	项目名称	申报地区或单位	公布批次	公布时间
		十、民俗（共63项）			
315	X—85	民间信俗（孝子祭、潮神祭祀、三平祖师信俗、东镇沂山祭仪、贵屿双忠信俗、冼夫人信俗、钦州跳岭头、康定转山会、梅里神山祭祀、女子太阳山祭祀、屯堡抬亭子、迎城隍、岷县青苗会、同心莲花山青苗水会、黄大仙信俗、澳门哪吒信俗）	浙江省富阳市、海宁市、象山县、温州市龙湾区，福建省平和县、厦门市海沧区、龙海市、古田县、福州市仓山区，山东省临朐县，广东省汕头市潮阳区、茂名市，海南省海口市、定安县、澄迈县，广西壮族自治区钦州市，四川省康定县，云南省德钦县、西畴县，贵州省安顺市西秀区，陕西省西安市，甘肃省岷县，宁夏回族自治区同心县，香港特别行政区，澳门特别行政区，河北省盐山县，山西省运城市，河南省洛阳市，甘肃省泾川县	第二批扩展项目	2014.11
316	X—87	抬阁（芯子、铁枝、飘色）（葛渔城重阁会、宽城背杆、隆尧县泽畔抬阁、清徐徐沟背铁棍、万荣抬阁、峨口挠阁、脑阁、金坛抬阁、浦江迎会、肘阁抬阁、大坝高装、青林口高抬戏、庄浪县高抬、湟中县千户营高台、隆德县高台、阁子里芯子、周村芯子、章丘芯子、霍童铁枝、福鼎沙埕铁枝、屏南双溪铁枝、南朗崖口飘色、台山浮石飘色、吴川飘色、河田高景）	四川省兴文县、江油市，河北省廊坊市、宽城满族自治县、隆尧县，山西省清徐县、万荣县、代县，内蒙古自治区土默特左旗，江苏省金坛市，浙江省浦江县，安徽省寿县、临泉县，甘肃省庄浪县、青海省湟中县，宁夏回族自治区隆德县，山东省淄博市临淄区、周村区，章丘市，福建省宁德市蕉城区、鼎市、屏南县，广东省中山市、台山市、吴川市、陆河县	第二批	2008.06
317	X—90	祭祖习俗（徽州祠祭、诸葛后裔祭祖、凉山彝族尼木措毕祭祀、徐村司马迁祭祀）	安徽省祁门县，浙江省兰溪市、文成县，四川省美姑县，陕西省韩城市，山西省洪洞县、沁水县，福建省宁化县，广东省揭东县、深圳市福田区	第三批扩展项目	2014.11
318	X—104	三汇彩亭会	四川省渠县	第二批	2008.06
319	X—105	石宝山歌会	云南省剑川县	第二批	2008.06
320	X—106	大理三月街	云南省大理市	第二批	2008.06
321	X—107	茶俗（白族三道茶）	云南省大理市，广东省潮州市	第二批扩展项目	2014.11
322	X—112	珞巴族服饰	西藏自治区隆子、米林县	第二批	2008.06
323	X—113	藏族服饰	西藏自治区措美、林芝地区、普兰县、安多县、申扎县，青海省玉树藏族自治州、门源回族自治县	第二批	2008.06
324	X—121	藏族天文历算	西藏自治区	第二批	2008.06
325	X—122	中元节（资源河灯节）	广西壮族自治区资源县，香港特别行政区	第三批扩展项目	2014.11
326	X—127	布依族"三月三"	贵州省贞丰县、望谟县	第三批	2011.05
327	X—129	彝族年	四川省凉山彝族自治州	第三批	2011.05
328	X—130	侗年	贵州省榕江县	第三批	2011.05
329	X—131	藏历年	西藏自治区拉萨市	第三批	2011.05
330	X—133	祭寨神林	云南省元阳县	第三批	2011.05
331	X—134	歌会（瑞云四月八、四十八寨歌节）	福建省福鼎市，贵州省天柱县	第三批	2011.05
332	X—138	月也	贵州省黎平县	第三批	2011.05
333	X—142	规约习俗（侗族款约、苗族栽岩习俗）	贵州省榕江县、黎平县	第三批	2011.05
334	X—145	望果节	西藏自治区	第四批	2014.11

续表

		十、民俗（共63项）			
序号	项目编号	项目名称	申报地区或单位	公布批次	公布时间
335	X—146	苗族花山节	云南省屏边苗族自治县	第四批	2014.11
336	X—150	仡佬族三幺台习俗	贵州省道真仡佬族苗族自治县	第四批	2014.11
337	X—156	彝族服饰	四川省昭觉县，云南省楚雄彝族自治州	第四批	2014.11
338	X—157	布依族服饰	贵州省	第四批	2014.11
339	X—158	侗族服饰	贵州省黔东南苗族侗族自治州	第四批	2014.11

资料来源：中华人民共和国中央人民政府网站 http://www.gov.cn/Ⅰndex.htm
数据截至时间 2020 年 2 月，经作者整理节选。

参考文献

[1] 余压芳.景观视野下的西南传统乡土聚落保护——生态博物馆的探索 [M].上海：同济大学出版社，2012.

[2] 刘志安，王星，雷剑.筑巢：云南特有少数民族建筑影像记录 [M].昆明：云南大学出版社，2019.

[3] 胡燕，陈晟，曹玮，曹昌智.传统村落的概念和文化内涵 [J].城市发展研究，2014.（1）:32-36.

[4] 余压芳，刘建浩.论西南少数民族村寨中的"文化空间" [J].贵州民族研究，2011, 32（02）:32-35.

[5] 杨贤房，张安皓.城市规划视角客家民居文化空间传承研究 [J].赣南师范大学学报，2017, 38（4）:29-32.

[6] 刘柯瑾.文化空间里后沟古村落的非物质文化遗产保护与旅游开发初探 [J].赤子（中旬），2014（4）:426-427.

[7] 刘婷，李亚."文化空间"类非物质文化遗产的传承与保护研究——以来凤"舍巴日"、"牛王节"为例 [J].铜仁学院学报，2018, 20（4）:87-92.

[8] 王东林.文化空间与遗产保护 [J].群言，2018（4）:31-33.

[9] 崔慧彬.文化空间视域下传统村落非物质文化遗产保护研究 [D].南宁：广西师范大学，2019.

[10] 覃巧华.广东连南瑶族村落文化景观解析与利用研究 [D].广州：华南理工大学，2017.

[11] 丁琏.旅游型传统村落乡土文化空间营造途径研究 [D].合肥：安徽农业大学，2016.

[12] 高蛤，余压芳，曾增.风景名胜区与传统村落规划互适性影响研究——以贵州楼上古村落景区为例 [J].中国园林，2019, 10：1-6.

[13] 侯兵，黄震方，徐海军.文化旅游的空间形态研究——基于文化空间的综述与启示 [J].旅游学刊，2011, 26（03）:70-77.

[14] 李朋瑶，徐峰.自然山水格局下的成都古镇旅游空间结构研究 [J].现代城市研究，2016（9）:53-58, 71.

[15] 洪延峰.基于游客满意度的寒地传统村落公共文化空间满意度评价指标体系研究 [A].中国风景园林学会.中国风景园林学会 2018 年会论文集 [C].中国风景园林学会：中国风景园林学会，2018:1.

[16] 路璐，朱志平.历史、景观与主体：乡村振兴视域下的乡村文化空间建构 [J].南京社会科学，2018（11）:115-122.

[17] 王虹.民族村寨文化空间保护与旅游可持续发展新探 [J].哈尔滨商业大学学报（社会科学版），2011（5）:105-109, 121.

[18] 姜乃煊.美丽乡村建设背景下民族村落景观文化空间环境研究 [J].南方农业，2019, 13（18）:126-127.

[19] 徐俊六.文化空间视阈下宗祠的美学意蕴 [J].新疆社会科学，2018（2）:150-157.

[20] 刘沛林.古村落——独特的人居文化空间 [J].人文地理，1998（1）:38-41.

[21] 肖艳平，胡丹.文化空间视域下民间艺人的礼俗级序——以赣南宁都县石上村的割鸡礼俗为例 [J].中国音乐，2019（3）:29-34.

[22] 韩念森.基于解释人类学的乡村文化空间研究 [D].天津：天津大学，2017.

[23] 杨雪吟.生态人类学与文化空间保护——以云南民族传统文化保护区为例 [J].广西民族

大学学报（哲学社会科学版），2007（3）:42-46.

[24] 詹双晖.文化生态保护中的文化空间与文化传承主体保护——以广东连南排瑶文化生态保护为例 [J].文化遗产，2018（1）:151-158.

[25] 江伟伟.土家族摆手舞文化空间保护研究 [D].武汉：华中师范大学，2018.

[26] 张馨凌.文化空间视野下的苗族古歌 [J].百色学院学报，2017，30（3）:12-17.

[27] 向怀安.文化空间视阈下土家族梯玛文化传承研究 [D].岳阳：湖北民族学院，2018.

[28] 卢鹏.哈尼村落的文化空间 [J].今日民族，2011（7）:21-23.

[29] 袁东升.族群互动视域下文化空间共享与民间权力互嵌研究——以贵州省南部地区怎雷村为例 [J].西南民族大学学报（人文社科版），2019，40（9）:52-59.

[30] 中国艺术研究院研究员 邱春林.古村落，重要的文化空间 [N/OL].中国文化报.2013-3-25. http://kns.cnki.net/kns/detail/detail.aspx?FileName=CWHB201303250080&DbName=CCND2013.

[31] 陈桂波.非遗视野下的文化空间理论研究刍议 [J].文化遗产，2016（4）:81-86.

[32] 王东林.文化空间：历史文化名城保护的另一重视角 [N].人民政协报，2018-05-31（003）.

[33] 向云驹.论"文化空间" [A].民族遗产（第三辑）[C].中央民族大学中国少数民族研究中心，2010:12.

[34] 向云驹.再论"文化空间"——关于非物质文化遗产若干哲学问题之二 [J].民间文化论坛，2009（5）:5-12.

[35] 余压芳.基于文化空间整合的城市历史地段规划方法初探——以贵州盘县馆驿坡历史街区保护更新规划为例 [A].中国科学技术协会、贵州省人民政府.第十五届中国科协年会第25分会场：产城互动与规划统筹研讨会论文集 [C].中国科学技术协会、贵州省人民政府：中国科学技术协会学会学术部，2013:6.

[36] 王希.基于文化空间整合的传统村落规划方法初探——以盘县石桥镇妥乐村为例 [J].建材与装饰，2017（29）:75-76.

[37] 张丽珍.北侗三门塘宗祠"文化空间"保护研究 [J].贵州师范学院学报，2017，33（7）:37-41.

[38] 许杨.长阳县乡村文化空间单元研究 [D].武汉：华中科技大学，2016.

[39] 王思婧.基于"文化空间"的新绛光村村落环境整体性研究 [D].西安：西安建筑科技大学，2013.

[40] 王建基，高永辉.城市化进程中少数民族文化空间保护研究 [J].新疆社会科学，2010（06）:95-98+142.

[41] 陈路路.贵州务川县仡佬族传统村落的民俗文化空间研究 [D].重庆：重庆工商大学，2018.

[42] 孟令法.文化空间的概念与边界——以浙南畲族史诗《高皇歌》的演述场域为例 [J].民俗研究，2017（5）:107-119，160.

[43] 卞修金.基于文化空间保护的历史街区更新评价与研究 [D].北京：北方工业大学，2014.

[44] 杨俊涛.平顶山市传统村落文化空间保护与更新研究 [D].成都：西南交通大学，2015.

[45] 付正汇，程海帆.传统村落文化空间及其保护初探——以红河哈尼梯田遗产区阿者科村为例 [A].中国民族建筑研究会.中国民族建筑研究会第二十届学术年会论文特辑（2017）[C].中国民族建筑研究会：中国民族建筑研究会，2017:7.

[46] 单田卉. 佛山郊区烟桥村文化空间保护与更新研究 [D]. 广州：广东工业大学，2018.

[47] 吴茜婷. 贵州省安顺市云山屯"文化空间"变迁与影响因子相关性研究 [D]. 贵阳：贵州大学，2016.

[48] 白佩芳. 晋中传统村落信仰文化空间研究 [D]. 西安：西安建筑科技大学，2014.

[49] 方媛，但文红. 岜扒侗寨的文化空间研究 [J]. 凯里学院学报，2017，35（1）:23-27.

[50] 黄柏权，崔芝璇. 土家年的文化空间建构及其变迁研究 [J]. 三峡论坛（三峡文学·理论版），2018（1）:25-30.

[51] 覃巧华. 广东连南瑶族村落文化景观解析与利用研究 [D]. 广州：华南理工大学，2017.

[52] 李玉臻. 非物质文化遗产视角下的文化空间研究 [J]. 学术论坛，2008（09）:178-181.

[53] 田冬梅. 非物质文化遗产文化空间保护研究 [D]. 济南：山东大学，2013.

[54] 肖锦汉. 九洞地区侗族鼓楼文化空间研究 [D]. 贵阳：贵州师范大学，2016.

[55] 刘婷，李亚. "文化空间"类非物质文化遗产的传承与保护研究——以来凤"舍巴日"、"牛王节"为例 [J]. 铜仁学院学报，2018，20（04）:87-92.

[56] 于中兴. 传统村落中的文化空间保护——以山东章丘市官庄镇朱家峪村为例 [J]. 文艺理论与批评，2015（4）:135-138.

[57] 王云芳，黎橙橙. 公共文化空间下民族文化传承场域功能变迁的思考——以广西武鸣壮族歌圩为例 [J]. 贵州民族研究，2017，38（2）:68-73.

[58] 李志农，乔文红. 传统村落公共文化空间与民族地区乡村治理——以云南迪庆藏族自治州德钦县奔子栏村"拉斯节"为例 [J]. 学术探索，2011（4）:61-65.

[59] 刘丹丹，李柯妮. 继承传统，延绵乡愁——论传统村落耕读文化空间的营造 [J]. 美术大观，2017（10）:92-93.

[60] 姜琦珺，王斐. 六盘山魅力景观区传统村落的艺术文化空间研究 [J]. 中国建材科技，2017，26（5）:84-85.

[61] 阳利新. 节日文化空间视域下湖南绥宁大园苗寨的整体性保护研究 [J]. 大众文艺，2019（14）:257-258.

[62] 张淞茜. 重庆市历史文化村镇文化空间保护预警研究 [D]. 重庆：重庆大学，2012.

[63] 王世春，王召令. 贵州民族体育文化空间建构的路径探究 [J]. 贵州民族研究，2018，39（6）:104-107.

[64] 谈国新，张立龙. 非物质文化遗产文化空间的时空数据模型构建 [J]. 图书情报工作，2018，62（15）:102-111.

[65] 杨晓玫. 非物质文化遗产物质空间保护与更新研究 [D]. 西安：西安建筑科技大学，2009.

[66] 寇怀云，周俭. 文化空间视角的民族村寨保护规划思考 [J]. 上海城市规划，2014（3）:44-49.

[67] 王世良. 非物质文化遗产与其传承村落共生保护研究 [D]. 西安：西安建筑科技大学，2017.

[68] 艾菊红. 文化空间视阈下的传统村落可持续性保护——以湘西凤凰为例 [J]. 民族学刊，2017，8（3）:1-8，95-98.

[69] 李朋瑶，徐峰. 成都古镇文化空间量化分析 [J]. 现代城市研究，2018（11）:58-64.

[70] 潘慧娟. 传统村落保护与发展中的文化空间保护初探 [N/OL]. 贵州政协报. 2016-8-25. http://kns.cnki.net/kn/detail/detail.aspx?FileName=GZZX20160825A032&Db-

Name=CCND2016.

[71] 陈晓华，程佳．文化传承视角下我国传统村落保护发展研究述评 [J].淮北师范大学学报（哲学社会科学版），2018，39（02）:112-120.

[72] 丁琏．旅游型传统村落乡土文化空间营造途径研究 [D].合肥：安徽农业大学，2016.

[73] 陈晓华，程佳．传统村落文化空间功能演化适应性特征——以黄山市黟县屏山村为例 [J].安徽建筑大学学报，2019，27（4）：102-110

[74] 余压芳，庞梦来．我国传统村落文化空间研究综述 [J].贵州民族研究,2019,40(12):81-85.

[75] 罗德启，汤洛行．干阑建筑空间与营造 [M].北京：中国建筑工业出版社，2018.

后记

　　书稿完稿之时恰逢2020庚子年春节期间，正是罕见的新型冠状病毒流行期间，国家启动了重大突发公共卫生事件一级响应，全国上下万众一心抵抗疫情，提倡在家隔离。不外出、不聚会、不串门的大背景下，研究团队静心撰稿、心无旁骛，通过网络沟通完成了终稿。然而，严峻的疫情也给出版社的编辑工作带来了很大难度，但是编辑老师们高超的专业功底化解了无数难题，问题迎刃而解，书稿得以按计划问世！

　　本书的撰写过程中，杨泽媛、庞梦来、余启伦、全晓澍、王希等协助整理书稿基础资料，给予了大力支持，在此表示诚挚的感谢！

　　本书的内容是本研究团队积累多年的心血，十多年来，奔走于西南山区，遇见文化空间，追寻文化空间，品鉴文化空间，识别文化空间。在近百个村寨的文化空间识别历程中，一路走来，参与基础调研的人员也很多，有执着的研究生、有懵懂的本科生、有年轻的规划师、有偶遇的志愿者。那些曾经追赶我们的村里的小狗，那些我们解渴的村里的瓢儿井，那些令我们弯腰驻足的村里的吊脚楼，那些印下我们脚印的村里的泥巴路，还有几棵挂有秋千飞荡的村里的大古树……历历在目，跃于眼前！能把多年来一起寻找文化空间的感悟梳理出来，甚是欣慰。深深地感谢每一位参与基础调研工作的团队成员！每一位曾经在山间水畔遇见文化空间的您，看到此书，便是收到了我最深切的问候和祝福！

　　最后还要特别感谢给本书研究提供调研线索和基础资料的村民朋友和基层工作者！感谢曾经为本书研究思路提供导向和启发的专家和朋友们！

余压芳

2020年2月 于贵阳